新金融战略丛书

保险业发展战略研究

王皖君 著

WUHAN UNIVERSITY PRESS
武汉大学出版社

图书在版编目(CIP)数据

保险业发展战略研究/王皖君著.—武汉：武汉大学出版社,2018.4
新金融战略丛书
ISBN 978-7-307-20135-4

Ⅰ.保… Ⅱ.王… Ⅲ.保险业—企业发展战略—研究—中国
Ⅳ.F842

中国版本图书馆 CIP 数据核字(2018)第 075243 号

责任编辑:唐 伟　　责任校对:汪欣怡　　版式设计:韩闻锦

出版发行：**武汉大学出版社**　(430072 武昌 珞珈山)
(电子邮箱：cbs22@ whu.edu.cn 网址：www.wdp. com.cn)
印刷:北京虎彩文化传播有限公司
开本:720×1000 1/16　印张:17　字数:245 千字　插页:1
版次:2018 年 4 月第 1 版　2018 年 4 月第 1 次印刷
ISBN 978-7-307-20135-4　定价:38.00 元

目　　录

引　言

一、两个故事，一个道理：战略方向错了，战术更好，结局更糟

1. 中国古代有一个“南辕北辙”的历史典故

战国后期，一度称雄天下的魏国国力渐衰，可是魏王仍想出兵攻伐赵国。谋臣季梁本已奉命出使邻邦，听到这个消息，立刻半途折回，风尘仆仆赶来求见魏王，劝阻伐赵。

魏王见他如此匆忙，很奇怪，就问他：“你有什么急事吗？难道出了什么大事？”季梁没有从正面回答魏王，他严肃地说道：“大王，我在路上遇见了一个怪人，他做的怪事我从未听说过，特来禀报大王，请求大王指教。”

魏王听了很好奇，就催促季梁快点说。季梁很严肃地说：“我在外出办事的路上，看见一个人在急急地往北走。我问他到哪里去，他说到楚国去。可楚国在南边啊。我见他走的方向不对，便对他说：‘到楚国应往南走，你怎么往北去呢？’他却回答说：‘那不要紧，我的马是上等的马。有这样的好马，还担心到不了楚国吗？’听了他的回答，我不理解，又告诉他：‘即使你的马是上等的马，走得快，可你所走的路却不是通向楚国的路啊！那是枉费力气呀！’那人听了我的话，仍不觉悟，反而还对我说：‘我的马好，路费也多。如此好条件，还发愁到不了楚国吗？’我见他如此糊涂，感到惊讶，也很气愤，就对他大声喊道：‘你的费用多也不管用，这条路并不通向楚国！’那人又指着给他驾车的人，有点故意

炫耀地又对我说：‘您看看，我的这个驾车人也是一等的驭手啊，所以呀，我根本不用发愁到不了楚国。’说完这话，他高声命令那驭手扬鞭催马，仍然朝北边方向奔驰而去。”

魏王听罢这个故事，不禁笑道：“这个赶路人也太糊涂了！世上哪有这么愚蠢的人，他该朝南走才是楚国的方向啊！”季梁听了这话，知道魏王还没有明白他讲这件事的目的。于是他严肃而又恳切地说：“大王说得对。那个赶路人方向错了，他的马越好，路费越多，驾车人技术越高，他离楚国就越远。大王您认为是这样吧？现在，您想成为霸主，取信于天下，可您想依赖国家大，兵强马壮，去攻占别国来扩充领土，以此提高威望。我以为，您越是这样做，离您想成就大业的实际愿望就越远！这就像那个赶路人啊。我说得若不对，请大王恕罪。”魏王听了，连连点头，放弃了攻打赵国的计划。

季梁为了打动魏王，用南辕北辙的故事形象地说明了魏王的行动与自己的目的背道而驰的道理。其实这个故事旨在告诉我们，无论做什么事，都要首先看准战略方向，才能充分发挥有利条件；如果战略方向错了，那么有利条件只会起到相反的作用。在我们为实现梦想而奋斗的过程中，战略方向起着举足轻重的作用，选对了战略方向，你的梦想也就实现了一半。沿着正确的战略方向走下去，梦想才会变成现实。

2. 中国当代有一个“安邦成妖”的新故事

2016年12月3日，证监会主席刘士余在出席中国证券投资基金业协会第二届会员代表大会时，直斥某些“资产管理人”“用来路不当的钱从事杠杆收购，行为上从门口的陌生人变成野蛮人，最后变成行业的强盗，这是不可以的。这是在挑战国家金融法律法规的底线，也是挑战职业操守的底线，这是人性和商业道德的倒退和沦丧，根本不是金融创新”。同时，他也表示：“希望资产管理人，不当奢淫无度的土豪，不做兴风作浪的妖精，不做坑民害民的害人精。”①

---

① 刘士余．资产管理人不能当土豪、妖精、害人精．南方都市报，2016-12-04.

2017年2月10日，刘士余在出席证券期货监管工作会议时称："去年在基金业协会的会上，我讲这个野蛮人，是倡议大家不要去做，并没点名，但我在机场还没起飞就被解读成险资了，就算讲险资也是极少数，也是小妖精，我们大的险资人保、国寿都是好的，最后被解读成这样，众口难辩。但话说回来，资本市场不允许任何人呼风唤雨，兴风作浪，随心所欲，赌场也没这么干的。"①

新华社在刘士余讲话当晚的一篇相关报道中明确表示，近两年来险资举牌A股上市公司似乎"根本停不下来"。其中，2014年安邦保险举牌金融街（000402. SZ），并与富德生命人寿"火拼"举牌金地集团（600383. SH），举牌这个概念才开始引起市场注意，2014年至2016年更是接连举牌金地集团、民生银行、金融街、中国建筑，以及后来的万科A等蓝筹股票，斥资300亿元左右，一时间可谓风头无两，搅弄风云。2017年7月，安邦董事长被调查后，安邦及其背后的实际控制人引发诸多媒体的猜测。2018年2月23日，上海市检察一分院对安邦集团原董事长、总经理吴小晖提起公诉；保监会也发布公告称，对安邦集团实施接管。于是自2016年12月以来，媒体和大众猜测的"妖精安邦"终于浮出水面。

"妖精安邦"是如何修炼成精的？坊间传闻很多，均查无实据。其实，是一个错误的战略方向加上疯狂的圈钱游戏造成了虚无缥缈的沙滩帝国妖精！②

第一，错误的战略方向：安邦619亿元的总注册资金源于险资的自我循环注资。

安邦6名个人投资者用5.6亿元的资金，投资于49家号称总注册资本达24亿元的企业，再通过层层类似"幼蛇吞巨象"的控

① 新浪财经2017年2月10日，http://finance.sina.com.cn/zt_d/jjzqqhjghy0210.

② 2014年到2018年公开媒体报道：2014年《财新周刊》的"黑马安邦"、2015年初《南方周末》的"安邦路线"及《财新周刊》的"安邦大冒险"、2017年《财新周刊》的文章《穿透安邦资本魔术》等报道。

股方式，撬动对安邦98%股权、600多亿元的注册资金（111倍资金杠杆）和超过20000亿元的资产（超过3400倍的资产杠杆）的最终控制，这应该是代表了古今中外资本市场历史上杠杆利用的终极水平！公开数据表明，安邦的股东结构犹如一个迷魂阵。但层层揭开安邦股东结构之后，结论也十分清楚：安邦的37家股东背后，通过101家公司层层叠叠可上溯到86名个人股东，并且相当大一部分通过保险资金自我循环注资。

安邦股权结构中，这86名背后的个人股东并未实际出资600多亿元现金支撑安邦的运作，而是通过对49家公司合计约5.6亿元的股权投资实现对安邦的最终控制的。这49家最末层背后控股公司的总注册资本金额为24亿元，其中8家是注册资金为50万元的超微小型公司，24家是注册资金100万~300万元的微型公司，5家公司注册资金500万元，另有9家注册资金1000万~3000万元，只有3家公司（6%）注册资本超过1亿元。也就是说，绝大部分（近95%）的安邦最终控股公司是注册资金3000万元以下的小型或超微小型公司！

如果把那些近年来曾经与这些企业有过股权关系的公司算进来，延伸的安邦的关系企业系统名单总数超过200家企业！这200多家安邦关联企业圈企业75%以上（165家）曾同时与此圈内的至少一家企业有过股权关系（曾当过圈内至少一家企业的股东，也接受过圈内至少一家企业的投资）。即使只看安邦的37家非国有直接企业股东，37家股东里只有4家企业从未与其他34家直接股东有过历史股权关系，其余都曾经至少一次相互交叉投资过。如果分析这200多家安邦关联企业圈企业的成立年份，可以发现，在安邦重要增资日期前几个月，新成立的公司数量激增。尽管中国在2014年开始实施“注册资本登记制度改革”，但包括保险在内的27个行业，仍然施行注册资本实缴制，即安邦集团这499亿元的新增资本，需要“真实出资”。

在安邦的工商记录里，在对外投资项目中披露了它投资的四家合伙制股权投资企业：顺邦铭岳（上海）、旭通致睿（上海）、君助智玺（上海）、祥隆华泰（深圳）。其中，三家上海的合伙企业全部在2013年12月5日注册，注册地址为相邻办公室。

工商记录显示，安邦财险于2014年5月30日起至11月28日止向这四家合伙企业各分别注资45亿元，合计180亿元。11月28日，安邦财险撤出，转而由安邦集团接手，向4家合伙企业分别注资40亿元，合计160亿元。同期，还有两家合伙企业也接受了安邦财险和安邦集团的注资，即荣悦广和（深圳）及盛丰华利（深圳），这两家公司均注册于2013年11月5日，注册地址也为相邻办公室。

工商记录显示，安邦财险于2014年3月24日起至2014年11月18日止，向盛丰华利注资45亿元，11月18日，安邦财险撤出，转而由安邦集团注资45亿元。荣悦广和下的工商记录只显示了与盛丰华利相同的股东变更记录，由安邦集团注资，但未披露详细出资额。

工商变更记录显示，安邦在2016年12月23日从荣悦广和撤出43.75亿元的资金，使得荣悦广和总注资从50亿元骤降至不到1.3亿元，三天后，安邦其他各公司（人寿、财险、和谐、养老保险）加入，再将资本提高到5亿元。也就是说，安邦财险对这6家有限合伙企业从2014年3月底至11月底的总出资达270亿元。此时间正是安邦2014年两次增资获批期间，也是按照监管要求出具验资报告的时间段。

安邦财险/安邦集团投资的上述这6家合伙企业的上一层，是另外6家合伙制股权投资管理机构，它们分别是：顺邦旌宏（上海）、旭通晟宇（上海）、君助天合（上海）、祥隆发展（深圳），以及前述荣悦广和（深圳）和盛丰华利（深圳）。其中，三家上海企业均同日注册，地址相邻，三家深圳企业的情况也一样。在这一层的合伙企业中，开始出现对安邦股东的诸多投资，如盛丰华利（深圳）在2013年12月19日到2014年3月12日对浙江瑞信物资的1.5亿元投资（后者在2014年1月安邦增资时认缴10.5亿元投资）、祥隆华泰（深圳）在2013年12月13日至2014年11月28日对上海文俊投资的4亿元投资（后者在2014年1月安邦增资中认缴出资14.95亿元）、盛丰博泰（深圳）在2013年12月17日至

2014 年 10 月 14 日对嘉兴公路建设 1.6 亿元到 2 亿元的投资（后者为安邦老股东之一）。

最主要的循环资金传导机制，发生在安邦投资的 6 家有限合伙企业的第三层。前述 6 家有限合伙企业的 6 家执行合伙人（普通合伙人）上面又各有一层执行事务合伙人（普通合伙人），分别是：上海德悦股权投资管理有限公司、上海旭通股权投资管理有限公司、上海君助股权投资管理公司、深圳祥隆股权投资管理有限公司、深圳盛丰股权投资管理有限公司、深圳荣悦股权投资管理有限公司。注册地址和时间再次雷同。

第二，最卖力的万能险“马车夫”实施疯狂的圈钱游戏。

2014 年年初，普通型人身险产品的利率首先放开，由 2.5%提升至 3.5%。按照监管层公布的思路，人身险费改路线图依次为普通型、万能型和分红型，并争取在 2015 年底前全面实现人身险利率市场化。2015 年 2 月 16 日，保监会发出通知，废除 2007 年开始执行的《万能保险精算规定》，取消万能险不超过 2.5%的最低保证利率限制，将万能险产品利率市场化，改由保险公司自行决定，并从当日起正式执行这一政策。于是，市场上销售的万能险整体收益率高达 6%~7%，个别万能险产品利率高达 8%。这催生了一批险资新贵，安邦人寿、前海人寿等新进寿险公司的产品结构都更加偏重投资型寿险产品，其中万能险、分红险等投资类险种占公司总保费的比例远高于传统寿险产品。2016 年，安邦人寿原保险保费收入约为 1142 亿元，而被认为代表万能险规模的保户投资款新增交费则达到 2162.9 亿元。

保险公司的万能险英文名称是 universal life insurance，这个名字使很多人对这类保险产生了误解，并使某些保险公司误以为修炼成了万能的妖精。万能险其实是由保险保障+投资账户两部分构成的。其投资账户有保底收入（2.5%）且每月公布账户回报利率（大多在 4%与 6%之间），投资者可以当月回报利率任意申购或赎回账户资产。相比其他的保险产品，万能险有以下几个优势：一是保本，一般可以保证 2.5%及以上的投资收益。如此，投保人既能享有最低的保证收益，还能获得较高的收益回报机会。二是灵活，投保人在缴纳一定量的首期保费后，可以按自己的实际情况，灵活缴纳后续保费。只要保单的投资账户价值足以支付保单的相关费用，投保人可以不再缴费，并且保单继续有效。与此同时，投资人可以主动调节保障账户和投资账户额度，简单来说，想调高保险保障额度，那就从投资账户中多拨点钱买保险，如果想调低保险保障额度，那就少买点保险，多存点钱到投资账户，多产生收益。

万能险的投资账户其实类似于银行理财或公募基金。在资产荒时代，高收益资产越来越稀缺，唯独万能险一枝独秀，允诺投资者5%甚至6%以上的预期收益，如果再加上银行等销售渠道的手续费，万能险负债成本预计在7%与9%之间。再考虑保险公司自身的运营成本，万能险这一产品要想盈利，投资收益率至少要在10%以上，而在资产荒背景下，通过常规手段显然难以实现这一目标收益。

万能险作为保险公司经营的一个保险产品，记入资产负债表，这些高成本的巨额资金寻找高收益的资产配置，但是，资产荒让万能险只能进入风险资产市场。这样，靠万能险筹集巨额资金的新兴保险公司开始凶悍举牌，变成了敲开优质龙头上市公司大门的野蛮人。万能险举牌并购的上市公司资产可以按照权益法并入保险公司财务报表，按照权益法记账，意味着保险公司可以避免二级市场举牌收购的上市公司股票的股价波动而影响利润。因为按照公允价值记账作为长期股权投资收益会随股价波动而影响保险公司利润。

与淘宝网和余额宝的关系作个类比：如果保险公司是淘宝网的话，万能险就相当于给你开了个余额宝账户，你交了钱就存在余额宝里，产生收益归你，而且淘宝向你保证最低收益是*X*%。当你想买东西（保险）的时候，他们会直接从你的余额宝里扣款，除非你余额宝里已经没钱了，否则你可以一直买下去。而过往的保险（普通重疾、意外、住院等，不包括分红、投连），则更像是账户余额，你的钱放进去，即使淘宝（保险公司）拿去投资了，产生的收益跟你也是没有关系的，归淘宝（保险公司）。

于是，行业龙头上市公司因为资产规模大、收入和利润规模大，成为万能险举牌并购的重点。因为一旦被举牌公司并表，这些中小保险公司的资产规模、收入和利润可以实现几何倍数增长，实现并表效应的最大化。这些万能险记入保险公司资产负债表，举牌上市公司的资产、收入和利润纳入权益法记账并入保险公司财务报表，保险公司资产规模、收入和利润越来越好，有利于公司提高征信等级进一步扩张。因此，某些保险公司通过万能险，用社会资本疯狂并购，满足自身资产规模、收入和利润快速增长的需要，风险却是购买万能险的投资者承担。这种只享受收益，而不用承担风险的制度设计漏洞，必然使野蛮人成群结队，① 如下表所示。

2016年前10月部分保险公司投资款新增保费（万能险为主）占比前列的公司和巨量的保费收入对比表

保险公司	保户投资款新增保费（亿元）	规模保费（亿元）	万能险占比
前海人寿	721	899	80%
恒大人寿	376	413	91%
安邦人寿	2068	3068	67%

资料来源：根据保监会官网资料整理。

第三，安邦战略修炼成为虚无缥缈的沙滩帝国妖精。

2004年，安邦财产保险股份有限公司正式成立，并在北京开设第一家分支机构，这正是安邦集团的前身。据媒体报道，安邦财险的发起人为包括上海汽车集团（下称“上汽集团”）在内的7家法人单位，上汽集团时任总经理胡茂元成为安邦财险首任董事长。依托上汽集团，2005年开始，安邦财险在上汽的4S店代理销售车险，当年，安邦财险的保费收入就突破了10亿元。2008年，成立仅4年的安邦财险成为全国第一家获得许可，可同时在全国所有省份开展电话营销的企业，这再次推动了安邦财险的业务爆发式增长。至2011年年底，安邦财险多次增资扩股，中国石油化工集

① 股市捉妖记，万能险到底如何成妖．华夏时报，2016-12-07.

团公司一度成为其最大的单一股东，而上汽集团、联通租赁集团有限公司、标基投资集团有限公司三家企业则始终位居安邦财险大股东之列。安邦财险 2016 年财报显示，其资产总计 7955 亿元，较 2015 年增长 202%。

“蛇吞象”并购逐渐修炼成精。纵观安邦系 10 多年发展历程，2011 年入主成都农商行，无疑是关键一步。截至 2010 年年底，成都农商行的资产总额已达 1603 亿元，较两年前增长 41.6%；各项存款余额 1315 亿元，较两年前增长 74.2%；各项贷款余额 826 亿元，较两年前增长 64.2%。作为“战略投资者”的安邦财险，当时的注册资本只有 51 亿元，总资产 256.74 亿元，全年营业收入 73.83 亿元，净利润 5.08 亿元。但 2011 年，安邦财险获得成都农商行 35%的股份，成为第一大股东，成都市国有资本系统的 5 家企业在成都农商行的合计持股下降至 21.99%。此后，安邦系多位人士进入农商行管理层。这笔被外界称为“蛇吞象”的收购，让安邦财险资产规模达到千亿级别。在成都农商行 2016 年的董事长致辞中，安邦人寿董事、成都农商行董事长陈萍强调，2011 年 12 月，成功引入战略投资者，并将“引资”与“引智”、“引技”紧密结合，实现了华丽转身，进入发展新时期。2015 年年初，吴小晖谈及这次并购时称，成都农商行坏账率从 18%降到了 0.85%，ROE 保持 20%以上。数据显示，截至 2013 年年末，成都农商行的总资产是 4293 亿元，而到 2014 年年底时，成都农商行的总资产约为 6000 亿元。其资产扩张步伐随后放缓，截至 2016 年年末，全行资产总额 6731 亿元。另一方面，成都农商行 2016 年归属于母公司股东的净利润约为 42.47 亿元，同比略有下降。后续安邦成为多家上市公司的最大股东，如民生银行（600016.SH）、金融街（000402.SZ）、金地集团（600383.SH）、大商股份（600694.SH）、远洋集团（03377.HK）、华富国际（00952.SZ）等。

2010 年，安邦人寿成立，其注册资本为 37.9 亿元。同一年，安邦系收购瑞福德健康保险股份有限公司，并更名为“和谐健康保险股份有限公司”（下称“和谐健康”）。至此，安邦系已经拥有财险、寿险、健康险等多块牌照，安邦系保险金融集团雏形已经基本形成。安邦人寿2016年年报显示，截至2016年底，公司资产总计1.45万亿元。

此后，安邦保险在海外进行大手笔并购：

2014年，就在安邦系举牌民生银行“一战成名”之时，安邦系在海外的大手笔并购更是引发全球关注，而其投资逻辑与国内似乎并无二致，仍是金融与地产。

2014年10月6日，安邦集团宣布以19.5亿美元（约合120亿元人民币）收购希尔顿集团旗下位于纽约的华尔道夫酒店。4个月后，此次收购获得美国外国投资委员会的批准，安邦集团以每平方米约7.3万元人民币的价格，获纽约核心地标永久产权。2017年3月26日，在博鳌亚洲论坛期间，吴小晖表示，“这个酒店等于是我们通过市场赚来的，不花一分钱”。当时，另一位对话嘉宾朱云来称，“吴总遇到了天上掉馅饼的好事”。

2015年7月，安邦系以7.5亿英镑的出价外加合作协议的形式竞购伦敦金融城最高建筑Heron大厦；8月，有媒体爆出安邦拟斥资10亿美元竞购日本房地产资产管理公司Simplex Investment Advisors。

在金融领域，安邦集团也掀起疾风暴雨般的收购。2014年10月13日，安邦集团宣布收购比利时FIDEA保险公司，这是中国保险企业首次100%股权收购欧洲保险公司；12月16日，安邦集团宣布收购比利时德尔塔·劳埃德银行。

2015年2月16日，安邦集团宣布，正式收购荷兰VIVAT保险公司，这是中国企业首次进军荷兰保险市场。就在第二天，2月17日，安邦集团宣布收购韩国东洋人寿并保持其上市地位，这一次安邦集团成为首次进入韩国保险市场的中国公司。

2016年4月，安邦保险海外子公司与安联保险集团（Allianz SE）在韩国联合宣布，安联集团向安邦保险海外子公司出售韩国安联人寿和韩国安联资产管理。韩国安联保险成立于1954年，系韩国历史第二悠久的人寿保险公司。截至2015年底，其总资产约150亿美元，在韩国拥有110万名客户。

更让人惊讶的是，安邦集团官网提供的数据显示，其海外并购的多项标的业绩大幅反转。荷兰保险公司 VIVAT 在被收购一年后就实现扭亏为盈，2016 年继续盈利。韩国东洋人寿 2016 年保费收入达到 6.7 万亿韩元，同比增长逾 57%，在韩国保险市场上增速排名第一，同时实现净利润 2297 亿韩元，是东洋人寿自成立以来的最佳业绩。海外大举扩张后，安邦系海外资产迅速膨胀。以安邦人寿为例，截至 2016 年年底，安邦人寿总资产达到 1.45 万亿元，其中海外保险资产达 9000 多亿元，占总资产比例超 60%。

成立于 2004 年的安邦保险集团一举成为继中国人寿、平安之后的中国第三大保险集团（以总资产计，若以注册资本计，安邦已经超越中国人寿和平安保险①），更以其凌厉的国内外收购，成为并购界的明星。

随着保监会 2018 年 2 月发布“对安邦集团实施接管”公告，“妖精安邦”终究现出原形，这个帝国不过是建立在沙滩之上！

二、 保险业亟待战略制胜

《军语》注释，战略是指指导战争全局的方略。战略的概念决定了战略的本质，战略就是如何指导搏斗，如何赢得搏斗。让我们再拿《三国演义》中的故事分析一下战略制胜。“隆中对”这个故事中，诸葛亮给刘备制定了一个行之有效的战略，就是举着恢复汉室的旗号，联吴抗曹，三分天下。正是这个战略让刘备从居无定所变成蜀国的皇帝，但是也正是这个战略让蜀国停留在三国而没有统一天下。另外，曹操的“挟天子以令诸侯”与曹丕的“取而代之”的战略思想，让曹操统一了北方，为日后中国的统一奠定了基础。所以制定一项正确的战略对一个集团、一个组织的长远发展有着非常重要的作用，其意义是不可估量的。可以说有了一个宏伟而且具有可行性战略的企业是很可怕的企业，将战无不胜、攻无不克。很多营销方面的专家把企业战略换成另一种说法，即企业的愿景，比

① 作为有几十年历史的老牌保险集团，人保集团资本金为 424 亿元。历次增资都震动市场的中国平安集团，资本金为 182.8 亿元。

如美国的苹果公司，乔布斯提出的战略思想就是“活着就是为了改变世界”。这个战略思想的根本就是创新、创新、再创新。这也是苹果公司制胜的法宝、苹果公司的愿景。

同理，保险业也务必要掌握战略制胜法宝。

在知识经济和全球一体化的今天，我国保险公司与国际上的保险机构一样，在战略制定和选择方面均面临着一个突出问题，那就是如何在越来越复杂多变的环境，或者准确地讲是在动态竞争的条件下，通过有效地实施保险公司战略管理，保证保险公司长期、稳定和持续地获得高于市场平均水平的收益率。而在动态竞争的条件下，保险公司战略管理制定与实施成功与否、战略管理的作用发挥的好坏，归根到底就是保险公司战略竞争力是否培育与构建，以及如何有效地建立战略管理运行体系和有效监控与运行。那么，什么是战略竞争力？我们认为战略竞争力是指在实施长远性和根本性的战略发展目标时，给经济与社会发展带来的无形的或潜在的利益，是保险公司未来发展和竞争的根本点。

保险公司战略竞争力永远是保险公司生存、发展和增强竞争力的“航标”和“灯塔”。之所以特别指出保险公司战略竞争能力，是因为目前的中国保险公司在国际竞争中总是处于弱势，其真正的原因是缺乏科学地制订和坚决地实施行业以及保险公司的战略规划。换言之，保险公司追求眼前利益、局部利益和短期行为极为严重。这个问题不解决，我们将难以形成真正的、健康的、持续的战略竞争力与核心能力。这是最高层次的战略竞争力。只有这种战略竞争力已经形成，其他层次的竞争力才相对容易形成。

在中国经济增速回落、资本市场持续动荡的宏观形势下，保险市场也面临诸多挑战，其中保单获取成本高、客户基础薄弱、激励效益递减、服务屡受诟病成为保险公司在转型当中面临的主要问题。面对此境遇，保险公司如何战略制胜，形成战略竞争力？

我们认为，应该从以下两方面去思考和探索：

1. “以客户为中心”是永恒的战略方向

新一轮的消费升级正在中国发生，必将对金融保险业产生巨大而深远的影响。在保险领域，消费升级有以下具体的表现：

（1）保险消费意愿增强。随着中国消费者购买力的提升和消费信心的稳定走高，越来越多的消费者开始把保险消费当作个人和家庭必备的风险抵御商品分配独立开支。也就是说，除了过去必须购买的社保医保、学校保险、交强险等险种之外，人们开始有意识地主动接触购买补充医疗保险、寿险、意外险等险种，这是消费升级带来的消费者保险意识提升的一大体现。

（2）消费者保险多样性需求开始释放。保险意识的提升，使得更多人群的不同保险需求也开始出现并为市场所感知，航空延误险、碎屏险、运动险甚至下雨险等新兴险种出现并受到部分人群的青睐。

（3）对更高品质服务的重视和追求。保险作为服务型产品，除了丰富性（更多的选择）之外，消费升级后的消费者将愈加重视服务质量和体验，选择更好、更便捷的产品和更周到、更完善的一站式服务，而非仅仅选择更便宜的产品。

在这方面，新华保险走在前面。2010年底新华人寿在寿险行业内率先提出“以客户为中心”的战略核心。新华人寿一直强调公司未来的发展的关键目标是“以客户为中心”：寿险行业面临的最大挑战是“客户基础”，若想求得长远发展，公司就必须在客户资源的竞争中找到一条路，稳定地获取客户资源，使新华的未来必须建立在一种可信赖的可依托的客户基础之上。新华人寿必须坚决推进“以客户为中心”的发展战略，以核心客户群的需求为导向推动战略转型。

2. “以科技为动力”将极大地推动保险战略转型

新技术规范应用于保险行业，不仅促进了对保险服务各环节的降本增效，而且极大地推动了保险产业升级和战略转型。

（1）大数据风险筛选和精准定价。大数据相关的产生、存储、传输、处理技术，在近年来日趋成熟，“数据驱动商业”的相关技术在保险领域的两个最典型应用，就在于更低成本、更好效果的风险筛选，和进一步自然到来的精准定价。

首先，基于大量积累的用户的多维度数据（大数据），保险公司能够对每一个细分群体甚至个体消费者产生更为具体的了解，包括其年龄性别等基础人口统计学特征信息、兴趣内容类型、驾驶习惯、历史出险记录、汽车商品偏好等，通过数据库（与其他数据库进行匹配查询）甚至还能得知其大致的收入水平、消费习惯、媒体接触习惯等。这使得保险公司对于风险的预判，从过去的有限指标的抽样推算总体概率的时代进入更多维度指标的全样本时代，风险的预估准确度被大大地提高了。

其次，不同细分市场人群的风险预估准确度被提高之后，精准的人群细分使得不同风险概率人群的保费价格能够被区别对待，也就是我们所说的精准定价。精准定价能够积极引导被保人规范自己的日常行车习惯、提高安全意识，以获得更优惠的保费。从这个角度讲，精准定价还有正向的社会意义。

（2）线下用户向线上迁移。线上线下融合，是当下中国商业发展阶段所决定的产业创新升级必由之路，结合保险业线下用户远多于线上用户的现状，线下用户的线上化仍然会是保险企业的重要工作之一。线上化，不仅仅意味着传统线下消费者能够被更好地在线上整合管理，更重要的是线上化的过程使得保险公司和用户的双向沟通渠道正式建立。互联网技术带来的影响仍将持续发酵，互联网保险时代和保险科技时代将会有很大的交集，在很长时间内两者对保险业的影响将并存。具体说来，互联网/移动互联网带来了传播渠道革命（包括新的营销渠道和消费者信息的双向沟通）、销售渠道多样化、支付渠道移动化等诸多保险业的进步。

（3）信息技术革命带来的技术红利将持续深刻地影响保险产业。未来保险产业升级的一个重要表现，在于信息技术革命进入“智能革命”阶段带来的一系列技术飞跃，虽然很多技术在一开始并非针对保险产业专门设计，但一些消费领域、金融领域的通用型技术却可以被引入保险业当中来实现产业的升级和创新，借助诸如大数据、区块链、云计算、人工智能等新科技，保险企业能够服务传统保险业过去未能覆盖到的市场。在全新的保险科技时代，保险企业具体的产品设计、营销策略、风控、理赔、服务组合等各环节业务都将开始实现升级创新。所有的保险产业创新都将具体表现为保险行业在新理念和新技术两个方面的迭代进化。

总之，我们可以通过研究上述保险行业战略因素变化的内在逻辑，将当下保险产业、市场中出现的种种产品创新、技术革新和企业发展状况、行业走向等内容看得更加清楚，通过理念先行和技术赋能，从而实现战略制胜来形成核心战略竞争力。

第一章　我国保险行业现状研究

1.1　我国保险行业发展概况

1.1.1　中国保险行业的发展历史

1949年后我国保险业的发展史，可谓跌宕起伏，经历了中华人民共和国成立初期的起步，到20世纪六七十年代的低谷，最后到现在的快速发展的过程。

保险业作为国家经济发展的晴雨表，到20世纪末，经过了四个发展时期。一是在50年代的初创时期，保险业仅中国人民保险公司一家国有保险公司，保险业务的发展还处于初级拓荒阶段，业务范围也十分狭窄，但是当时保险业配合我国经济建设，在保障生产安全、促进物资交流、安定人民生活、壮大国有资产等方面发挥了积极作用。第二阶段是在六七十年代的低谷期，由于当时的历史原因，本外币保险业务基本停办，仅保留五大口岸城市的涉外险业务，保险业陷入长达20年的停滞时期，发展严重受挫。第三阶段是80年代的复苏期，伴随着中国改革开放和经济发展，保险业迅速崛起，为国家经济建设和人民生活提供多方面的广泛的服务，但市场经营主体仍处于人保独家垄断状态。第四阶段是90年代的发展期，保险业独家垄断的格局被打破，取而代之的是中外保险公司多家竞争、共同发展的多元化新格局。进入21世纪以来，我国保险业正步入一个全新的发展阶段，根据我国入世承诺，保险业在金融行业中开放力度最大，开放过渡期最短。2004年12月11日过渡期结束，我国保险业进入全面对外开放的新时期，呈现出日渐市场化、专业化、国际化、规范化的新特点。

40年的改革开放为我国保险业发展注入了新的生机和活力。改革开放之初，我国保险市场由一家公司经营，全部保费收入只有4.6亿元。到2007年，全国保险公司达到110家，总资产达到2.9万亿元，实现保费收入7000多亿元，市场规模增长1500多倍。

1.1.2 中国保险行业的发展现状

近几年我国保险行业稳步发展，保险行业总资产从2010年的50481.6亿元增长到2013年的82886.95亿元，同比增速分别为24.23%、19.13%、22.29%、12.7%。2013年我国保险行业原保险保费收入17222.24亿元，同比增长11.2%，产险业务原保险保费收入6212.26亿元，同比增长16.53%；寿险业务原保险保费收入9425.14亿元，同比增长5.8%；健康险业务原保险保费收入1123.5亿元，同比增长30.22%；意外险业务原保险保费收入461.34亿元，同比增长19.46%。

产险业务中，交强险原保险保费收入1258.86亿元，同比增长12.99%；农业保险原保险保费收入306.59亿元，同比增长27.43%。另外，寿险公司未计入保险合同核算的保户投资款和独立账户本年新增交费3295.49亿元。产险业务赔款3439.14亿元，同比增长22.11%；寿险业务给付2253.13亿元，同比增长49.71%；健康险业务赔款和给付411.13亿元，同比增长37.88%；意外险业务赔款109.51亿元，同比增长13.12%。

2013年我国产险公司总资产10941.45亿元，较年初增长15.45%，占整个保险行业总资产的比例为13.2%；寿险公司总资产68250.07亿元，较年初增长11.9%，占整个保险行业总资产的比例为82.34%；再保险公司总资产2103.93亿元，较年初增长14.02%；资产管理公司总资产190.77亿元，较年初增长29.92%。

根据保监会和各省区政府最新公布的统计数据，《中国保险报》数据中心初步测算出2015年中国内地各省区保险密度与保险深度。数据显示，截至2015年底，全国保险密度为1766.49元/人(271.77美元/人)，同比增长19.44%；保险深度为3.59%，同比增长0.41个百分点。2015年全国实现保费收入2.4万亿元，行业总资产达到12.4万亿元，实现利润2824亿元。

2016年以来，保险业发展继续呈现加速态势。保监会领导在“2016陆家嘴论坛”上指出，2016年1月至4月，全国实现保费收入1.4万亿元，同比增长40%。可以说，保险业在服务供给侧结构性改革方面已经具备一定的实力和基础。

1.1.3　中国保险行业的发展成绩

回顾中国保险业1949年以来的改革发展历程，虽然经历了曲折，但全行业始终坚持改革创新，在探索中国特色保险业发展道路上迈出了坚实的步伐，取得了令人瞩目的发展成就，特别是党的十六大以来，在“抓监管、防风险、促发展”的总体思路指导下，我国保险业保持了又好又快的发展势头，整体实力与核心竞争能力不断提升，经济功能初步显现，在各方面取得了突出的成绩。

（1）保险业务大发展，行业实力显著增强，竞争格局基本形成。

保险业快速发展，业务领域逐步拓展。1980年恢复国内保险业务时，我国只有企财险、货运险、家财险、汽车险等几个保险业务种类。此后随着国内保险业风险管理技术的进步和经营管理能力的提高，业务领域逐步从财产损失保险扩展到人寿保险、责任保险、信用保证保险、意外伤害保险、健康保险等领域，目前已基本形成涵盖所有可保风险领域的业务和产品体系。保险业恢复经营以来，我国保费收入年均增长超过20%，是国民经济中发展最快的行业之一。2008年实现原保费收入9789亿元，世界排名第6位，中国已逐步成长为新兴的保险大国。

资产规模不断壮大。1949年中国人民保险公司成立之初，仅有资本金约200万元。目前，全国保险公司总资产达到3.7万亿元。市场体系日益完善，从由国有保险独家经营保险业务，到目前全国共有保险公司120多家，初步建成了多种组织形式和所有制形式并存，公平竞争、共同发展的保险市场体系。

（2）体制机制发生积极变化。

自改革开放以来，我国的保险业就分别从经营体制改革、公司体制改革、资金管理体制改革、保险监管体制改革四方面，进行了有条不紊的改革。首先是保险业务经营体制改革。1996 年，为了适应保险业快速发展和防范风险的需要，建立了保险分业经营体制，对产险、寿险实行专业化经营。人保、平安、太平洋等综合性保险公司相继完成产寿险分业经营体制改革。同时，为了提升保险业服务经济社会的能力与水平，对农业保险、健康保险、养老保险等业务领域探索实行专业化经营，专业性的保险公司开始逐渐成立。保险中介市场也逐步发育完善。公司体制改革方面，坚持从实际出发，采取“三步走”的战略，积极吸引外资和民营资本参股，引进境外战略投资者，优化股权结构，公司治理结构和运行机制不断完善。保险资金管理体制改革，实现了保险资金专业化集中运用，保险资产管理公司从无到有，目前达到 10 家，管理资产占保险业全部资产的 82.6%；从资金运用结构看，实现了从银行存款为主向债券投资为主的转变。

(3) 全社会的风险和保险意识大大提高。

改革开放前，我国保险市场的消费者规模相当有限，消费者对保险的了解非常少，保险意识处在一个较低的水平。随着改革开放的不断推进，保险知识的普及也日渐展开，消费者对保险的认识和理解逐步深化。同时，随着收入水平的提高和市场化体制改革的推进，全社会的风险和保险意识逐步提升，消费者开始主动购买所需要的保险产品，并且在购买保险产品时，多方搜集所需保险产品的信息，了解保险市场行情。人民群众保险意识不断增强和消费行为日趋理性，标志着我国保险市场逐步向成熟的方向迈进。

(4) 保险创新取得积极进展。

产品创新更加贴近市场需求，适应不同消费群体，开放不同的产品。针对居民日趋多元化的金融保险需求，突破保险产品传统保障功能的限制，开发了具有投资理财功能的产品。针对低收入人群开发了保费低廉、手续简便、保障适度的小额保险产品。适应建立多层次社会保障体系需要，开发了多种形式的商业养老和健康保险产品等。在产品贴近市场的情况下，营销创新与时俱进。从个人营销代理到现在通过银行、邮局、车行等机构代理，甚至通过网络、电话等方式销售保险产品，为保险消费者提供便利、质优价廉的保险服务。在做到服务创新的同时，理论创新为产品创新和营销创新提供了理论基础。近年来，在总结保险实践经验的基础上，保险理论创新不断深入推进。

1.1.4　中国保险行业发展特点

（1）近几年中国保险行业整体稳健发展。

“十二五”时期，全国保费收入从 2010 年的 1.3 万亿元增长到 2015 年的 2.4 万亿元，保险业总资产实现翻番，利润增加 2.4 倍，累计为经济社会提供风险保障 4753 万亿元，年均增长 38%。纵观近年来保险业总资产增长速度，除 2013 年总资产增速为 12.7%外，近六年以来保险业总资产增速均稳定在 20%左右。伴随着保险资金投资渠道逐渐放开、保险业务整体稳健发展、监管政策的全面完善，保险作为“社会稳定器”、“经济助推器”的作用日益凸显。2015 年我国保险资金运用余额突破 10 万亿元大关（见图 1-1）。中国保监会领导曾公开表示：2020 年全国保费收入将达到 5.1 万亿元。2014 年到 2020 年，七年间保险资金可运用规模预计将超过 20 万亿元，保险资金可运用规模的不断快速增长，将为整个行业的发展带来机遇和挑战。

根据中国保监会最新数据，2016 年 1—9 月，我国原保险保费收入 25168.26 亿元，同比增长 32.18%；而此前公布的一、二季度末累计原保险保费收入分别为 11979.12 亿元和 18812.82 亿元，同比增幅分别为 42.18%和 37.29%。受年中有关产品监管新规出台及资本市场持续低迷等因素的影响，原保险保费规模的同比增长幅度有所降低。但即便有所下滑，预计全年保持 25%以上的同比增幅应为大概率事件。

从图 1-1 可以看出，2012—2015 年，保费规模保持了持续增长态势，分别为 8%、11%、17%和 20%，原保费收入也从 15488 亿元、17222 亿元、20235 亿元增长到 24283 亿元。按照这样的增长趋势，再结合 2016 年保险业全年的发展情况，粗略计算，截至

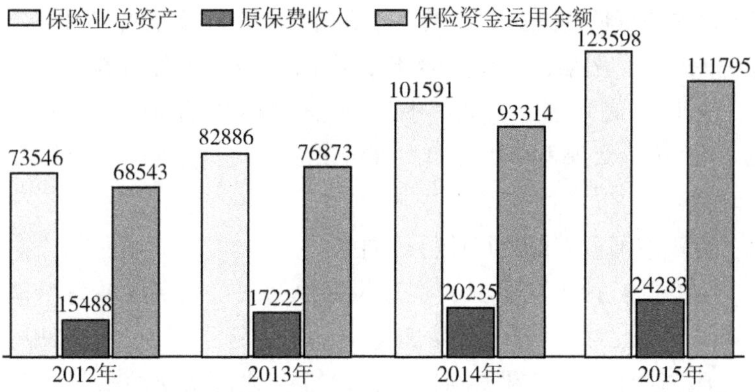

图 1-1　我国保险业近四年总体发展情况（单位：亿元）

2016 年末，我国原保险保费收入将突破年入 3 万亿元的“整数关”。

（2）中国保险行业经营能力增强。

首先，现金流指标上，现阶段保险业现金流充足，2016 年 1—9 月，保费收入达到 2.52 万亿元，同比增长 32.2%，年末有望超过日本成为全球第二大保险市场，保险业总资产已经达到 14.63 万亿元。

其次，偿付能力指标上，截至 2016 年 6 月末，保险业的偿付能力溢额为 19054 亿元，较年初增加 649 亿元。“偿二代”下寿险公司的平均偿付能力充足率为 250%，平均核心偿付能力充足率为 227%，均远高于监管要求的 100%和 150%的“达标”标准。

最后，盈利指标方面，2016 年 1—6 月，行业主要上市保险公司的未来利润贴现值依然保持两位数的增长，行业长期盈利能力仍可保持稳健增长。盈利水平的短期指标“当期利润”的波动主要受现行会计准则和资本市场的影响：因传统寿险的准备金提取金额与 750 天国债收益率曲线挂钩，而过去 750 天的国债收益率曲线整体水平在下降，导致准备金增加，当期利润下降。从本质上来说，保险公司未来利润贴现（内含价值）是行业长期盈利水平的风向标。2016年保险行业业务质量持续优化，特别是新业务价值提高和公司内含价值的提高，这两项指标将在相当程度上决定保险公司的发展后劲。例如，2016上半年，中国人寿内含价值5837.56亿元，较上年底增长4.2%；中国平安整体内含价值同比增长11.2%；中国太保上半年集团内含价值2153.55亿元，较上年底增长4.7%。

（3）中国人寿保险行业持续向好。

保监会于1999年6月，将寿险保单的预订利率调整为不超过年复利2.5%，并对寿险产品的定价基础进行了管理和制度规范，有力地控制和防范了利差损风险，1999年之前承保的少部分高利率保单比例逐步降低，其利差损已经得到消化，利差对寿险业务发展的影响总体可控。

2013年起，保监会积极推动寿险行业费率市场化改革。当前寿险负债成本维持在适当水平。寿险行业主力产品仍然以分红险、传统险和万能险为主。分红险、万能险的主力产品仍然以2.5%为主、超过3%定价利率的产品需要审批，实际投资收益超过定价利率的部分，保险公司按照“风险共担、利益共享”的原则进行盈余分配和万能险利益结算。对于传统险（非年金类），自2013年8月之后，预定利率放宽至3.5%，超过3.5%定价的产品需要审批，并有相应的投资支持，谨慎控制业务占比，避免新的利差损压力。

健康险爆发式增长。在2006—2015年的十年间，我国健康险保费收入复合增长率高达118.4%。2016年前9个月，中国健康险业务原保险保费收入3430亿元，同比增长86.8%。按照前9个月的保费增长趋势预测，2016年健康险保费收入将为5000亿元左右。2016年以来，健康险每个月的保费收入均徘徊在300亿与450亿元之间。从所占份额上看，健康险从1月份的原保费占比8%和规模保费占比不到6%，猛增至前三季度的原保费占比18%，规模保费占比12%。如果以新“国十条”所定位的保险密度发展目标来计算，我国健康险规模在2020年将会达到1.5万亿元。

1.2 我国保险行业竞争格局分析

1.2.1 中国保险机构的主要类型

按照企业规模和成立目的，我国保险公司主要划分为五类：

1.2.1.1 综合类、规模型保险公司（国字头、平安、太保、泰康、阳光、新华等）

第一类保险公司主要是成规模、成气候的保险公司，经营理念和经营战略比较清晰，成立时间较早，过去20年积累了较大规模的资产，这类公司拥有庞大的保险资产，投资比较稳健，尤其注重保险资产的配置。

1.2.1.2 银行类保险公司（建信、工银、农银、中邮等）

第二类保险公司拥有强大的渠道和股东背景，过去三年保费增速较快，资产累积的速度较快。这类公司是未来比较有潜力上升到第一梯队的公司。缺点是渠道过于单一，个险渠道相对较弱。

1.2.1.3 平台类保险公司（安邦、华夏、生命、前海等）

第三类保险公司过去三年保费迅速增长，这类保险公司更加注重资本运作，对保费规模要求较高，对保险产品的价值要求不高。这类公司在投资方面比较抢眼，而产品以高现值、高收益、短期化为主，退保和现金流压力较大，对投资要求较高。因此一旦银保出现较大下滑，现金流压力就会增加，预计下半年这类公司对电商平台的需求很大。

1.2.1.4 合资类保险公司

第四类公司过去20年难见抢眼的公司脱颖而出，由于合资股东的限制，在国内发展较为缓慢，我们简单将这类公司定义为外国人在中国的PE投资。

1.2.1.5 中小中资保险公司

未来成长空间不清晰，能否做大做强更多取决于股东背景，我们认为未来这类保险公司的趋势是被收购或者转型为平台类公司。

1.2.2　中国保险行业的市场集中度分析

2015年度保费数据显示，寿险行业市场集中度进一步下降，保费前十寿险公司的市场份额由2014年的81.7%下降6个百分点，而2014年较2013年降低4个百分点。与之明显不同，财产险行业的三巨头依然保持了六成以上的市场占有率，人保、平安和太保合计拥有市场份额为64%，相较之下，2014年为64.7%，2013年为64.8%。

寿险行业和财险行业之所以呈现出如此不同的市场竞争态势，一个最直接的解释是，“逆袭”的新寿险公司准确地把握住了“产品收益高”的抓手，赢得了客户并抢占了市场，相对而言，财险行业则不容易找到和解决客户的“痛点”，同时财险业又趋向于服务行业，获取市场份额只能靠价格战，但这类产品对价格并不十分敏感，反而是大公司的网络和经营、服务能力往往都占优势，因此集中度不易降低。

1.2.2.1　寿险市场集中度分析

2015年，寿险业务取得高速增长。保监会公布的数据显示，74家人身险公司共计实现1.59万亿元原保险保费收入，同比增长25.0%；实现总保费2.42万亿元，同比增长43.1%。

市场规模增长的同时，竞争也越发激烈。《证券日报》记者统计的结果显示，2015年原保险保费前十寿险公司合计市场份额为75.85%，较2014年的81.7%下降5.85个百分点。而在更早的2013年，寿险前十的市场份额还高达85.73%。

另外，2015年前十寿险公司成员和座次也较2014年有一定变化。

2015年以原保险保费（市场份额）排行的前十家寿险公司为，第一中国人寿（22.96%）、第二平安人寿（13.14%）、第三新华保险（7.05%）、第四太保寿险（6.85%）、第五人保寿险（5.64%）、第六太平人寿（5.04%）、第七富德生命人寿（4.98%）、第八泰康人寿（4.79%）、第九安邦人寿（3.44%）和第十阳光人寿（1.96%）。

2014 年前十市场份额依次为，中国人寿（26.1%）、平安人寿（13.7%）、新华保险（8.7%）、太保寿险（7.8%）、人保寿险（6.2%）、泰康人寿（5.4%）、太平人寿（5.1%）、安邦人寿（4.2%）、富德生命人寿（2.9%）和中邮保险（1.7%）。

两年数据显示，“原保险保费收入前十”中，前五家公司位次保持稳定，在第六至十位的公司中，2014 年“老前十”中有两家公司的位次在 2015 年获得进一步提升，其中，富德生命人寿提升两个位次，太平人寿提升一个位次。同时，阳光人寿在 2015 年成为新的“原保险保费前十”成员。

大型寿险公司所占的市场份额逐渐流失到中小型险企和新险企中，2015 年新展业的人身险公司共 4 家，分别为渤海人寿、国联人寿、太保安联健康、上海人寿，尽管为新成立，但这 4 家公司合计年度原保险保费也达到 48 亿元，市场份额 0.31%，而若以总保费指标计算，这 4 家公司的市场份额达 0.79%。

1.2.2.2 财险市场集中度分析

不同于寿险公司市场集中度快速下降的情况，财险市场集中度则保持了一定程度的稳定性，三年来，几乎无变化。2015 年，人保财险、平安财险和太保财险 3 家巨头公司的市场份额合计为 64%，仅较 2014 年下降 0.7 个百分点。而 2013 年，这 3 家公司的市场份额为 64.8%。

数据显示，2015 年，国内 73 家财产险公司中规模最大的人保财险、平安财险和太保财险的原保费收入分别为 2810 亿元、1636 亿元和 944 亿元，同比分别增长 11%、14%、1.7%，市场份额依次为 33.36%、19.43%、11.21%，合计市场份额 64%。2014 年，这三家财险公司的市场份额合计 64.70%，人保财险、平安财险和太保财险分别为 33.46%、18.94%、12.31%。

另外，2015 年保费前十的公司及其位次较 2014 年均保持不变，依次为人保财险、平安财险、太保财险、国寿财险、中华联合、大地财险、阳光财险、出口信用保险、太平财险和天安财险。

2015 年开始展业的有 7 家财险公司，包括恒邦财险、合众财险、燕赵财险、中原农业保险、中路财险、中铁自保公司、泰康在线，但7家公司合计仅占0.05%的市场份额。

1.2.3　中国保险行业的垄断竞争格局

行业集中度是产业经济学的一个指标，可以反映一个市场的竞争或垄断程度，数值上为某一市场的几大巨头总共所占的市场份额。集中度越高，代表市场越趋于垄断而非竞争，也就是行业巨头的竞争力越强，而集中度越低，代表行业的竞争越激烈。

目前中国保险业的竞争呈现垄断格局。市场价值最高的前三大保险公司（或集团）的市场集中度（CR3）为34.3%，前五大保险公司的市场集中度（CR5）为46.4%，前十大保险公司的市场集中度（CR10）为64.6%，表明行业整体竞争度不足。

在财险方面，2014年市场价值排名前三、前五、前十大财险公司的市场价值占比分别为53.7%、62.3%和76.5%。财险行业的保险公司的市场价值集中度如此之高，也间接反映了这一行业以垄断竞争为主。

在人身险方面，经测算发现，前三、前五、前十大寿险公司的市场价值占整个寿险行业市场价值的比例分别为50.4%、62.4%、77.9%。总体来看，市场集中度维持在50%以上，说明寿险市场的整体竞争程度跟财险行业极为相似，垄断竞争特征明显。

另外，考察不同产权、不同业务属性下的市场价值分布情况发现，中资寿险和中资财险公司的数量和市场价值占比都具绝对优势，而合资寿险公司的数量也比较多，有27家，但是市场价值占比很小。外资财险公司的数量目前也达到17家，但是其总市值仅180亿元，在中国市场的竞争力还较弱。目前中国主要有3家合资财险公司，其市场价值之和也非常小，仅42亿元。

以上数据显示，尽管财险业和寿险业2015年都有新的市场进入者，但财险业较高的集中度仍然保持了相当程度的稳定性，没有随着新的市场主体的加入而降低，而寿险行业集中度则在快速下降。这两个保险细分行业为何有如此迥异的市场竞争格局？可以从产品和销售模式两方面比较。

从产品上说，平安证券非银金融行业首席分析师缴文超在接受

《证券日报》记者采访时分析，最近几年部分新寿险公司和中小寿险公司之所以快速“逆袭”，简单说就是抓住了产品收益高这一个点，这一点做得出色就足以获得客户认可，获取市场份额。这些公司充分利用了寿险产品设计灵活的特性，利用市场化改革政策和销售渠道的创新，按照市场的需求更新产品，找准了客户的“痛点”。

反观财险公司，尽管出现了信用担保类的保证保险、投资型的财产险，但少数几家公司的业务在量上对原保险保费的贡献不大，因此其影响也尚未到引发行业集中度变化的层面。而由于财险偏同质化，更多的财险公司开展业务占领市场只能打价格战，但车险等财产险对于价格的敏感度并不是特别高，客户注重的还是理赔等服务体验，从这方面看，大型公司更有优势。

而从销售模式上看，寿险行业已经出现不同模式，新寿险公司往往选择轻资产模式的银保渠道和互联网渠道，所以尽管减掉了传统个险渠道培育市场的过程，但由于主打高收益产品，保费仍能在短期内就实现快速增长。而财产险行业整体比较统一，大部分业务依靠中介机构销售，少量通过网络直销，且在网销这一新渠道上，大公司因品牌反而更具优势，小公司难以突围。

1.2.4 中国保险市场区域发展极不平衡

中国保险业从区域看，保险公司呈现出“东部多、中西部少”的不均衡格局，2013 年在中部和西部注册的保险公司为 7 家和 9 家，而注册在东部省份的保险公司有 129 家。其中，注册在北京、上海和广东的保险公司最多，分别为 56 家、37 家和 16 家。另外，江苏 5 家，天津 4 家，四川、重庆、浙江、辽宁和吉林各 3 家，山东和福建各 2 家，云南、广西、山西、陕西、安徽、湖北、湖南各 1 家。还有一些省份，如西藏、新疆、贵州等因金融保险业发展环境不佳等问题，保险公司选择迁出或者不在此地注册。

由于地域分布的不均衡，东、中、西部地区的保险公司的市场价值在中国地域间的分布也极不均衡。其中，注册在东部地区的保险公司的总市值为 3.09 万亿元，占比为 98.9%；而注册在中部和西部地区的保险公司的总市值及占比分别仅为 120.9 亿元、0.4%

以及 214.4 亿元、0.7%。

在东部地区，北京、上海、广东注册的保险公司的市值总额分别为 1.85 万亿元、0.34 万亿元和 0.83 万亿元。广东地区保险公司市场价值约为上海保险公司市场价值的 2.4 倍，这主要源于平安集团系统内各公司的贡献。

再来分析各财险公司和人身险公司在中国各区域市场价值的分布状况。2014 年，东部地区 52 家财险公司的市场价值为 4493 亿元，东部地区 67 家人身险公司市场价值为 14725 亿元。

而中部地区只有 1 家人身险公司，市场价值仅 18.7 亿元，有 6 家财险公司，市场价值为 102 亿元。另外，西部地区有 2 家寿险公司和 7 家财险公司，市场价值分别仅为 69.6 亿元和 144.7 亿元。由此可见，东、中、西部地区保险市场的极度不均衡问题与各地区拥有的保险公司的数量和市场价值不均衡有直接关系。

1.3　我国保险行业发展前景光明

1.3.1　新保险监管体系引领行业系统性优化，细分政策落地提供更多机遇

“偿二代”保险风险管理体系标准落地，在过渡期力促行业健康转型。2015 年 2 月，保监会正式发布中国风险导向的偿付能力体系（“偿二代”）17 项监管规则，偿二代体系正式确立。同时，为了避免直接切换带来部分公司偿付能力的休克，保监会发布《关于中国风险导向的偿付能力体系过渡期有关事项的通知》，设置了灵活、富有弹性的过渡期。保险公司自 2015 年 1 季度起，编报偿二代下的偿付能力报告，但仍以偿一代作为监管依据。保监会将根据过渡期试运行情况，确定新旧体系的全面切换时间。

在新体系下，偿付能力充足率不再是独立于风险的单纯的资本比率；在销售渠道、产品结构、投资标的、运营管理、风险集中度等方面，都对保险公司提出了更全面的风险管理要求，引导行业长期健康发展。

1.3.2 保险机构组织形式尝试更多探索，积极拥抱互联网创新

1.3.2.1 相互保险

随着市场经济发展和人们风险防范需求增加，各类社会主体发展相互保险的愿望越发强烈，特别是互联网技术的发展使相互保险面临新的发展机遇。保监会在 2015 年 1 月印发《相互保险组织监管试行办法》的通知（保监发〔2015〕11 号），鼓励探索相互保险的发展。

相互保险是指“具有同质风险保障需求的单位或个人，通过订立合同成为会员，并缴纳保费形成互助基金，由该基金对合同约定的事故发生所造成的损失承担赔偿责任，或者当被保险人死亡、伤残、疾病或者达到合同约定的年龄、期限等条件时承担给付保险金责任的保险活动”，是一种古老的组织形式，在所有制和治理方式方面区别于股份制。根据国际相互合作保险组织联盟统计，2013 年全球相互保险保费收入达 1.23 万亿美元，占全球保险市场的 26.7%，覆盖人群 8.25 亿人，相互保险组织总资产超过 7.8 万亿美元。

相互保险有助于改善我国保险市场组织形式单一的局面。同时，在互联网时代，以互联网为媒介组织相互保险公司，具备运营成本更低、覆盖人群更广更便利、沟通更及时等优势，已经有相关机构在监管审批设立进程。

1.3.2.2 员工持股

保监会在 2015 年 6 月发布了《关于保险机构开展员工持股计划有关事项的通知》，有助于维持行业、公司的人员稳定；促使公司更多的中层、基层员工更好地发挥主观能动性，将公司和行业的经营发展带上更为有效的道路；有助于国企改革和民营体制激励的实现。

1.3.2.3 互联网保险

为贯彻落实“国十条”精神和国务院关于“互联网+”的战略部署，充分发挥互联网保险在促进金融普惠、服务经济社会发展方

面的独特优势，保监会正积极推进专业互联网保险公司试点工作。

一方面，已经于2013年11月成立的“众安在线”，在2014年服务商业个体和个人创业2亿人次，投保件数近10亿件，提供风险保障近20万亿元；截至2015年5月，公司保费收入5.90亿元，同比增长337.31%，在69家财险公司中排名第31名，较同期上升24名。近期，众安在线在监管部门支持下，将增加机动车保险和金融信息服务等业务，并增资57.6亿元以提高偿付能力充足水平；与华大基因合作，推出国内首款互联网基因检测保险计划“知因保”，该计划主要针对乳腺癌疾病提供专项健康管理，是“互联网+先进技术+健康管理”的一次积极创新尝试。

另一方面，为进一步发挥保险业在互联网金融专业化方面的先发优势，有序增加专业互联网保险公司试点机构，保监会近日批准筹建易安财产保险股份有限公司、安心财产保险有限责任公司、泰康在线财产保险股份有限公司三家互联网保险公司；同时，监管部门也在抓紧完善配套监管规则，有效防范相关风险。

2014年互联网保险总共实现保费收入858.9亿元，同比增长195%；其中财产保险约506亿元，同比增长114%；寿险约353亿元，同比增长约5.5倍。

1.3.3　保险融资、投资方式更加灵活，积极支持中国经济持续稳定健康发展

在2014年，保监会研究起草了《保险公司资本补充管理办法（征求意见稿）》，建立了由“资本分级、资本工具、公司资本管理、监督检查”组成的行业资本补充机制，规定了普通股、优先股、资本公积、留存收益、债务性资本工具、应急资本、保单责任证券化产品、财务再保险八大类资本补充渠道，丰富了保险公司的融资渠道，打开了保险公司资本工具的创新空间。

在2015年3月，保监会发布《关于调整保险资金境外投资有关政策的通知》（保监发〔2015〕33号），将受托管理保险资金可投资市场由我国香港地区扩展到包括香港地区在内的25个发达市场，以及20个新兴市场；由上述发达市场、新兴市场的主板市场

投资境外股票，扩展了香港创业板市场；投资境外债券类固定收益产品时，其计价货币不再限于国际主要流通货币，同时评级要求也有所放宽。

2015 年 7 月，国务院原则同意《中国保险投资基金设立方案》(国函〔2015〕104 号)。基金在市场化和支持国家重大战略的总体思路下，一方面作为直投基金，满足国家经济战略、混改等需求；另一方面作为母基金对接国内外各类特别是政府参与的类似投资基金。基金总规模预计为 3000 亿元，首期 1000 亿元，存续期限 5 至 10 年；基金主要向保险机构募集，保险机构出资不低于基金总规模的 80%。基金投资范围以国家战略性项目为基础，并可投资于战略性新兴产业、现代物流、健康养老、能源资源、信息科技、绿色环保、中小微企业等领域。基金投资形式主要包括上市和非上市股权、优先股、债权、资产证券化产品，以及股权基金、并购基金、夹层基金等各类投资基金。基金退出机制，以股权方式投资的，采取公开上市、“新三板”挂牌、股权转让、股权回购、股权路换等方式退出；以债权方式投资的，应当明确投资期限和增信安排，按投资协议约定到期退出；以优先股或夹层基金等方式投资的，应明确股权回购、股权转让等退出方式。

1.3.4　政策兑现渐行渐近，健康、养老培育新增长点

伴随着我国人口老龄化的进程，医疗、养老领域的社会压力在增加，无论是新“国十条”赋予保险的使命，还是商业保险自身发展的要求，都需要保险更广泛深入地参与到医疗、养老的社会服务和保障中去，形成系统的体制。

在健康保险方面，2015 年 5 月初，财政部、国家税务总局、保监会联合发布《关于开展商业健康保险个人所得税政策试点工作的通知》，拟在各地选择一个中心城市开展试点工作，其中北京、上海、天津、重庆四个直辖市全市试点。对于个人年税前列支的 2400 元额度，预计会带来约 500 亿元的增量保费，市场培养和消费者引导的意义更加深远；一方面促进保险公司填补商业健康保险中长期护理保险和失能收入保障保险的产品空白，另一方面以商

业保险补充“社会基本医疗保险”和“城乡居民大病保险”保障范围和金额以外的医疗和疾病支出。具体税优产品的细则在征求意见进程中，预计落地时间为三季度末、四季度初。

在养老保险方面，随着国务院《机关事业单位职业年金办法》（国办发〔2015〕18号）的颁布，居民养老保险在第二支柱的二元化体制从根本上消除，为推进第三支柱个人商业养老保险的建设奠定了制度基础。“完善多层次的养老保险体系”在新“国十条”的规划之内，并已提上日程，但由于养老体系涉及的财税政策、地方差异等影响比较复杂，相关的制度还在权衡制定。

1.3.5　未来中国保险业发展前景分析

（1）中国保险密度和保险深度仍远低于世界发达国家水平，未来发展潜力巨大。

目前我国已经是一个保险大国，但保险密度和保险深度仍远低于世界发达国家水平。根据中国保险报数据中心的测算数据，截至2015年底，全国保险密度为1766.49元/人（271.77美元/人），同比增长19.44%；保险深度为3.59%，同比增长0.41个百分点。

瑞士再保险（以下称“瑞再”）sigma报告数据显示，2015年，全球市场人均保险支出为662美元，发达市场人均保险支出为3666美元。其中，同是保费收入大国的美国、日本、英国和法国2014年的保险密度分别为4017美元/人、4207美元/人、4823美元/人和3902美元/人，而我国保险密度到2015年也才仅为271.77美元/人，相差10多倍。这表明我国运用保险机制的主动性还不够，全社会的保险意识还不强。

在保险深度方面，全球保险深度为6.2%，美国、日本、英国和法国2014年的保险深度分别为7.3%、10.8%、10.6%、9.1%，而我国的保险深度在2015年仅为3.59%，差距非常明显。这表明我国保险业对国民经济相关领域的覆盖程度较低，保险业务的发展相对滞后。我国保险机构国际竞争力、保险业的国际影响力也还不够强，我国还不是保险强国。

根据瑞再的研究，人均GDP在5000美元和35000美元之间国家的保险支出增长最快。这些国家的消费者在保险保障方面需求空间巨大，因此保险支出增速明显快于收入增长。然而，在收入水平更高或更低的国家，保险需求的收入弹性都接近 1。在低收入国家，财富水平以及保险意识水平过低，导致保险需求增长慢于收入增长。而高收入国家已经达到饱和状态。我国大部分省区的人均 GDP 已处于 5000 美元和 35000 美元之间，保险支出进入快速上升期。因此，预计未来我国保险市场发展潜力巨大。

（2）中国保险市场发展前景光明。

保险具有扶危济困的天然属性。火灾保险、意外保险、疾病保险、农业保险等的起源和发展，无一不是基于保障最广大贫困人口和社会弱势群体的生活品质的需要。以大病保险为例，我国大病保险自实施以来，已覆盖全国 31 个省区市，覆盖人口达 9.2 亿人，报销比例普遍提高了 10 到 15 个百分点，345 万大病患者直接受益，有效缓解了“因病致贫、因病返贫”现象。

此外，保险资金作为重要力量对接“精准扶贫”、城市基础设施、国际合作等重大项目；运用责任保险机制，化解社会矛盾纠纷，为创新社会治理和公共服务提供保险支持；积极服务社会民生，推出税收优惠型商业健康保险、积极推进递延型商业养老试点，支持多样化的养老和保险服务；扩大保险覆盖面，探索建立巨灾保险制度，努力编制一张张市场化的保险保障网等。

相信未来通过激发保险服务功能，我国保险业将在立足经济社会发展全局，积极服务国家战略，为国家重大发展战略和重大改革举措提供强有力支持上，发挥越来越重要的作用，同时自身也将实现由“保险大国”向“保险强国”的重要转变。

（3）未来中国保险业发展趋势向好。

①运行机制市场化。

保险公司、保险中介机构、投保人等市场主体通过市场机制发生联系和作用。市场经营主体依法进行公平、公正、公开竞争；所有公司，不分组织形式、不分内资外资、不分规模大小，均有平等的竞争地位；产品、费率、资金、人才主要通过市场机制调节。所有这些充分体现了竞争主体平等、竞争规则公正、竞争过程透明、竞争结构有效，市场效率正逐步提高。

②经营方式集约化。

保险公司经营观念转变，树立科学发展观。在经营过程中，以效益为中心，以科学管理为手段，加大对技术、教育和信息的投入，实现公司科学决策，走内涵式发展道路，为社会提供价格合理、质量优良的保险产品和服务。

③政府监管法制化。

政府监管拥有比较完善的法律法规体系和有力的监管体系，形成了相对稳定的监管模式，具备有效的监管手段，从而实现了保险监管的制度化和透明化。政府对保险业的监督管理、引导扶持作用得到更充分的发挥。

④行业发展国际化。

随着越来越多的外资保险公司进入我国保险市场，外资公司在我国保险市场扮演着越来越重要的角色，在全球范围内分散风险，使国际再保险市场对我国保险产品和定价的影响力加大。随着保险公司境外融资和保险、外汇资金的境外运用，国际金融市场对我国保险市场的影响越来越大。随着我国保险市场对外开放的进一步扩大，国内保险业将逐步融入国际保险市场，成为国际保险市场的重要组成部分。国际化程度的不断加深，要求中国保险业的经营管理更加符合国际惯例。

第二章　保险公司的战略定位和战略目标

2.1　战略定位和战略目标先行

2.1.1　战略定位就是企业“不忘初心，牢记使命”

美国战略管理学家杰克·特劳特先生早在1969年就预言商业世界运作的规律：随着企业内部的管理越来越成熟，决定企业成败的关键，就是企业能否在消费者心智中建立起一个强大的战略定位（Positioning）。整个商业社会的发展与转型，要求企业配置资源的方式、取得绩效的方式等也随之发生变革。杰克·特劳特先生自1969年发现战略定位的规律以来，终其一生都在不断推动定位理论的发展和实践，著有《定位》、《新定位》、《重新定位》、《商战》、《什么是战略》等16本著作。

其实，社会生产力提升的历史就是一部人类社会不断谋求新的战略地位和战略定位的历史。管理学界的先驱们为我们取得了开拓性的成果。

“科学管理之父”弗雷德里克·泰勒把农民变成了工人，提升了人类几十倍的生产力，帮助人类从农业社会进入工业社会。现在发达国家中产阶级的兴起，正是得益于泰勒知识作用的成果。通过泰勒的努力，社会的劳动主力已经从体力工作者转化为知识工作者了。在整个劳动力结构里面，体力工作者所占的比重越来越低，不到5%。如果想提升整个社会的生产力，继续提升体力工作者的生产力，潜力有限，只能通过提升知识工作者的生产力来解决。

“现代管理学之父”彼得·德鲁克先生终其一生创建了管理学科。管理学科的核心，一言以蔽之，就是通过组织这样一个工具，让知识工作者能够在组织中有效协同，从而大幅提高生产力。管理学发展到今天，取得巨大的成功，使得消费者产生的任何需求，都有一个个强大的组织可以来满足。每当市场上发现一个痛点，一夜之间就可以诞生成百上千家企业来满足这个需求，大量的资源和财富浪费在了拥挤不堪的恶性竞争中。信息技术和互联网平台公司的发展，带来了史无前例的技术上的发展，然而，它们并没有降低这种竞争强度，反而进一步催化了同质化竞争。

那么，未来如何提升社会生产力呢？

杰克·特劳特先生提出的战略定位理论给工商界指出了一条光辉大道。特劳特先生指出，提升生产力的关键在于获得顾客的认同，从而高效开创顾客。我们看到，不管是线上还是线下，企业获客成本越来越高，其背后原因正是获得顾客认同已经成为企业生存的关键。这就要求企业在传统的财务、法务、人力资源等功能外，必须开始加入一项新的功能，即定位。

定位是企业不可或缺的功能，是企业客观存在的重要器官，它比财务、法务、人力资源、运营等功能更加优先，甚至在企业创立之前，就应该明白，企业在社会存在的根本理由是什么？这就是战略定位。任何一个企业想要在当下的商业环境中生存下去，首要思考的问题就是，企业的战略定位在哪里？其次，才是运用好大数据、人工智能、云计算等由信息技术和互联网平台公司提供的技术来创建、做强、做大这个定位。

中国股市从来不缺题材，茅台酒能够做到上万亿元市值，并进入中国上市公司排名前十位，为什么会出现这个茅台现象呢？它为什么能够创造如此大的市值呢？茅台的毛利率高达93.5%，很多分析人士认为这是泡沫、不正常，这其实是从企业内部来思考问题。如果从企业外部来看，从茅台在顾客心目中的位置来看，就会一目了然，正是茅台在顾客心中强大的战略定位给企业创造了如此大的消费市场附加价值和资本市场溢价价值。

企业未来的成功不再是拥有多少土地、多少资本甚至多少人才，而是企业在用户、消费者或客户心目中有没有拥有像茅台一样强大的战略定位，这个战略资源是企业所有的资源之首。如果企业没有战略定位的功能，任何生产要素的生产力难以被调动，组织也会缺乏一致性的经营方向。所谓“不忘初心，牢记使命”的重要意义也在于此！

2.1.2　战略定位的关键是目标定位

杰克·特劳特在经历丰富的管理实践经验之后，在其《什么是战略——摩根斯坦利所推崇的商业战略思想》一书中，发展了波特教授对战略的定义，并试图加强对企业实际应用的指导作用。延续了他于1972年在《广告时代》上的《定位时代》文章和专著《定位》的思想，提出战略就是生存之道，战略就是建立认知，战略就是与众不同，战略就是打败对手，战略就是选择焦点，战略就是追求简单，战略就是领导方向，战略就是实事求是，对战略的含义赋予了实践的阐释。

(1) 企业定位凸显核心主业。

一般而言，企业发展战略应涉及企业中长期干什么、靠什么和怎么干三大方面的问题。谋划企业中长期干什么，就是要定好位。企业要发展，定位很重要，“大而全”、“小而全”的时期已过，什么都搞，什么也搞不好。也不要像空中的风筝随风飘摆，没有远见、决心、魄力和毅力干不成大事业。应该运用智慧选好经营目标，持之以恒地集中力量打歼灭战。定位是为了解决核心业务问题，有些企业开展多项业务，但核心业务不能多。可以搞多元化经营，但不可以搞多核心化经营。用核心业务带动其他业务，用其他业务促进核心业务，这是先进企业的成功之道。

(2) 企业定位应简单明了。

当代企业的成功已经不是简单加工的模式，中关村组拼电脑发家的历史不可能再度创造优势企业；当代企业的生存发展拼的是定位正确、战略明确，迅速获取顾客的心。差异性、全局性、发展性、系统性、竞争性、相对稳定性是企业战略的总体特征要求，这些要求都离不开定位，没有恰当的定位，一切将变得杂乱无章，发展显得步履蹒跚。懂得定位是不够的，还需要简单，不简单就容易复杂，复杂的东西很难接近顾客，当然也容易失去顾客。所以，好的战略一定不会是复杂的。

杰克·特劳特在继承波特等前人研究和实践的基础上的创新发展，更强调企业、市场的定位。特劳特对战略的定义是建立在借助持续、简单的信息在顾客心智中占据位置，用有效方式将企业的特征深深烙在顾客的心中，这个烙印就是代表企业特征的缩写。例如：汽车企业沃尔沃在顾客心中就是“安全”，安全本身是顾客对沃尔沃生产的汽车产品的总体理解，顾客接受沃尔沃的产品，就是为了对“安全”两个字的享用。奔驰在顾客心里代表地位的高贵，顾客购买奔驰汽车，大多就是为了实现这一愿望。对于日本生产的汽车，豪华、安全、高贵，似乎得不到顾客一致认同，尽管不乏这样的车型，但日系汽车给消费者总体的印象是经济、耐用，这是购买日本汽车顾客的一致看法，也是日本汽车打入汽车制造王国美国车市的绝招，是日本汽车跑遍全球的法宝。

沃尔沃的“安全”，奔驰的“高贵”，日系汽车的“经济、耐用”，这些看似简单得不能再简单的字眼背后隐含的却是企业的战略定位，定位的准确，需要决策、需要分析、需要组织、需要实践，达成顾客心智认可，取得独特的市场地位，最终战胜对手，赢得市场。特劳特对战略的理解，从市场实战的角度来看，显得更能击中要害、更为实用，他引用大量的企业案例也更加具有说服力。

（3）企业定位的资源与战略。

企业定位有阶段性，不同的战略阶段有不同的定位。定位的方法很多，定位无定势。谋划企业中长期靠什么，就是要全面发掘资源。“集四面各种资源，成八方受益事业”是企业的使命。不善用资源，再好的定位也没用。要树立大资源观。不但要发掘物质资源，也要发掘人力资源；不仅要发掘现实资源，也要发掘潜在资源；不仅要发掘直接资源，也要发掘间接资源；不仅要发掘空间资源，也要发掘时间资源；不仅要发掘智力资源，也要发掘情感资源；不仅要发掘可见资源，也要发掘无形资源。谋划企业中长期怎么干，就是要制定好战略措施。战略措施是实现定位的保证，是善用资源的体现，是企业发展战略中关键、生动的部分。从哪里入手、向哪里开刀、施什么政策、用什么策略、保哪些重点、舍哪些包袱、怎么策划、如何运作等，这些都是战略措施的重要内容。战略措施要符合规律、紧靠实际、超凡脱俗、提纲挈领。

2.1.3　战略目标先行

战略目标是对企业战略经营活动预期取得的主要成果的期望值。战略目标的设定，同时也是企业宗旨的展开和具体化，是企业宗旨中确认的企业经营目的、社会使命的进一步阐明和界定，也是企业在既定的战略经营领域展开战略经营活动所要达到的水平的具体规定。

由于战略目标是企业使命和功能的具体化，一方面有关企业生存的各个部门都需要有目标；另一方面，目标还取决于个别企业的不同战略。因此，企业的战略目标是多元化的，既包括经济目标，又包括非经济目标；既包括定性目标，又包括定量目标。尽管如此，各个企业需要制定目标的领域却是相同的，所有企业的生存都取决于同样的一些因素。德鲁克在《管理实践》一书中提出了八个关键领域的目标：

① 市场方面的目标：应表明本公司希望达到的市场占有率或在竞争中达到的地位。

②技术改进和发展方面的目标：对改进和发展新产品，提供新型服务内容的认知及措施。

③提高生产力方面的目标：有效地衡量原材料的利用，最大限度地提高产品的数量和质量。

④物资和金融资源方面的目标：获得物质和金融资源的渠道及有效地利用。

⑤利润方面的目标：用一个或几个经济目标表明希望达到的利润率。

⑥人力资源方面的目标：人力资源的获得、培训和发展，管理人员的培养及个人才能的发挥。

⑦职工积极性发挥方面的目标：对职工的激励、报酬等。

⑧社会责任方面的目标：注意公司对社会产生的影响。

管理学家 B. M. 格罗斯在其所著的《组织及其管理》一书中归纳出组织目标的七项内容：

①利益的满足：组织存在以满足相关的任何组织利益、需要、愿望和要求。

②劳务或商品的产出：组织产出的产品包括劳务（有形的或无形的）商品，其质量和数量都可以用货币或物质单位表示出来。

③效率或获利的可能性：即投入-产出目标，包括效率、生产率等。

④生存能力的投资：组织能力包括存在和发展的能力，有赖于投入数量和投资转换过程。

⑤资源的调动：从环境中获得稀有资源。

⑥对法规的遵守。

⑦合理性：即令人满意的行为方式，包括技术合理性和管理合理性。

结合这些管理学“大家”的真知灼见，企业的战略目标一般包括以下内容：

①盈利能力。用利润、投资收益率、每股平均受益、销售利润等来表示。

②市场。用市场占有率、销售额或销售量来表示。

③生产率。用投入产出比率或单位产品成本来表示。

④产品。用产品线或产品的销售额和盈利能力、开发新产品的完成期来表示。

⑤资金。用资本构成、新增普通股、现金流量、流动资本、回收期来表示。

⑥生产。用工作面积、固定费用或生产量来表示。

⑦研究与开发。用花费的货币量或完成的项目来表示。

⑧组织。用将实行变革或将承担的项目来表示。

⑨人力资源。用缺勤率、迟到率、人员流动率、培训人数或将实施的培训计划数来表示。

⑩社会责任。用活动的类型、服务天数或财政资助来表示。

总之，一个企业并不一定在以上所有领域都规定目标，并且战略目标也并不局限于以上十个方面。但无论如何，企业战略目标的内容有以下四个方面，首先是财务方面的目标，即投资回报率、利润、营业收入等。其次是客户方面的目标，即目标客户是谁，为了实现财务目标需要多少大客户，目前他们对我们的产品或者服务的满意程度如何，需要提高多少。再次是为了提高客户满意度，内部的流程和标准应该做哪些变革和优化，为了使我们的流程高效并实现目标，需要建立和完善哪些管理制度。最后是员工队伍方面的目标，即为了实现以上目标，企业的员工队伍需要做哪些调整，既包括员工队伍的数量，也包括员工队伍的质量。通常我们认为战略目标是这四个方面，在实际操作中，企业必须结合自身的实际情况，同时要考虑到企业战略的时间性。

2.2 保险公司的战略定位和战略目标

保险公司在选定目标市场后，还要根据市场竞争情况和本公司的条件，确定本公司险种在目标市场上的竞争地位，即战略定位。具体地说，就是要在目标顾客的心目中为保险公司和险种创造一定的特色，赋予一定的形象，以适应消费者一定的需求和偏爱。这种特色和形象可以是实物方面的，也可以是心理方面的，或者是两方面兼有。总之，战略定位就是要设法建立一种竞争优势，以在目标市场上吸引更多的顾客。

2.2.1 保险公司战略定位概述

保险企业确定目标市场后，就要考虑在一个充满竞争的市场中，本公司如何顺利进入目标市场并打开局面的问题，这就是市场的定位。所谓战略定位，就是保险企业根据现有竞争者产品的情况以及消费者对该种产品的认识，经过一系列的创新活动，实现本企业产品与众不同的鲜明个性或形象，并通过有效的营销组合影响顾客对该产品认同的管理过程。也就是说，企业通过对竞争者产品特征和消费者对该类产品认识的调查研究，确定本公司产品在市场上应有的准确位置，以便形成本公司的竞争优势。战略定位是企业全面计划中的一个重要组成部分，它关系到在竞争的市场上，本企业及产品能否形成竞争力的大问题。

创新性是战略定位的生命，而创新性又是通过“差异化”来实现的。所谓差异化，其实质就是强调保险产品、服务和营销等方面的特色化、个性化和人性化，它是一种现代保险营销与管理的新理念。我国加入 WTO 后中外保险竞争主体迅速增多，要求各保险公司在产品、经营、管理和服务上更富于创造性和竞争性。

2.2.2 保险公司战略定位的主要方式

保险公司战略定位显示了一种保险产品或一个保险企业同类似产品或企业之间的竞争关系。定位方式不同，则形成的竞争态势不同。下面分析三种主要的定位方式。

（1）避强定位。

这是一种避开强有力的竞争对手，另辟蹊径填补空白的战略定位法。其优点是能够在“人无我有”的新市场上，形成自身的局部优势，迅速站稳脚跟并在消费者中树立起品牌形象。由于这种定位法使市场竞争风险较小，成功率较高，常常为多数企业所采用。但空白的细分市场往往是难度最大的细分市场。例如，2002 年中国人民保险公司推出的“保险大超市”所提供的保险产品和服务对客户来说，具有相当程度的特质性，难以替代；对国内外的同业竞争者来说，“超市”里的产品和服务难以模仿，或者模仿的成本极高。“保险大超市”是兼容优良产品和宽广适应性的各类保险产品的荟萃场所，具有很明显的填补空白的性质。

（2）优势定位。

所谓优势定位，是指在所选定的目标市场上，保险公司通过对于自己优势的充分发挥抢占一席之地的定位方法。这种定位法要求：首先保险公司要通过与竞争对手比较，找到自身的优势所在；其次要通过调研明确市场最需要的是什么；再次要能找到两者的最佳结合点，即正确选择竞争优势；最后保险公司要善于运用各种方式如通过广告或代理人宣传自己的优势等。主观的优势和客观需求的有效结合，就是本公司的最佳定位。例如，我国的企业年金市场引起了寿险公司、银行、信托公司、基金公司、证券公司、财务公司等多种金融公司的关注。但与竞争者比较，寿险业经营企业年金业务具有诸多其他金融机构无法比拟的优势。

因此，寿险公司充分发挥本身的优势，开发独具特色的产品，定会在年金市场上有一番作为，找到最佳的战略定位。

(3) 迎头定位。

迎头定位是一种敢于与最强大的竞争对手以“唱对台戏”方式进行的定位方式。显然，这是一种危险的战术。但有的企业认为这是一种更能激励自己奋发上进的可行的定位尝试，一旦成功就会取得巨大的市场优势。运用这种定位方式，企业应清醒地估计自己的实力。由于这种定位法具有很大的风险性，一般公司对它的选用持慎重态度。

(4) 重新定位。

重新定位也叫调整定位。这种定位在两种情况下可以采用：一是经过一段时间的市场实践后，发现原有的战略定位不成功，产品打不开销路；二是企业产品在市场推出后，获得成功，有更多的消费者对产品提出更高的要求，需要重新定位。

当战略定位在细分市场上进行时，要求同时运用市场细分化和产品差异化两种策略。市场细分化的着眼点是要针对不同的顾客群的需求特点开发不同的产品，是一种市场导向型策略；产品差异化的着眼点是已经存在的产品，使产品具有某种特征是为了与竞争者的同类产品相区别，因而是一种产品导向型策略。企业以市场细分为基础选择目标市场，这是运用细分化策略；可见，细分化和差异化都是市场营销战略的组成部分。把细分化与差异化对立起来的认识不符合现代营销的要求，付诸实践是有害的。

2.2.3 保险公司战略定位的主要步骤

保险公司的战略定位工作一般可分为三个步骤：

(1) 明确可利用的竞争优势。保险市场上的竞争优势有两种类型：一是在同样条件下制定比竞争者更低的费率；二是提供更多的特色险种和优质的保险服务以满足消费者的特殊需求。鉴于保险费率不能随意降低，保险公司的竞争优势应把重点放在后者。

（2）正确选择竞争优势。保险公司在多种竞争优势存在的情况下，选择对企业最适合的竞争优势加以开发。例如，有些新的保险公司，机构少、人员精干、经营成本低，可以选择低费率策略。有些保险公司经营成本高，就只有选择开发新险种和提高服务质量。

（3）宣传竞争优势。保险公司在建立了竞争优势后，应大力开展广告宣传，把本公司的定位观念准确地传播给潜在的保险购买者。

2.2.4 保险公司战略定位的要素分析

中国几乎所有保险公司都提出了公司所培养、秉承和追求的企业文化、企业使命及企业愿景，在此基础上形成了各个保险公司的战略定位。下面按照战略定位构成要素的不同进行如下归类分析：

（1）顾客。

顾客即保险公司的目标客户群。大多数保险公司笼统表述为“客户”或是“中国客户”，泰康人寿则较明确提出其战略定位——“融入21世纪大众生活，为日益崛起的工薪白领提供高品质的寿险”。虽然寿险标的不及财产保险标的差异显著，但不同产品针对的需求群体在年龄、经济状况、生活负担等方面仍然有较大差别。对于中小保险公司，分析公司选择客户方面的优势，然后集中资源针对特定群体开发产品并全力经营，实现规模经济，不仅是占领市场一席之地的短期策略，即使是从长远战略考虑，中国特定群体的潜在保险需求都有很大开发空间，公司也可以在形成的客户资源、特定人群的品牌效应基础上进一步发掘、满足保险需求，为凭借专业化经营、提供高品质服务和特色产品形成核心竞争力提供帮助。

（2）产品和服务。

根据公司的目标产品和服务，可以把我国保险公司的战略目标分为两类。一类提供专业化、高品质的保险保障服务，如招商信诺详细列出“我们的使命是为我们的客户提供国际级品质的、价格合理、购买便利的人寿、意外以及补充医疗保险和服务，为客户及其家庭提供意外或疾病情况下的财务保障”。最终目标产品定位于寿险的还有泰康人寿、华泰人寿、信德人寿、华夏人寿、中意人寿、中英人寿、友邦、海尔纽约等。另一类公司将同时提供保险保障和理财方案或进行全面理财规划作为目标，走综合化道路，如新华人寿的愿景是“在更广阔的领域为客户提供全面、优质的风险保障和投资理财服务”；合众人寿明确订立目标“2010 年发展成为国内前七大人寿保险集团，2020 年成为国内十大金融企业集团，最终发展成为一流的综合金融企业集团”；金盛的目标为“成为财务保障和资产管理公司中的领军力量”；信诚、光大永明、瑞泰人寿、中美大都会等都以提供全面的投资理财服务作为企业未来的发展愿景。产品和服务是公司存在的核心，产品的不同直接决定公司的整个运营体系的差别，同样，保险公司不同的战略目标会影响当前公司发展的重心及业务发展中的战略合作伙伴的选择。

（3）市场。

市场即公司在哪些地区发展业务，可分为国内和国际两种。外资公司多作为股东发展战略的一部分而定位于中国，中资公司中国人寿“推进国际一流寿险公司进程，创建‘学习创新型、资源优化型、成长增值型’企业”是目标国际化的典范，而且公司当前发展进程也在一步步靠近该战略目标。太平人寿“成为中国寿险行业管理、流程和制度的标杆，使太平人寿进入国际 A 级企业，成为中国乃至世界的杰出品牌，并打造成为中国金融保险业中第一家真正意义上的‘百年老店’”，同样体现出走国际化道路的目标。其他中资公司多以发展成为国内一流公司为愿景，在当前公司实力状况下是切合实际的。

（4）技术。

技术即公司的技术状况及对技术的追求。保险属于服务业，技术体现在专业人才上，不少公司尤其是合资公司提到“专业经营”、“专业服务”，其中中意人寿“创建知识型人寿保险公司”较有特色。产品开发、优质服务及公司治理上如果能形成核心优势，将是保证公司持续发展、占领市场的重要技术。我国寿险技术较国际先进水平仍然落后，导致公司产品同质化严重，老百姓想买的产品买不到，同时保费高进一步加剧了保险需求与供给之间的不平衡，在保险市场持续竞争发展的背景下，要摒弃恶性竞争，产品的竞争、技术的竞争乃至人才的竞争才是未来保险发展的趋势。

（5）对生存、成长和赢利的关注。

中国人寿目标中包括“成长增值型”；平安“以价值最大化为导向”；民生人寿希望“把自己建设成为成长性强、富有特色的一流保险企业”；华泰“努力建设一家效益和品质最好的寿险公司”；太平洋安泰“以卓越的绩效，提供高品质的寿险服务，成为客户的最佳选择”；信泰“做稳健于世的百年金控蓝筹”；英大人寿“秉承‘专业规范、高效稳健’的经营理念”。可以看出，公司价值最大化是保险公司一致的追求，这符合公司的可持续发展，而不会因一味追求利润最大化或是盲目扩张市场损害公司的长远利益。从近年相关统计数据可以看到华泰人寿追求“效益”并将其定为战略目标对公司的经营指导作用显著，在业务质量、投资收益上都有较好的控制。

（6）基本信念、价值观。

泰康目标成为“最具亲和力、最受市场青睐”公司；生命人寿“秉持‘内诚于心，外信于行’的核心价值观”。除公司多提到诚信这个保险业的最基本、最重要的理念外，中资公司的价值观中加入了不少中国传统文化的色彩。如合众人寿以“和合”为企业理念基石，在核心价值、企业文化中都予以强调，最终目标是实现“和睦共生、和谐共事、和美共荣、‘司和万事兴’的完美境界”。基本信念、价值观是一个企业文化的核心，体现了公司经营、人员工作的共同信念，一个得到员工和客户认可的公司价值观可以加强公司凝聚力，树立公司良好形象。

（7）定位。

平安“以优秀的传统文化为基础”，联泰大都会“依托全球领先的专业技术和管理经验”。很多公司在战略表述中并没有指出自己的优势，但不代表它们缺乏优势，不同的背景下各公司正确定位可以帮助企业了解自身的优劣势，认识企业所处的环境，意识到危险，识别出机会。

(8) 对公众形象、社会影响的关注。

生命人寿肩负“携手提升生命价值”的企业使命，奉行“以人为本、尊重生命”的经营理念；英大人寿力求“发扬‘责任心’理念，服务客户、成就员工、回报股东、回馈社会，争取为中国保险业的繁荣和发展作出新的更大的贡献”。与品牌建设相一致，各公司积极投身社会公益事业，树立良好公众形象，这将是公司一直携带的标志，体现着各公司的价值观。社会责任的承担是保险公司必须面对的难题，公司利益和社会利益，一味强调其一只会将公司下一步的发展置于困难境地。

(9) 对雇员的关注。

正德人寿“为把正德人寿建设成为一家‘让消费者满意，股东放心，员工幸福’的一流寿险公司和百年老店而努力奋斗，为创造和谐社会作出应有贡献”。国华人寿“力争成为国内领先、国际知名的最能为客户、员工、股东创造价值的金融保险集团”。中宏人寿力求“成为一家令客户、股东、代理人和员工信赖并为之骄傲的公司，为大众提供最佳保障产品和服务”。公司员工的忠诚度是公司长期储备人才的保障，人才的竞争又是公司竞争的核心，如何留住人才、培养人才是公司必须作出的战略规划。保险公司中一类特殊的人员是保险营销员，保险营销员的定位当前存在很多的不完善，致使营销员流动性大，出现大量孤儿保单，同时客户源也随营销员不断流失而变化，不利于公司锁定目标群，且不利于公司进行长期培训。保险营销员需要相关法律法规的明确定位，同时保险公司也要重视营销员的长期稳定性。

各公司在公司战略定位时侧重点各有不同，如注重产品类型、关注市场开拓、看重股东雇员利益等，反映出公司在追求公司价值的过程中欲培养的核心竞争力上存在差别。通过对我国保险公司战略定位的分析，可以总结出以下特点：按照市场占有率区分，市场占有率高的公司（中国人寿、平安人寿、太保人寿、新华人寿、泰康人寿）更强调公司向外发展，如向国际化看齐、综合服务平台、追求卓越等，中小公司更多地强调提高客户满意度、树立品牌；按照公司性质分，外资公司更多地强调提供专业性、高品质服务，中资公司则更强调社会效应、传统文化。

2.3　案例：平安保险战略定位分析

2.3.1　平安保险公司简介

中国平安保险（集团）股份有限公司（以下简称“中国平安”）于1988年诞生于深圳蛇口，是中国第一家股份制保险企业，至今已经发展成为融保险、银行、投资等金融业务为一体的整合、紧密、多元的综合金融服务集团。

中国平安是中国第一家以保险为核心的，融证券、信托、银行、资产管理、企业年金等多元金融业务为一体的紧密、高效、多元的综合金融服务集团。公司成立于1988年，总部位于深圳。2004年6月和2007年3月，公司先后在香港联合交易所主板及上海证券交易所上市，股份名称“中国平安”，香港联合交易所股票代码为2318，上海证券交易所股票代码为601318。

中国平安致力于成为国际领先的个人金融生活服务提供商，坚持“科技引领金融，金融服务生活”的理念，通过“综合金融+互联网”和“互联网+综合金融”两个模式，聚焦“大金融资产”和“大医疗健康”两大产业，围绕保险、银行、资产管理、互联网金融四大板块，为客户创造“专业，让生活更简单”的品牌体验，获得持续的利润增长，向股东提供长期稳定的价值回报。在用户、客户及迁徙方面，持续以客户为中心，为客户提供完善的金融服务，以实现“一个客户、一个账户、多项服务、多个产品”为目标，积极推进用户、客户间的迁徙。核心金融业务方面，向客户提供专业的一站式金融服务，并利用互联网升级综合金融模式，扩大服务范围，提升服务效率和体验。在互联网金融业务方面，围绕用户的“医、食、住、行、玩”需求，不断完善线上平台，提供多种服务和产品，将金融嵌入线上生活服务。

中国平安是国内金融牌照最齐全、业务范围最广泛、控股关系最紧密的个人金融生活服务集团。平安集团旗下子公司包括平安寿险、平安产险、平安养老险、平安健康险、平安银行、平安信托、平安证券、平安大华基金，涵盖金融业各个领域，已发展成为中国少数能为客户同时提供保险、银行及投资等全方位金融产品和服务的金融企业之一。此外，经过多年的部署和努力，2015 年平安互联网业务蓬勃发展，互联网用户规模高速增长。截至 2015 年 12 月 31 日，平安互联网用户规模约 2.42 亿人，较年初增长 75.9%；互联网金融公司的用户规模近 1.83 亿人。

中国平安拥有 87 万名寿险销售人员和约 27.5 万名正式雇员。截至 2015 年 12 月 31 日，集团总资产达 4.77 万亿元，归属母公司股东权益为 3342.48 亿元。从保费收入来衡量，平安寿险为中国第二大寿险公司，平安产险为中国第三大产险公司。

中国平安是中国金融保险业中第一家引入外资的企业，拥有完善的治理架构，以及国际化、专业化的管理团队。公司一直遵循对股东、客户、员工、社会和合作伙伴负责的企业使命和治理原则，在一致的战略、统一的品牌和文化基础上，确保集团整体朝着共同的目标前进。通过完备的职能体系，清晰的发展战略，领先的全面风险管理体系，真实、准确、完整、及时、公平对等的信息披露制度，积极、热情、高效的投资者关系服务理念，为持续稳定的发展提供保障。

中国平安秉承“专业创造价值”的文化理念，在为股东、员工、客户创造价值的同时，也积极履行企业的社会责任，追求与各利益相关方的合作双赢、共同进步。公司多年来在教育慈善、环境保护及志愿者服务等公益事业中持续投入，运用互联网平台将公益提升到 3.0 时代，积极回应社会热点问题，引导员工、客户和公众共同参与社会公益活动。公司因此获得广泛的社会褒奖：连续 14 年获评“中国最受尊敬企业”称号，连续九年荣获“最具责任感企业”赞誉，多次荣获国际环保大会颁发的“国际碳金奖”。

中国平安在 2015 年《福布斯》“全球上市公司 2000 强”中名列第 32 位；在美国《财富》杂志“全球领先企业 500 强”中名列

第96位，并蝉联中国内地非国有企业第一；除此之外，在英国WPP集团旗下Millward Brown公布的2016年“Brand ZTM最具价值中国品牌100强”及“全球品牌100强”中，分别排名第9位及第68位；在全球最大的品牌咨询公司Interbrand发布的“最佳中国品牌排行榜”中，名列第六位，并蝉联中国保险业第一品牌。2017年6月，《2017年Brand Z最具价值全球品牌100强》公布，中国平安排名第61位；7月31日，《财富》中国500强排行榜发布，中国平安排名第五。2017年9月，中国平安在2017中国企业500强中排名第八。

2.3.2　中国平安的愿景和战略定位

中国平安的愿景是以保险、银行、投资三大业务为支柱，谋求企业的长期、稳定、健康发展，为企业各利益相关方创造持续增长的价值，成为国际领先的综合金融服务集团和百年老店。自1980年以来，我国保险业快速发展，保险资金迅速积累，并已经形成了庞大的资金力量。但与此同时，也出现了一些亟待解决的新问题。保险资金投资收益率低便是其中一个突出问题，且此问题已成为我国保险业发展的瓶颈，危及我国保险业的持续健康发展。因此，提高保险投资收益成为我国理论界和实务部门研究和关注的热点问题。从成熟的保险资金投资变迁来看，投资渠道均遵循了从单一到到多元的发展轨迹，投资风险方面的问题也日益凸显，尤其是由新的投资渠道引发的投资风险。另外，面临新的投资渠道，我国现有的客观条件很可能难以满足资金运作的需求。这就需要从保险公司、金融证券市场、政府三方分别进行有针对性的风险防范与控制及相关外部环境的改善。

如今，企业面临的市场竞争加剧，有效的战略管理越来越多地关系到企业如何进行市场定位，如何找出与竞争者的差异并利用它发挥出企业最大的竞争优势。中国保险业正是一个竞争不断加剧，具有潜力且不断成熟的行业，中国平安作为保险业的一员，有各种因素制约和促进它的发展，所以进行有效的战略管理对于可持续发展和获得市场竞争的胜利至关重要。

当前，世界经济总体仍处于衰退之中，我国经济回升向好的态势还不确定，保险业平稳健康发展的任务还很艰巨。几大非寿险传统险种像企业财产险、与进出口相关的货运险等业务，由于客户投保意愿和支付能力降低，受到影响较明显；车险、工程险等虽增长较快，但势头能否保持还有待观察。国民经济回升向好的势头日趋明显，为保险业发展奠定了经济基础，为将来保险业继续保持稳定发展提供了有利条件。保险市场运行呈现快中趋好的特点。一是业务较快增长。二是与经济建设和人民生活密切相关的险种快速发展。三是市场秩序继续好转。四是风险得到有效防范。五是经营效益向好趋势更加明显。

在当前形势下，中国平安实行多元化战略：2002 年，国务院批准中信集团、光大集团、平安集团为三家综合金融控股集团试点。目前，中国平安以保险业为核心，已经实现银行、保险和投资等三项业务交叉销售，共享后援集中运营平台，充分利用各种资源，降低服务成本。

中国平安遵循“集团控股、分化经营、分业监管、整体上市”的管理模式，在一致的战略、统一的品牌和文化基础上，确保集团整体朝着共同的目标迈进。

2.3.3 平安保险的 SWOT 分析

（1）竞争优势。

①资金优势，平安保险是我国首家股份制保险公司，也是我国第一家有外资参股的全国性保险公司，拥有完善的治理结构，以及国际化、专业化的管理团队。它有广泛的集资途径。

②品牌知名度高，客户忠诚度高，受到广泛的公众认同并获得了多种社会荣誉。平安保险在 2001 年 10 月 15 日《资本》杂志 2001 年度中国最优质服务及最佳品牌大奖评选中获“最佳保险服务大奖”，它又在 2001 年经权威评估机构中诚信国际信用评级有限公司评为“AAA”级信用，成为国内第一家获得该等级的金融机构。

③市场占有额优势。平安保险继人寿保险之后占有国内市场保

险份额的20%左右，它旗下有财产和人寿两个公司，财产保险排在中国人民财产保险和太平洋财产保险公司之后，列第三。

④中国平安拥有中国金融企业中真正整合的综合金融服务平台，位于上海张江的中国平安全国后援管理中心是亚洲领先的金融后台处理中心，中国平安在一致的战略、统一的品牌和文化基础上，确保集团整体朝着共同的目标前进。

⑤中国平安建立了流程化、工厂化的后台作业系统，并借助电话、网络及专业的业务员队伍，为客户提供专业化、标准化、全方位的金融理财服务。

⑥中国平安以保险、银行、投资三大业务为支柱，谋求企业的长期、稳定、健康发展，为企业各相关利益主体创造持续增长的价值，是国际领先的综合金融服务集团。

⑦总体实力在国内金融保险巨头中占优势，资产等指标仅次于中国人寿。

（2）竞争劣势。

①国外保险企业的冲击，以及国内保险企业竞争的激烈程度越来越高。

②市场份额下降，业务规模在几大巨头使用交叉销售等综合经营手段竞争后有所下滑。

③金融牌照比较单一。

（3）机会。

①法律政策环境逐步完善，保险是社会的稳定器，为构建和谐社会，充分发挥保险作用，国家对保险采取支持政策，制定了一系列保险法律法规，完善制度，加强监督，促进保险规范发展。

②企业、公民的保险意识不断提高。保险经过几十年的发展，通过不断地宣传，人们对保险业的认识正不断提升，保险意识也越来越强。

③城市化及客户需求促使保险覆盖率提高，近几年我国经济迅速发展，公民基本生活需求得到满足，有更多的剩余资产满足更高的生活需求。保险需求多样化，如近几年发展较快的汽车保险。

④人口总量促进保险发展，人口老龄化使寿险、养老险需求

增加。

（4）威胁。

①我国信用风险分担机制不够完善。信用调查评估、商账追收等服务相对滞后，保险公司赔付后自身的追偿成本高，导致承担风险大。而且我国总体保险发展水平低，保险覆盖面小。

②我国保险企业资本实力弱，资本充足率低，保险利润率低，有的公司甚至亏损，致使保险总准备金提取水平不稳定，甚至出现负数。此外，中国加入 WTO 对中资保险企业也有一些不利的影响。

2.3.4 平安保险的战略优点

（1）三大支柱业务稳步推进，综合经营优势日趋明显。

①保险业：中国平安是我国最大的保险集团之一，拥有寿险第二、产险第三的市场地位。

②银行业：公司通过收购深圳商业银行使银行业务规模得到了迅速扩大。

③投资业：证券业务在公司整体业务体系中的地位不断加强。

（2）先进的管理。

①独具优势的资产管理平台。

②后援集中提升服务，降低成本，控制风险。

（3）股权结构合理（旗下的公司相互制约，相互促进）。

（4）国际化团队。投资与研究团队——由投资管理（资产配置）、股票投资、固定收益投资、基金投资、量化投资、投资研究、信用评估等部门组成。运营交易团队——以“规范化、标准化、专业化”为宗旨，数十位业内专家，集团高层管理团队超过 1/2 来自海外。

（5）不断优化的业务结构。无论是炒股，还是信用卡、理财，客户不用那么麻烦，一张卡就可以了。平安就是对一个客户，往纵深方向发展挖掘，而且这种综合金融模式已经开始发挥作用。

（6）相比于其他以银行或证券为主导的金融控股公司，保险出身的平安显然拥有更强势的销售文化：20 年间，平安积累了 40

万乐于每天寻找新的销售机会的保险代理人。这也使得平安寿险公司的交叉销售工作显得更为重要，由于金融产品的不同特性，以及寿险代理人的整体水平参差不齐，撬动平安寿险军团仍然并非易事。在销售上，中国平安的交叉销售，也是竞争对手不可模仿的。交叉销售基于强大的后台支撑系统。光是平安科技的IT员工就有2000多人，这在其他保险公司比较少见。平安的后台管理非常到位，可以支撑中国平安的人员管理、绩效管理等。

如今，尽管从表面上看，平安的公司结构与其他多家大型金融控股公司并没有太大差异，但在实际操作层面，与目前国内更多流于形式的综合金融集团相比，平安已经是最为接近金融超市核心竞争力的一家。

2.3.5　平安保险的战略缺点

（1）销售机制的缺陷。

专业代理人、经纪人等中介机构的进入，会对传统的保险营销构成挑战。保险公司的营销主要形式是自营和代理两种。中介市场不够发达，代理业务、经纪人业务及网上销售业务比重较小。在代理营销方面，存在代理人队伍专业化程度偏低、法律法规知识薄弱、代理体系单一的特征，如目前中资保险公司的代理业务局限于银行代理、汽车销售、外资进出口公司代理等方面。在直销方面：没有充分建立团队营销的机制，存在以个人展业为主的现象，具有一定的盲目性。

（2）顾客容易流失，需不断开发新市场。

产品的无形性及业务人员的服务态度、心理状态变化都会影响保险公司建立稳定的客户群，使潜在的准保户的忠诚度减弱、流动性增强。

（3）保险资金运用结构不尽合理。

保险方面，各种险的资金分配不均衡，使得资金倾向性比较明显。

（4）保险资金运用渠道依然狭窄。

①银行存款；②买卖债券、股票、证券投资基金份额等有价证

券；③投资不动产；④投资渠道要符合法律规定。

（5）产品难以得到消费者的认同。

保险险种与其他许多产品的不同之处，就在于它是一种无形商品，是一种劳务商品，是一种以风险为对象的特殊商品。它既不能在保户购买之前向其展示某种样品，也不能在保户购买之后使其保留某种物质形态的实体。保险险种的不可感知性特征对保险公司的营销具有重要影响。与有形产品相比较，由于保险商品没有自己独立存在的实物形式，保险公司很难通过陈列、展示等形式直接激发保户的购买欲望，也很难为消费者提供检查、比较、评价的依据。对购买者而言，保险商品是抽象的、无法预知购买效用的，因此，保险商品的购买过程带有很强的不确定性。

2.3.6　平安保险的战略形象

2.3.6.1　企业文化

中国平安自成立以来，始终将“诚信”作为企业文化的根基，同时，以“专业”为纽带，可持续地为股东、客户、员工和社会创造最大化价值，切实履行企业公民责任。从企业人格化的角度，结合平安的企业文化内涵、行业特征以及多年的实践，中国平安的“企业文化体系”正日趋完善。

（1）平安企业文化体系的轴心：“专业创造价值”。

“专业创造价值”是全体平安人共同创造、涤荡出的平安文化成果的核心。这一理念准确传递了中国平安通过专业化经营实现“综合金融、国际领先”目标的能力、信心和愿景；同时，在当前和未来强调客户消费体验的竞争环境下，促进广大平安人不断提升自身“专家、专才”形象，为客户持续提供最好的综合金融服务体验，创造最大价值。

（2）对股东负责：取信于资本。

股东投入资本，是对公司员工及管理者专业精神和专业能力的信任。应珍惜、善用每一分资本，构建完善的公司治理结构，以专业为本，以价值最大化为导向，使企业价值不断增长，使股东获得满意的回报，最终赢得股东和投资者的长期信赖和支持。

（3）对客户负责：诚信为基，体验为本。

诚信待客，是服务之本；客户满意，是企业价值之源。以真诚回应客户的信任，以审慎对待客户的托付；努力洞察客户需求，超出客户期望，为客户提供全方位、个性化、专业化的、领先的产品及服务，是中国平安不懈的追求。

（4）对员工负责：共同成就价值。

公司是员工安身立命的依托，是职业发展的基础，是事业成功和自我实现的舞台。培养员工成为具有一流专业素养的专家、专才，是平安实现百年老店宏伟目标、保持基业长青的现实基础。公司对员工负责，员工奉献于公司、发展于公司。公司与员工专业共进，价值共长。

（5）对社会负责：知恩回报。

社会是实现公司价值的土壤。公司通过专业的综合金融服务，为社会财富增长及风险管理提供有力支撑，同时怀抱感恩之心反哺社会，为社会所关注的救助帮扶对象提供力所能及的帮助，这是平安“专业·价值”理念重要的外在体现。

2.3.6.2 企业责任

“企业社会责任”是指企业作为社会公民，为相关利益主体承担广泛的责任，使企业在谋求商业目的的同时，能够通过自己负责任的行为，倡导并履行主流的社会价值观念和道德理想，在为社会创造价值的同时，承担起企业社会责任。

（1）对股东负责。

股东投入资本，是对公司员工及管理者的信任。珍惜、善用每一分资本，构建完善的公司治理结构，建立以价值最大化为导向的企业经营文化，使企业价值不断增长，使股东获得满意的回报，才能赢得股东和投资者的长期信赖和支持。

中国平安对客户的承诺是：服务至上，诚信保障。企业与客户关系主要是指企业对客户的服务关系，包括企业了解客户需求，并提供各种合理方法确保客户满意以及提供各种增值服务等内容。

（2）对员工负责。

员工是公司价值成长的基石，是企业的血脉。公司对员工负责，员工奉献于公司，发展于公司，才能实现员工价值与公司价值共成长。人才是公司的重要资产。中国平安提出了“确保每一位为平安效力的人才都有发挥的平台、有成就感、有合适的收入、工作虽然有压力但很开心”的用人机制，以竞争甄选人才，以激励鼓动人才，以淘汰优化人才。以“中国保险业的黄埔军校”著称的中国平安通过平安金融培训学院，设置管理、领导力发展核心课程体系，为平安战略转型培养了大量的综合金融服务人才。通过搭建并完善有效的员工关系沟通平台，加强员工关怀，设计更合理的员工福利，实现公司、客户、员工利益的共同增长，实现员工的安居乐业。

作为一家有着远大抱负的企业，中国平安成立以来一直怀抱感恩之心反哺社会，积极参与各项社会公益事业，在教育公益、红十字公益、灾难救助等方面恪尽企业职责，这也是平安企业公民社会价值重要的外在体现。

2.3.6.3 企业使命

中国平安的企业使命是：对股东负责，资产增值，稳定回报；对客户负责，服务至上，诚信保障；对员工负责，生涯规划，安居乐业；对社会负责，回馈社会，建设国家。中国平安以“专业创造价值”为核心文化理念，倡导以价值最大化为导向，以追求卓越为过程，形成了“诚实、信任、进取、成就”的个人价值观和“团结、活力、学习、创新”的团队价值观。集团贯彻“竞争、激励、淘汰”三大机制，执行“差异、专业、领先、长远”的经营理念。

2.3.6.4 公益理念

中国平安以“专注为明天”为公益理念，致力于承担社会责任。在依法经营、纳税的过程中创造企业商业价值；在社会中尽到道德责任与慈善责任，将企业的核心价值观贯彻在环境、教育、红十字、社群等公益事业中。在环境公益上，继续推动“低碳100”项目，2011年全年，在MIT移动展业平台、寿险及信用卡电子单据方面的使用推广，共节省纸张约511.7吨，同时，还节省了1800逾万次的邮递寄发成本；在教育公益上，基础教育方面继续推进“支教行动”项目，平安已规划援建了超过百所希望小学，已有5362名平安希望小学学生，共计获得289.95万元中国平安希望奖学金；高等教育方面继续推进“励志计划”项目，已有3905名高校学子，共计获得1409万元的励志计划论文奖、奖学金、创业大赛奖金；红十字公益方面，连续十年组织无偿献血活动，无偿献血量3675余万毫升，并为逾2500名造血干细胞捐献者无偿提供了保险保障计划，捐赠保额累计超过9亿元；社群方面，2010年，中国平安成立了由50万名内、外勤员工组成的“员工志愿者协会”，广泛开展志愿者活动。

2.3.7　平安保险的战略定位分解

2.3.7.1　战略定位策略

品牌定位是指平安保险公司通过对自身特点的判断，确定自己的目标客户，创造差异化的品牌，同时借助传播的手段，让消费者对品牌定位产生认知的过程。品牌定位的基本程序为：

（1）明确自己的潜在竞争优势。根据著名战略家波特的描述，竞争优势就是能为客户创造价值的优势。保险企业首先应该找出自己在核保、理赔、个人销售、团体销售和代理销售以及资金运用一系列价值链上的优势点，在明确竞争优势的基础上选择自己的竞争优势。

（2）选择竞争优势。首先，要考虑差别化利益是否符合值得开发的条件。对于公司来说，一旦选择某个差别化利益，重新调整的成本很高，所以要慎重。值得开发的差别化利益，应该是满足重要性、区别性、优越性、沟通性、优先性，以及消费者承受能力和公司盈利性的要求。其次，确定差别化利益的多少。由于保险行业属于金融行业，消费者一般对其持审慎的态度，对保险企业提供的各种理财工具不仅有保值还有升值的要求，且金融行业也属于服务业，保险行业的品牌定位适于以一种利益为主、其他利益为辅的方式。

（3）确定具体的差异化利益。随着保险市场主体的不断增加，竞争日益激烈，要想在市场竞争中确立自己的品牌定位，保险企业应考虑技术、成本、质量和服务等相关因素，确定具体的差别利益，其关键是找到具有比较竞争优势的利益点，确立自己的品牌定位。

2.3.7.2 战略设计策略

（1）采用责任增减，产生新险种。

平安保险公司可采取将现有保险险种的保险责任，根据市场需求新情况，从中进行增减，从而产生新险种的方法。

（2）利用产品组合，进行险种创意。

保险企业可利用各种组合方法，将现有的险种进行横向、纵向、交叉组合，以求得适应市场需求，符合企业目标的险种创意。可采用以下产品组合方式：

①一张保单保全家。在一张保单下可有多个被保险人，可涵盖主要家庭成员；一个被保险人可以投保多个险种，如主被保险人可以投保寿险、重疾、意外、医疗等险种。

②提供多种“套餐”，方便选择。如提供保障型、理财型、养老型等套餐选择，满足不同群体的需要。

③保障责任扩展。使投保人投保任何一个计划都可以拥有十余种保险保障，如生存保险金、身故保险金、重大疾病保险金、当投保人身故或失能时豁免整张保单未来交纳的保费。

④保单不断升级。使已购买保单的客户，可以现有保单为基础加入保险企业不断推出的附加险，使客户获得的保障更全面、功能更强。

总之，在实施产品策略时平安公司必须以市场为导向，以市场的有效开发、渗透为手段，实现业务收入的可持续增长；同时，保险产品是金融类产品，新产品的推出会不可避免地影响公司的资产、负债、资本等财务状况。因此保险企业需要以谨慎稳健为原则，在保证偿付能力的条件下，充分挖掘公司的资本潜力，实现公司内含价值的有效提升。

2.3.7.3 战略营销服务策略

服务满意首先必须在全体员工中树立“客户第一”的观念，没有这样的观念，服务就不可能使客户满意。进行服务满意管理的方法有：

（1）服务意识的训练。

服务意识是经过训练才能逐渐形成的。作为一种意识，它不由规则来保持，必须内化在员工的人生观里，成为一种自觉的思想体系。服务意识的训练可以分为三个步骤：掌握企业理念，分析服务得失，测定服务意识。

通过服务意识训练，形成全员服务意识。对平安保险公司来说，各部门之间的配合程度直接影响到员工对客户服务的态度、水平和效率，员工对企业的满意度决定客户对企业的满意程度，而客户的满意程度则可以决定企业的利润。因此，只有树立全员服务意识，形成为客户服务的企业文化，才能提高员工的满意度，进而提高客户的满意度。

（2）建立完整的服务指标。

服务指标是保险企业内部为客户提供全部服务的行为标准。保险企业可根据企业经营各流程分别建立相应的服务指标。

（3）服务满意行为的强化。

制定客户服务守则，对员工进行服务满意级度的考查。当员工按照保险企业拟定的服务指标完成了使客户满意的服务时，保险企业可通过赞许、奖赏、参与企业的重大决策、职务提升等方式，对其行为进行强化，以巩固和发扬这样的行为。

（4）进行服务质量控制。

采取有力的措施来对服务质量进行控制，是提高客户服务质量的重要保证。可选择的措施有：

①设立投诉监察。通过开辟畅通的沟通渠道，鼓励对企业有不满情绪的客户投诉。如果投诉渠道不畅通，其结果是客户的抱怨加深，损害企业的品牌形象。同时，在处理投诉的过程中，采取措施留住客户。

②聘请服务质量监督员。保险企业可以从客户中或社会上公开聘请一批专职或兼职的人员对企业的客户服务质量定期进行监督。既可以取得公众和消费者的认同，又能达到换位思考的目的。

2.3.7.4 战略传播策略

传播策略整合既要求保险企业不要过分迷信广告，又要求保险企业千万不能忽视广告对于品牌传播整合的重要作用。因此，平安保险公司在进行广告策略整合时，应注意：

（1）公司在做广告时，要先寻找一个有潜力的市场，进行市场调研，然后了解广告对新的消费者的消费心理和消费习惯的需求，再运用广告等手段宣传和美化产品以吸引消费注意，最后找到一个好的卖点，促使消费者购买。

（2）公司在做广告时，要把握时机。通常的做法是将电视广告、广播广告、报纸广告、杂志广告、POP 和促销等放在一个筐子里，然后一股脑撒向市场，强行向消费者灌输信息，认为这样就会产生效应。然而，不同的媒体具有不同的作用，这种轰炸式广告宣传虽能带动些销售，但也会浪费很多广告费。因此，企业应根据不同的市场时期，对广告的制作和发布采取不同的策略。

（3）广告一定要连续进行。广告有滞后性，因此投放一定要持续，千万不能随意停下来，否则就会引起很多猜测。

（4）广告要注意社会效应。正如美国历史学家大卫·波特所指出："现在广告的社会影响力可以与具有悠久传统的教会及学校相匹配。广告主宰着宣传工具，它在公众标准形成中起着巨大的作用。"

第三章　保险公司的业务发展战略规划

3.1　战略规划

3.1.1　战略规划的概念

企业战略规划（Strategic Planning）是企业根据外部环境和内部资源条件而制订的涉及企业管理各方面（包括生产管理、营销管理、财务管理、人力资源管理等）的带有全局性的重大计划。这种规划一般要定出5~10年甚至更长的发展方向，但也不是一次完成后就固定不变，它是随着企业内部和外部环境的变化而不断修正的一种管理过程。它强调企业组织的整体性，而不限于市场营销一个方面。尽管如此，业务部门在企业战略规划中起着重要的作用。

3.1.2　战略规划的作用

企业战略是企业营销活动的灵魂。群策群力地制订科学、严密、可行的战略规划，并采取认真的实施步骤，最终可使企业增加盈利，树立更好的企业形象，使企业得以发展，并在严峻的市场情况下保持企业的生存。具体来讲，战略规划在营销活动过程中能起到如下作用。

（1）战略规划是协调企业内部各种活动（资金筹措、资源配置、生产过程、销售过程等）的总体指导思想和基本手段。它可以在企业内部形成明确的共同思想，有利于充分而合理地利用企业内部的各种资源（人力、财力、物力、企业声誉等），从而使企业实现其各项目标的可能性更大。

（2）促使决策者从全局出发、高瞻远瞩地考虑问题，不仅要考虑顺境下，尤其要考虑逆境下应当采取什么行动。这样的事先估量意味着：一个企业对实际发生的各种变化做出的反应更可能是合理的、深思熟虑的，并与企业的各种目标相一致。制订战略规划还可以加强企业内部各部门、各层次横向、纵向的信息沟通，把企业内部可能出现的冲突减少到最低限度。这对于有效地实现那些最符合企业整体利益的各个目标会起到无形的促进作用。

（3）促使管理人员必须仔细观察、分析市场动向并对其未来的走向做出评价，从而有利于明确和决定企业未来的行动方向，大大减少盲目性。

（4）可以减轻甚至消除出乎预料的市场波动或事件对企业造成的问题，避免在此情况下可能出现的大的波动。

总之，企业制定发展战略，统一思想，统一步调，能够大大提高营销活动的目的性、预见性、整体性、有序性和有效性，增强企业的竞争能力和应变能力。在当代，无论是面对国内市场，还是面对国际市场，制订有效的企业战略规划都是维系企业生存与发展的关键。

企业战略规划的主要内容和步骤包括：第一，在整体层次上规定企业的基本任务；第二，根据基本任务的要求确定企业的目标；第三，安排企业的业务组合（或产品组合），并确定企业的资源在各业务单位（或产品）之间的分配比例；第四，制订新业务计划，考虑未来的业务发展方向。

3.1.3 业务部门对战略规划的贡献

制订企业战略规划与企业的业务市场营销活动有着密切的关系。战略规划人员至少在五个方面要依赖企业业务部门。

（1）依靠业务部门获得有关新产品和市场机会的启迪。

（2）依靠业务部门来评估每个新机会，特别是有关市场是否足够大、企业是否有足够的市场营销力量来利用这一机会等问题。

（3）业务部门还要为每一个新机会制订详尽的市场营销计划，

具体陈述有关产品、价格、分销和促销的战略和战术。

（4）业务部门对市场上实施的每项计划都负有一定的责任。

（5）业务部门必须对随时出现的情况作出评价，并在必要时采取改正措施。

总之，业务部门在战略规划的制订和实施过程中，担负着关键性的任务。

3.1.4　制订战略规划的考虑因素

企业战略规划的一个核心思想是使企业目标与市场机会相匹配，使企业的营销活动与市场环境的变化相协调。因此，制订企业战略规划就必须从实际出发，认真考虑制约或影响企业营销活动、企业利润量的各种因素。

（1）制约、影响企业营销活动的因素。

制约或影响企业营销活动的因素，从企业能否控制的角度来划分有两大类。

一类是企业可控制因素。这是指影响企业营销活动，并为企业本身所能控制和运用的各种营销手段。主要包括：产品开发、生产设备、产品附加服务、厂牌商标、产品包装、基本价格、折扣价格、付款时间、分销渠道、储运设施、广告宣传、人员推销、公共关系、营业推广，等等。这些手段或因素，总是综合地对企业的营销活动产生影响，而它们的不同组合又会产生不同的影响。这就为企业提供了选择运用的余地。这些手段的综合运用，就是所谓的市场营销组合问题。能否适应市场环境的变化，实现市场营销组合的优化，在很大程度上决定着企业经营的成败。

另一类是企业不可控因素。这是指影响企业营销活动，却为企业所不能控制的各种外部的环境因素。主要包括经济发展、技术进步、法律法规、国家政策、人口状况、居民收入、消费心理、社会文化、风俗民情、市场竞争等。对于企业营销来说，这些外部因素或称环境因素的变化，既会给企业带来市场机会，也会形成环境威胁，企业不可能改变它们，而只能适应它们。很明显，企业能否取得经营上的成功，不仅取决于能否有效地运用上述各种可控制的营销手段，也取决于能否成功地适应这些不可控制因素构成的外部环境。

（2）制约、影响企业利润的因素。

一般来说，企业所在行业进入的难易程度、竞争对手的状况、产品供求状况、产品是否存在代用品，以及原材料、劳动力资源的供给状况等，决定着企业盈利的多少。凡是由于需要大量投资、原材料短缺、政府限制等原因而使其他企业难以进入的行业，或者没有竞争对手或竞争对手弱小的企业；凡是经营供不应求产品的企业，或者经营的产品尚无代用品的企业；凡是原材料、劳动力供应充裕而使产品能够保持合理成本的企业，利润潜量一般比较大。反之，利润潜量就比较小，甚至很难取得利润。即使由上述外部条件所决定，企业的利润潜量比较大，也不等于实际利润大。因为，实际利润的大小还取决于企业本身的资源状况和工作水平，包括资金供给的多少、物质技术设备的数量和质量、技术力量的强弱、管理人员素质的高低、企业组织结构的优化与否、企业在公众中的形象，以及全体职工的价值观念、精神风貌和工作态度等。

显然，企业应当在利润潜量较大，自己又有能力、有条件进入的业务范围内开展营销活动。即使外部条件已定，利润潜量较小，也有一个如何通过自己的努力去实现一定的利润水平的问题。因此，从影响企业利润的角度考虑上述内外各种主客观因素，是企业制定发展战略时必须首先考虑的更为根本性的问题。

制约或影响企业营销活动和企业利润的这两类因素（这两类因素有交叉）的客观存在，决定了企业发展战略实际上应当包括企业发展总方向和每一项营销活动方向的决策。

3.1.5 企业战略规划过程

企业战略规划过程，又叫作战略管理过程。它是指企业的最高管理层通过制订企业的任务、目标、业务组合计划和新业务计划，在企业的目标和资源（或能力）与迅速变化的经营环境之间发展和保持一种切实可行的战略设计的管理过程。换言之，战略规划过程是企业及其各业务单位为生存和发展而制定长期总战略所采取的一系列重大步骤。

企业的最高管理层规定了企业的任务和目标之后，就需要安排业务组合，把企业有限的资金用于经营效益最高的业务。这是企业战略规划工作的一个主要任务。

（1）战略业务单位的划分。

企业的最高管理层在安排业务组合时，首先要把所有业务分成若干“战略业务单位”（Strategic Business Units，SBUs）。一个战略业务单位具有如下特征：

- 它是单独的业务或者一组有关的业务；
- 它有不同的任务；
- 它有其竞争者；
- 它有认真负责的经理；
- 它掌握一定的资源；
- 它能从战略规划得到好处；
- 它可以独立计划其他业务。

一个战略业务单位可能包括一个或者几个部门，或者是某部门的某类产品，或者是某种产品或品牌。

（2）战略业务单位的评价。

企业的最高管理层在安排业务组合的过程中还要对各个战略业务单位的经营效益加以分析、评价，以便确定哪些单位应当发展、维持、减少或淘汰。

西方学者曾提出一些对企业的战略业务单位加以分类和评价的方法，其中最著名的评价方法是美国波士顿咨询集团的方法（波士顿法）和通用电气公司的方法（通用电气法）。

根据上述的分类、评价，企业的最高管理层还要绘制出各个战略业务单位的计划位置图，并据此决定各战略业务单位的目标和资源分配预算。而各个战略业务单位的最高管理层和市场营销人员的任务是贯彻执行好最高管理层的决定和计划。

（3）制订新业务计划。

企业的最高管理层制订了业务组合计划之后，还应对未来的业务发展方向做出战略规划，即制订企业的新业务计划或增长战略规划。企业发展新业务的方法有三种：

第一，密集增长。

条件：如果企业尚未完全开发潜伏在其现有产品和市场中的机会，则可以采取密集增长战略。

形式有三种：

①市场渗透。即企业通过改进广告、宣传和推销工作，在某些地区增设商业网点，借助多渠道将同一产品送达同一市场，以及短期削价等措施，在现有市场上扩大现有产品的销售。包括：千方百计使现有顾客多购买本企业的现有产品；把竞争者的顾客吸引过来，使之购买本企业的现有产品；想办法在现有市场上把产品卖给从未购买过本企业产品的顾客。

②市场开发。即企业通过在新地区或者国外增设新商业网点，或者利用新分销渠道，加强广告促销等措施，在新市场上扩大现有产品的销售。

③产品开发。即企业通过增加花色、品种、规格、型号等，向现有市场提供新产品或者改进产品。

第二，一体化增长。

条件：如果企业的基本行业很有发展前途，而且企业在供产、产销等方面实行一体化能提高效率，加强控制，扩大销售，则可实行一体化战略。

形式有三种：

①后向一体化。即企业通过收购或者兼并若干原材料供应商，拥有和控制其供应系统，实行产销一体化。

②前向一体化。即企业通过收购或者兼并若干商业企业，或者拥有和控制其分销系统，实行产销一体化。

③水平一体化。即企业收购、兼并竞争者的同种类型的企业，或者在国内外与其他同类企业合资生产经营等。

第三，多元化增长。

多元化增长是指企业尽量增加产品各类，跨行业生产经营多种产品和业务，扩大企业的生产范围和市场范围，使企业的特长充分发挥，使企业的人力、物力、财务等资源得到充分利用，从而提高经营效益。

不同形式的多元化的运作核心不同，主要形式有三种：

①同心多元化。以原有技术为多元化运作核心。即企业利用原有的技术、特长、经验等发展新产品，增加产品种类，从同一圆心向外扩大业务经营范围。例如：汽车制造厂增加拖拉机产品的生产。

②水平多元化。以原有市场为多元化运作的核心。即企业利用原有市场，采用不同的技术来发展新产品，增加产品种类。例如：原来生产化肥的企业投资农药项目。水平多元化的特点是原产品与新产品的基本用途不同，但存在较强的市场关系，可以利用原来的渠道销售新产品。

③集团多元化。以原有企业集团为多元化运作的核心。即大企业收购、兼并其他行业的企业，或者在其他行业投资，把业务扩展到其他行业中去，新产品、新业务与企业的现有产品、技术、市场毫无关系。也就是说，企业既不以原有技术也不以原有市场为依托，向技术和市场完全不同的产品或者劳务项目发展。

3.1.6　案例：某某保险集团公司业务发展战略要点

某某保险集团用 5 年时间跨入了百亿平台，2009 年保费收入为 107 亿元，2010 年预计可实现 250 亿元。到 2015 年末期，确保实现保费收入 1200 亿元，并向 1500 亿元冲击，位列中国企业 500 强 200 位左右，行业整体排名前七。

2011—2015 年期间，某某保险集团将实现从百亿跨入千亿的集团俱乐部，确保实现保费收入 1200 亿元，并向 1500 亿元冲击，位列中国企业 500 强 200 位左右，行业整体排名前七。其中：到 2015 年，预计产险确保实现保费收入 400 亿元，力争实现 500 亿元；寿险确保实现保费收入 780 亿元，力争实现 1000 亿元；电销保费收入近 300 亿元。

（1）指导思想。

充分认识我国长期向好的社会经济形势，准确把握中国保险行业将从一个有潜力的新兴市场成长为全球最重要的保险市场之一的历史机遇，充分利用保险行业在服务经济社会全局中促进可持续发展的有利时机，以某某保险集团文化为指引，以创造价值为核心，以文化和创新为两大驱动力，加强集团平台建设，注重核心竞争力培养，追求以内涵式价值为主的增长，解放思想，大胆创新，强化管理，加快发展，努力实现新的历史跨越，有效推进公司战略的实现。

（2）基本原则。

①创造价值原则。

坚持某某保险集团发展观和价值观，以创造价值为核心，以价值增长作为检验一切工作成效的标准。

②快速成长原则。

要充分把握我国新一轮经济增长和经济转型的有利时机，实现跨越式发展，在同业公司可比口径内，确保刷新各项关键业绩指标纪录。

③创新发展原则。

要进一步营造创新氛围，完善创新发展机制，提高创新管理水平，增强创新能力，强化公司的差异化竞争优势，使公司成为行业变革的引领者和推动者。

④客户导向原则。

深化以客户为中心的思想，并以客户需求为产品开发、渠道建设、客户服务、运营管理的基本出发点，不断提高公司满足客户需求的能力。

（3）战略定位。

公司未来五年的战略目标和主要任务是：将某某保险集团打造成为以保险业为核心、专业能力突出、创新能力强、具有突出核心竞争力和鲜明特色、最具品质和成长力的保险集团。

（4）业务发展战略要点。

①产险业务方面，以价值发展为核心追求，以差异化红黄蓝商业盈利模式及全过程化的 KPI 管理驱动系统为保证，以管理与执

行为根本抓手，以渠道创新为发展动力，与时俱进，加快发展，全面实现市场位次、盈利能力、管理创新的新突破。

②寿险业务方面，以跨越发展、永续经营为成长主题，坚持“多渠道快速发展”的渠道发展策略和“九线并进大营销”的价值发展策略，经营管理上逐步构建起寿险核心竞争力，实现从外延快速发展向快速优势发展的转变。确保经过五年的努力把公司打造成为新兴公司中发展的典范，成为中国最具成长力的寿险公司。

③电销业务方面，以电销发展为核心，以综合开拓、职团开拓为基础，以交叉销售为亮点，以电子商务、网销为新增长点；以前瞻、宏观的发展规划，对子公司做引领、支持；通过研究论证、项目规划、试点启动、评估调整、全面推广的进程和步骤，坚持推动渠道和业务模式创新，积极探索新市场；充分运用集团优势，采取一切必要手段，强化发展的紧迫性，形成明显的竞争优势，建成国际一流、国内领先的多元行销平台。

④综合开拓和职团开拓方面，要从明确组织架构、完善管理机制、强化培训体系、落实考核奖励来推动发展，使产险、寿险之间和渠道之间，相互成为彼此业务的重要贡献者，逐步实现业务人员由单一产品的销售人员向复合型理财人员转变。交叉销售，要以客户为核心，以需求为导向，以数据库营销为引擎，以集团资源为依托，以建立集团统一管理的交叉销售平台来推进发展。将电子商务、网销作为未来主要销售渠道和客户运营平台来发展，采取先广后深的发展节奏，积累客户资源，开发客户综合价值，在行业内形成明显的竞争优势。坚持对新渠道、新模式、新市场的积极探索，平衡创新与风险、规模与价值，勇做市场领跑者。

⑤资产管理方面，始终坚持围绕“支持资产增长，科学资产匹配，追求资产增值，服从公司战略”的投资支持发展文化，把资产管理作为保障资产长期稳健增长的基石，着力培育领先的资产管理能力。

3.2 新建某某人寿保险公司的业务发展战略规划

3.2.1 新建某某人寿保险公司的业务规模规划

某某人寿保险公司成立后，将利用互联网、大数据、云计算等先进技术分析市场、研发产品、优化管理、建立销售渠道；与学术、研究机构合作，深入调研，拓展营销模式，创新传统业务的一揽子增值服务，抢占新兴产品业务市场；与有关政府部门合作建立制度，设立试点，研究财政或社保基金购买和补贴贫困地区和贫困人群的普惠型商业保险，推广强制性、鼓励性、补贴性产品并逐步扩大；与其他金融机构合作，对参与“精准扶贫”和西部大开发建设企业给予创新形式融资支持；研究保险权益抵押融资，助推中小企业健康发展；充分利用四川自贸区金融政策优势，严格遵守有关法律法规，创新、积极而稳健地发展。

某某人寿保险公司成立后，将服务“精准扶贫”国家战略作为义不容辞的重要任务，着力发展14个国家级贫困连片区、革命老区和东部欠发达地区等重点区域市场，依托股东优质资源，充分发挥“精准扶贫”普惠型专业保险服务的优势。前五年中，每年的业务规模规划如表3-1所示。

表3-1 **某某人寿保险公司经营前五年的业务规模规划**

年度	第一年	第二年	第三年	第四年	第五年
总保费收入（百万元）	4139	7264	11029	14937	21357
总保费收入增速（%）	—	75.50	51.83	35.43	42.98

3.2.2 新建某某人寿保险公司的业务发展原则

某某人寿业务发展的总原则是“精准扶贫”，具体原则是：

（1）定向原则。定向发挥保险经济补偿功能，努力扩大保险覆盖面和渗透度，通过保险市场化机制放大补贴资金使用效益，为贫困户提供普惠的基本风险保障。定向发挥保险资金融通功能，加大对贫困地区的投放，增强造血功能，推动贫困地区产业转型升级。

（2）精准原则。把集中连片特困地区，老、少、边、穷地区，国家级和省级扶贫开发重点县，特别是建档立卡的贫困村和贫困户作为保险支持重点，创设保险扶贫政策，搭建扶贫信息与保险业信息共享平台，开发有针对性的扶贫保险产品，提供多层次的保险服务，力争对象精准、措施精准、服务精准、成效精准。

（3）普惠原则。在国家扶贫政策基础上，通过提高保障水平、降低保险费率、优化理赔条件和缩短理赔时间等方式，突出对建档立卡贫困户的普惠服务和普惠措施，为建档立卡贫困人口提供"买得起"、"用得上"的优质便捷的保险服务，增强贫困人口抗风险能力，构筑贫困地区社会经济发展的风险防范屏障。

（4）创新原则。构建政府引导、政策支持、市场运作、协同推进的工作机制，综合财政补贴、扶贫资金、社会捐赠等多种方式，拓展为贫困地区提供保险服务的保费来源渠道，激发贫困人群的保险意识与发展动力。针对不同贫困地区与贫困人群的致贫原因和脱贫需求，加强普惠型保险产品与服务创新，分类开发、量身定制扶贫保险产品与服务。创新保险资金的投资方式，积极参与贫困地区生产生活建设，增强贫困地区的经济实力。

3.2.3　新建某某人寿保险公司的业务结构规划

为服务于"精准扶贫"重大国家战略，某某人寿保险公司的业务结构规划是：突出"精准扶贫"的专业保险特色，以重点为贫困地区和贫困人群提供普惠型保险服务为主，以兼顾为其他地区和普通人群提供商业型保险服务为辅。未来业务重点发展以下产品：

（1）精准对接民生保险服务需求，发展普惠型小额人身保险产品。国际上普惠型小额人身保险的典型代表是日本邮政保险开办的简易人寿保险，源于英国，发达于日本。从字面来看，简易人寿保险只是寿险的一个险种，具有免体检、保险金额小等特点，但其实质是一个国家以增进国民福利为目标的制度安排。第一次世界大战后，日本很多家庭难以维持生计，政府为了给国民提供必要的保险保障，为国家建设提供资金，于1916年10月开办简易人身保险业务。为避免机构建设的巨额成本，简易人身保险由邮政专营，在事业目的、经营原则、产品类型、服务类型、资金运用等方面进行了规定，给予税收扶持，简易人身保险的经营利润全部返还给保单持有人。

日本邮政的简易人身保险产品分为主险产品和附加险产品两大类。主险分为3大类11种，包括人寿保险、年金保险及两者的捆绑产品，附加险包括医疗保险和长期护理保险。总体上看，日本简易保险产品设计比较简单，非常易于国民理解。在缴费和支付方式上，简易保险产品坚持便捷模式，降低客户单次缴纳金额，同时增加与客户接触的频率，被广大底层国民所接受。截至2014年，日本邮政保险已发展为世界第一大保险公司。简易人身保险产品和服务针对低收入群体。简易保险业务存在加入限额的限制，以及其他一些限制。例如，韩国的简易保险保额最高是400万韩元，养老保险每月支付最高90万韩元。日本简易保险最高保险金额为1000万日元，年金保险最高保险金额为90万日元。

借鉴日本邮政简易保险青春广告短片《人生充满希望》，某某人寿保险公司将大力在贫困地区和普惠人群中提供普惠型小额人身保险产品。某某人寿保险公司要针对建档立卡贫困人口，积极开发推广贫困户主要劳动力意外伤害、疾病和医疗等扶贫小额人身保险产品。重点开发针对留守儿童、留守妇女、留守老人、失独老人、残疾人等人群的保险产品，对农村外出务工人员开辟异地理赔绿色通道，为农村居民安居生活提供保障。探索保险服务扶贫人员队伍新模式，为各地政府、企事业单位驻村干部和扶贫挂职干部、高校毕业生“三支一扶”（支教、支农、支医和扶贫）提供保险保障。

（2）精准对接健康保险服务需求，发展普惠型健康保险产品。某某人寿保险公司要发挥专业优势，不断改进大病保险服务水平，提高保障程度，缓解“因病致贫、因病返贫”现象。按照国家有关要求，研究探索大病保险向贫困人口予以倾斜。加强基本医保、大病保险、商业健康保险、医疗救助、疾病应急救助和社会慈善等衔接，提高贫困人口医疗费用实际报销比例。鼓励保险机构开发面向贫困人口的商业健康保险产品，参与医疗救助经办服务。

（3）精准对接教育脱贫保险服务需求，发展以贫困学生为主要承保对象的教育保险。比如，积极开展针对贫困家庭大中学生的助学贷款保证保险，解决经济困难家庭学生就学困难问题。推动保险参与转移就业扶贫，优先吸纳贫困人口作为农业保险协保员。要对接集中连片特困地区的职业院校和技工学校，面向贫困家庭子女开展保险职业教育、销售技能培训和定向招聘，实现靠技能脱贫。

（4）针对贫困地区的贫困群体特点，量身打造包含养老、医疗、意外、家庭财产、融资增信等保障和服务的整体保险解决方案。比如目前在秦安县试行的“两保一孤”保险试点工作，有效地破解了农村困难群体“因病致贫、因病返贫”的现实难题，建议可在试点成功的基础上，由政府主导，给予政策支持，逐步扩大试点范围，增加个人意外、家庭财产等保障类险种，提供融资增信等保险服务，为贫困群体构建更加全面的安全网，让更多的贫困人口得享实惠。

（5）探索开展民政医疗救助补充保险试点，利用民政医疗救助基金为城乡低保、农村“五保”、重点优抚对象购买补充医疗保险，实行“一站式”结算，构建多层次的救助体系。通过政府购买保险服务，改变传统的按人头平均发放救助资金的方式，借助保险公司的专业能力，将救助基金支付给病后自付比例较高的贫困人员，大幅提升了民政医疗救助基金使用效率，有效减轻了民政救助人群医疗负担。

（6）加快短期健康和意外伤害保险发展。短期健康保险是指保险期在一年内的，保险公司通过疾病保险、医疗保险、失能收入损失保险和护理保险等方式对因健康原因导致的损失给付保险金的保险；意外伤害保险是以意外伤害而致身故或残疾为给付保险金条件的人身保险。近年来，随着人民群众保险意识增强，意外保险和健康保险保费收入快速增长（见表3-2）。

表3-2 **2013—2015年健康保险和意外保险保费收入**

年份	意外保险保费收入	同比增长	健康保险保费收入	同比增长
2013	461.34亿元	19.46%	1123.5亿元	30.22%
2014	542.57亿元	17.61%	1587.18亿元	41.27%
2015	635.56亿元	17.14%	2410.47亿元	51.87%

资料来源：中国保监会数据。

然而，由于竞争手段简单、无序竞争现象严重、产品覆盖面不广、产品类型单一，意外保险和健康保险业务规模远不如其他人身保险。

某某人寿保险公司将积极探索研究，针对投保人和被保险人的社会阶层、年龄、职业、教育程度、习惯嗜好，设立差异化产品；拓展增值服务内容；研发可穿戴监测设备、远程治疗指导、送药与健康险相结合的方式；与有关部门探索以社保基金购买商业保险；扩大医疗合作机构范围；发展承保疾病自由组合的个性化定制产品；拓展承保范围。

3.2.4 新建某某人寿保险公司的再保险规划

精算部负责在国内外知名的再保险公司中，参考再保险公司资质等级、信用评级、报价条件及服务水平等因素，结合拟分保业务特征，与再保险公司进行谈判，提出拟签订再保险合同建议稿（包含再保合作方选择、分保方式、费率、自留额等），经总精算师、总裁、董事长审批同意后，按照公司授权管理办法由有权签字人签署。

（1）精算部定期对合作的再保险公司及合作业务进行再保评价，编制《再保险公司合作评估表》，并根据公司业务发展及与再保险公司的合作状况来决定再保险合同的修订事项。

（2）精算部负责合约再保险的实施与管理。再保险合同对再保险形式、再保险费率、佣金、自留额、自动分保限额以及盈余佣金等进行明确的规定，凡公司满足合约再保险约定条件的承保业务应自动分给再保险公司。

(3) 再保险合同规定的自留额是公司自行承担的风险保额，公司根据不同产品性质、风险程度、资产情况以及险种利润测试情况确定各险种自留额，并根据公司不同阶段的发展战略予以调整。

(4) 在合约再保险的合同文本中，需要对临时再保险的确认方式进行明确。对于临时再保险，先行办理再保险，待再保险办理成功后方可承保出单，但经公司经营管理层审批同意不办理再保险的业务除外。临时再保险业务的具体标准根据再保险合同中确定的再保险公司自动接受限额、风险特点和公司的核保规则、承保能力等综合确定。

3.2.5 某某人寿保险公司的市场发展规划

在中国寿险市场，某某人寿保险公司占有半数市场份额，是绝对的市场领先者。中国平安寿险公司、中国太平洋寿险公司、美国友邦寿险公司、中国新华寿险公司和中国泰康寿险公司共享30%的市场份额，是市场挑战者。中国民生寿险公司、中国合众寿险公司则是市场追随者，中国民生寿险公司的营销策略模仿某某人寿保险公司，中国合众寿险公司的营销策略模仿中国平安寿险公司。新成立的瑞泰寿险公司专注于投资连结保险，招商信诺寿险公司专注于银行保险，这两家公司属于市场补缺者。

作为在个人寿险市场全面领先的寿险公司，依托强大的财务实力和雄厚的资产，某某人寿公司应在财力、信誉、经营经验、产品、服务和销售方面均达到上乘水平，在各细分市场建立和巩固竞争优势。

某某人寿保险公司在以往不加细分的寿险市场竞争中，基本采用坚守巩固的市场领先策略，主要手段是借助强大的销售能力“防守反击”，并且以较低的成本投入稳固自己的市场。但随着细分市场的出现和市场竞争，单纯的坚守巩固策略已不能满足竞争要求，因此，某某人寿保险公司必须优化资源配置，考虑在不同区域市场的竞争地位，在不同的细分市场应采取不同的市场定位策略。

（1）在部分细分市场采用主动出击的市场领先策略。

在领先或相持的富裕客户市场和高素质中青年客户市场，某某人寿保险公司宜采用主动出击的市场领先策略。其中，富裕客户市场主要以探索成功经验为主，还难以建立竞争壁垒，主要是给新进入者以竞争威慑。在中青年客户市场，某某人寿的优势并不明显，甚至在部分区域市场是落后的，因此，应不断推陈出新，扩大市场需求，改善企业形象，提升队伍素质，取得先声夺人的优势。

（2）在部分细分市场采用积极正面的挑战策略。

在落后的富裕客户市场和高素质中青年客户市场，某某人寿保险公司应采用积极正面的挑战策略。如北京、上海等城市，在个人寿险市场某某人寿公司落后于某寿险公司，在品牌形象、产品、销售人员规模等方面均处于劣势。

有强大的实力做支持，某某人寿公司可以采取正面挑战方式，比如相似的产品策略、加大成本投入、扩大销售队伍规模、强势的品牌攻势等；并可分析对手在该细分市场中尚未满足的客户需求点，以此为突破口重点扩展市场份额。

（3）在部分细分市场采用坚守巩固的市场领先策略。

在年轻工薪客户和传统中年客户市场，某某人寿保险公司可以采用坚守巩固的市场领先策略。因为这些客户比较分散，规模庞大，在低渗透率的中国寿险市场，销售队伍覆盖是非常关键的，而这也正是某某人寿保险公司的优势，其他寿险公司很难在短时间内建立与之相抗衡的销售队伍。因此，某某人寿保险公司应提升销售队伍的覆盖面，主要是提高人均客户拜访量和提升队伍的专业素质，引导市场标杆和行业标准的树立，以强化竞争壁垒。

某某人寿保险公司应积极关注市场挑战者，一旦受到威胁立即出击。在寿险市场初期，市场挑战者很可能会发展成市场领先者。所以一旦挑战者取得了一定的发展，某某人寿保险公司必须尽快制定策略立即出击，否则市场领先的位置将受到冲击。

在广州个人寿险市场，某某人寿保险公司一直处于市场领先地位，但作为挑战者的美国友邦寿险公司，专攻中青年客户市场，并且在品牌形象、产品服务、队伍素质等方面加强攻势。某某人寿保险公司虽然意识到了美国友邦寿险公司的这一行动，但因为美国友邦寿险公司在上海的发展不很成功，因此并没有引起足够重视，并且某某人寿公司当时还没有目标市场营销的概念。结果美国友邦寿险公司发展迅猛，销售队伍和新单保费均超过某某人寿公司。由此可见，某某人寿公司要对市场挑战者以积极关注，并考虑竞争者在不同区域的发展情况，一旦受到威胁要主动出击，避免出现大的损失。

3.3　人寿保险分支机构的业务发展规划

下面以某某人寿保险公司营业区的未来三年业务发展规划为例来说明业务发展规划制订过程。

3.3.1　某某人寿保险公司某某中心支公司发展预测、分析

根据常州的经济基础情况，结合支公司的发展测算，某某人寿保险公司某某中心支公司扩展营业区后第一年有效人力资源预估达到 200 人，第一年规模个险保费预估达到 500 万元以上，第二年规模个险保费预估达到 800 万元以上，第三年规模个险保费预估达到 1000 万元以上。

3.3.2　某某人寿保险公司某某中心支公司未来三年业务、人力资源发展规划

表 3-3　**某某人寿保险公司某某中心支公司未来三年业务规划**

某某人寿某某中心支公司	第一年业务规模		第二年业务规模		第三年业务规模	
	人力资源（人）	个险首年规模（万元/年）	人力资源（人）	个险第二年规模（万元/年）	人力资源（人）	个险第三年规模（万元/年）
目标规划	200	500	300	800	380	1000

表 3-4 **某某人寿某某中心支公司营业区筹建后第一年人力资源、业绩计划分解表** （单位：人、万元）

第一年	第1月	第2月	第3月	第4月	第5月	第6月	第7月	第8月	第9月	第10月	第11月	第12月
月末人力资源目标	60	60	60	80	80	80	100	100	100	120	120	120
月末业绩目标	20	20	20	25	25	25	30	30	30	40	40	40

3.3.3 三年业务发展规划主要工作思路

（1）扩展后第一年，属于平稳巩固基础期。主要以新招聘人力资源为基础，通过培训提升销售技能，通过业务激励提升营销员产能，同时强化公司企业文化和保险营销文化培训。通过以上三个方面的工作，使新人技能提升，从而带来从业自信，通过提高人均产能来提高营销员收入，通过提高营销员收入来提高营销员的留存率，通过加强企业文化和保险营销文化的培训来提高营销员对事业发展的热情。

业务规划的实施措施：

①通过组织架构搭建和人力资源规模增长，带动业绩规模的增长；

②通过加强新人制式培训及实战训练模式提升整体产能；

③结合公司的相关业务竞赛节奏，促进月度目标达成；

④通过强化各项基础管理工作，稳步提升业绩平台。

（2）扩展后第二年，属于发展期。主要以人力资源的发展为重点，通过晋升文化的推动带来组织架构的扩展和人力资源的增长，通过有效人力资源的增长迅速扩大市场份额。配合市场宣传和品牌建设，初步建立某某人寿保险公司的知名度和美誉度，在人力资源和业绩规模上份额进一步增加。

①通过公司的晋升政策，再晋升 16 位主管，构成 4 名以上营业部经理架构。

②通过“绩优培训工程”推动沉淀一批绩优业务员。

③通过宣传活动的策划，提升某某人寿知名度。

④加强营销团队基础管理。

a. 对差勤管理全部采取严格管理制度，凡业务员不出勤的，经理、主管负连带责任。考勤由内勤负责，业务员请假必须经经理批准。经过长期深入坚决的推行，促使业务员普遍认识到，只有出勤才能出业绩。

b. 机构负责人每天出席团队早会，营业区负责人每天都要设计第二天的早会内容，并教会经理、主任如何开大早会、二次早会，使经理、主管迅速掌握开会的方法。对经理、主任严格管理，在产品、基本方法等技能的掌握上全部考试通关。

c. 做好早会、干部例会等基础管理动作，先要求各部、各组严格按照公司的流程进行；早会的专题内容由营业区统一安排。在各部、组掌握流程和基本技能后，再由各部根据自己的实际情况，统一安排自己的工作专题。

（3）扩展后第三年，属于成熟期。人力资源发展和业绩达成并重。在过去两年积累的基础上，继续培养绩优人员团队。在晋升文化的引导下继续发展人力资源，并注重营业区经理的培养。强调活动率，提升人员留存，让整个团队健康成长。

①绩优人员占比达到20%以上。

②晋升24名主管，晋升4位经理，使营业部个数达到4个以上。

③月度有效活动率达到80%以上。

④三大措施做好日常业务发展。

a. 营业部经理培养：

严格选拔：营业部经理通过外聘和内部晋升产生。

条件：当地具有相当人脉与影响力，符合总公司条件，最好有两年以上管理及工作经验，年龄在28岁以上。

b. 培训：

第一，经理每季度统一进行为期3天的培训。

第二，课程根据提前对参训人员资料进行分析后，有侧重地设定。重点在于企业文化的渗透、现行政策、险种知识、创/产说会运作、如何进行管理、营业部的工作要求、五大系统建设、注意事项的解析、成功分享。了解某某人寿的文化与要求，提高管理技能，避免误区、缩短适应期。

第三，每周末的干部早会，进一步提升技能。

c. 日常管理：

营业区负责人作为第一责任人，完全按照专业化业务发展要求进行管理，建立四大系统。

早会业务发展：

第一，成立功能组并培训。成立由内部骨干为主，营业部经理或业务主任参与的早会功能组，小组成员共同制定小组工作职责，并明确成员分工，对相关成员进行如会议主持/PTT 的培训。

第二，制定并执行早会事例。小组成员制定早会事例，并下发各营业部早会功能组，按照早会事例执行营业部早会。

第三，情况反馈并建档。通过对营业部访谈并汇总、反馈，定期组织营业部早会功能组成员进行相互点评、分享，建立营业部标准早会流程及平台，营业部定期下发早会检视反馈表建立早会档案，为早会的准确评估提供资料。

活动管理：

第一，营业区负责人拟订营业部活动量管理计划。

第二，营业部制订本部门营业部活动量管理计划并向业务人员宣导。

第三，营业部领取及下发活动量基础管理工具。

第四，每名业务人员必须有两本可使用的《工作日志》，业务员必须每日按照要求填写《工作日志》。

第五，在每天晨会之前按照组、部上交前一日工作日志。

第六，经理必须每日批阅所辖主管和业务员的工作日志，并提出指导性意见，内勤每日检查。

第七，上报中心支公司，听取意见并进行反馈及调整。

第八，定期进行总结通报，并制定一定的奖惩政策。

差勤管理：

第一，指纹打卡机上线，严格将记录作为考勤依据。

第二，营业部根据公司《业务人员基本管理办法》和公司《业务人员差勤管理规定》执行差勤管理。

会议管理：

第一，服务部月度例会。

参加人员：全体主管。

会前与主管进行充分沟通，对于本次会议的流程、内容和工具以及达到的目的达成共识，各相关责任人准备好汇报资料和工具：上月度各营业部业绩和人力资源指标展示，各营业组绩效指标分析；上一月度五大系统执行总结；下一个月的目标和行动计划的阶段性调整和制定。

第二，周例会。

参加人员：全体主管。

服务部经理对支公司及本服务部上周绩效指标进行点评，营业部经理对上周的绩效状况做分析及汇报，制订下周工作计划并与主管进行沟通。进行产品推动、产品组合、主顾开拓等方案的专题研讨。绩优小组主管经验分享。

第三，主管例会。

有8名主管以下的服务部要每周开两次主管例会，8人以上每周三次主管例会。前一天追踪结果及当日工作通报。重点工作布达。

第四，布置实施。

根据会议达成共识，签署《会议纪要》，明确各项工作责任人及工作要求。设宣传栏、展板、展架，有充足的宣传单。标准职场、办公设备及职场布置。

第五，追踪评估。

每月结合业务发展状况进行评估，总结过往、规划未来。

工具使用：

相关工具见表3-5至表3-7。

表 3-5 **某某人寿某某中心支公司营业部**

20 年 月 日业务员工作日志检查表

序号	营业部	营业组	姓名	职级	准客户存量	增员拜访量	主顾开拓访量	业务拜访量	递送建议书量	预签单量
合计										

表 3-6 **某某人寿某某中心支公司 营业部**

20 年 月第 周活动管理检查记录表

序号	营业部	营业组	姓名	职级	出勤次数	件数	业绩	新增	准客户存量	增员拜访量	业务拜访量	存在的问题与需求
合计												

表 3-7　　　　某某人寿某某中心支公司　营业部

20　年　月　　日早会检视反馈表

项目	检查点	评分（10 分/项）	建议
早会	安排（是否与行事例相同）		
	时间（是否准时且在一小时以内完成）		
	内容（是否有帮助）		
	准备（是否充分）		
主讲人	形象（适宜）		
	内容（丰富）		
	表达（精彩）		
主持人	形象（适宜）		
	语言（流畅）		
	流程（合规）		
其他			

3.4　人寿保险公司的业务发展赶超规划

××省现有寿险公司 11 家，分别是泰康人寿、中国人寿、太平人寿、平安人寿、新华人寿、太平洋人寿、生命人寿、长城人寿、阳光人寿、民生人寿、合众人寿。

××人寿××支公司现况：2011 年 5 月 1 日至 2011 年 5 月 31 日当月仅预收一张卡单 100 元，4 月份预收的单承保在 5 月份的 6800 元，故××支公司 5 月份业绩等同于挂零。××人寿××支公司 5 月份新单业务表现在××人寿××分公司全省四级机构中排名倒数第一，在××当地市场 11 家寿险公司中排名倒数第一。2011 年 5 月份近 20 日外勤人员无人出勤，现况极为恶劣。

××的城市基础很好，经济基础、城区就业人口基数、消费力等关键指标，不仅在××全省县级城市中排名前列，根据××省统计局公布的《××省 2010 年县级经济综合评价结果》，××已经超过 A、B、C 三个地级市政府所在的城区，并与 E 和 F 两个地级市政府所在的城区经济总量相当。根据××现在的基础情况，和系统内及同业的一些 100 万元平台的四级机构当初草创时期的状况，可以推断：只要公司给予××和策划人足够的信任和曾给予其他市场和机构同等的费用和筹备奖励政策，××支公司就可以在 4 个月之内将保费平台提升至 50 万元以上，12 个月之内将保费平台提升至 80 万元以上，24 个月之内将保费平台提升至 100 万元以上。

奇迹可以创造，但前提是，领导要相信，领导的相信是无可替代的最具攻击性的战斗力，成功地复兴一家弱体机构的难度，远远低于卫星上天！

如果公司不给予××支公司本次复兴计划必需的支持，以后将要支付的成本更大：职场（空置）租赁费一年 7 万元，内勤工资成本及支公司维持存在相关成本 13 万元，维持一个不能创造利润的支公司预估一年至少需要 20 万元的成本。

（1）原因分析：

①原支公司负责人××因身体及其他原因影响到支公司的正常经营；

②原组训××离职；

③在过去数年的经营工作中，对××人寿企业文化宣导和员工忠诚度教育工作极不到位；

④在过去一年支公司的日常经营中，基础管理工作非常薄弱；

⑤外勤团队没有养成展业的习惯；

⑥外勤主管和骨干成员长期缺席分公司和××中支组织的会议和培训；

⑦大部分业务员不具备独立签约金额较大保单的能力；

⑧1××人寿、2××人寿、3××人寿等同业公司自 2011 年 4 月底以来利用极具诱惑力的费用和聘才政策、筹备奖励政策对××支公司的外勤团队进行了大规模、大面积恶性挖角动作，造成××支公司 2011 年 5 月长达 20 余日无人出勤，5 月份业绩等同于

挂零。

⑨归根结底，还是原支公司负责人的责任，内因永远比外因重要。

（2）复兴工作的思路、目标与计划。

①思路：

a. 与××支公司的原外勤骨干已去其他同业公司的人员进行深度沟通，想办法让其返回公司。

b. 与××支公司的原外勤骨干现正徘徊和观望的人员进行深度沟通，使其迅速建立对公司的信心，唤醒其原有的创业激情，使其尽快投入工作。

c. 迅速从社会和同业中招募和选拔一批认同××文化，有强烈的成功欲望的优秀人才。

d. 利用公司品牌、资本、师资、产品等诸多优势，对以上三类人员进行培训，让他们深刻地认识到："做保险，只有到××才有前途！做保险，只有到××才有发展！做保险，只有到××才能借力！做保险，只有到××才能借势！做保险，只有到××才能成长！做保险，只有到××才能成功！"要培养出一支忠诚于公司，拥有高产能、高收入的、稳定的、能够良性发展的营销队伍；这样的队伍培养出来是别的公司无法用短期利益撼动的，也是赶都赶不走的。

②复兴计划：

计划用 2 至 3 个月的时间重新打造一支有效人力资源超过 200 人的营销队伍。

③复兴目标：

构建 3~5 个营业部，每个营业部有效人力资源达到 30 人以上，4 个月之内将支公司保费平台提升至 50 万元以上，12 个月之内将支公司保费平台提升至 80 万元以上，24 个月之内将支公司保费平台提升至 100 万元以上。

（3）举措。

发展思路：引进资源性干部，搭建团队架构，筹备期强推组织发展，沉淀绩优人力资源，扎实基础管理，推动系统运作。

经营策略：

①坚持走专业化经营道路；

②强推组织发展补充新人，利用多种渠道增员。

③构建基于营业部自主经营的运作系统；

④利用制式化培训、实战演练、主管辅导、行辅支持解决员工销售技能问题；

⑤利用培训营销、会议营销、解决促销问题。

⑥开发客户需求导向销售流程，解决员工单兵作战问题。

复兴路线图：

6月1日至6月7日：了解机构情况，制订复兴计划，申请支持政策；

6月8日至6月30日：骨干招募期——经理及主任到位；

7月1日至7月4日：骨干培训；

7月5日至7月31日：组织大发展；

8月1日至8月7日：完善期——各营业部组完善人力资源架构、完成与系统的对接，进行相关培训，为复兴后首销月做准备；

8月8日至8月31日：复兴后首销月——当月50万元；

9月至12月：运营期——稳定在50万元以上业务平台。

两大项目推动：

①经理人计划：外勤经理和主任；

②英才计划：新人成长，依据基本法生涯规划，辅以各阶段制式化培训。

（4）所需支持。

内勤配置：增加两名，组训一名，讲师一名（现没有组训）。

筹备期外勤筹备工资和相关费用支持：

①筹备期外勤筹备工资：

经理3人，每月每人3000元，给付3个月，共计2.7万元；主任级15人，每月每人1500元，给付2个月，共计4.5万元；新人（业务员）150人，每月每人400元，给付1个月，共计6万元。筹备期外勤筹备工资总计13.2万元。

筹备期外勤筹备工资发放考核标准：

给业务员发放 400 元的考核标准：a. 通过公司面试，并办理完上岗手续；b. 出勤满一个月（22 天以上）；c. 服从管理，表现良好；d. 已全程参加公司要求的相关培训。

给主任发放第一个月 1500 元的考核标准：a. 通过公司面试，并办理完上岗手续；b. 出勤满一个月（22 天以上）；c. 服从管理，表现良好；d. 已全程参加公司要求的相关培训；e. 辖下出勤满一个月（22 天以上）的业务员有 4 人以上；f. 成功对接主任架构，或达到主任对接条件（针对已有编号的业务员参与筹备营业组）。

给主任发放第二个月 1500 元的考核标准：a. 本人当月出勤 22 天以上；b. 服从管理，表现良好；c. 已全程参加公司要求的相关培训；d. 当月辖下出勤 22 天以上的业务员有 4 人以上；e. 辖下 1000P 人力资源在 4 人以上。

给经理发放第一个月 3000 元的考核标准：a. 通过公司面试，并办理完上岗手续；b. 本人出勤满一个月（22 天以上）；c. 服从管理，表现良好；d. 已全程参加公司要求的相关培训；e. 辖下达到考核标准的主任有 3 人以上，辖下出勤满一个月（22 天以上）的业务员在 20 人以上。

给经理发放第二个月 3000 元的考核标准：a. 当月本人出勤 22 天以上；b. 服从管理，表现良好；c. 已全程参加公司要求的相关培训；d. 成功对接经理架构，或达到经理架构对接条件（针对已有编号的主任层级人员参与筹备营业部）。

给经理发放第三个月 3000 元的考核标准：a. 当月本人出勤 22 天以上；b. 服从管理，表现良好；c. 已全程参加公司要求的相关培训；d. 辖下 1000P 人力资源在 15 人以上，其中直辖组 1000P 人力资源在 3 人以上。

重要事项特别说明：

a. 经理不享受主任的政策，主任不享受业务员的政策。

b. 所有外勤人员上岗前必须经过不同的面试官三次严格面试，杜绝虚编。

c. 已有编号的业务员书面向公司提出筹备营业组的申请，经支公司经理批准可以参与筹备营业组。其达到筹备营业组（主任架构）考核标准，即享受本次复兴计划“外勤筹备期主任筹备工资”政策，其推荐的业务员与其建立推荐关系，之后按基本法正常晋升。

d. 已有编号的主任层级人员书面向公司提出筹备营业部的申请，经支公司经理批准可以参与筹备营业部。其达到筹备营业部（经理架构）考核标准，即享受本次复兴计划“外勤筹备期经理筹备工资”政策，其推荐的主任与其建立推荐关系，之后按基本法正常晋升。

本复兴计划“外勤筹备期筹备工资”政策的优势：

a. 能够建立一支看得见的能够掌控的销售队伍；

b. 能够杜绝虚编的出现；

c. 能够规避“保险跳蚤”通过“聘才政策”套利的现象；

d. 能够规避首年度后退保和继续率偏低的现象；

e. 有利于扩充真实的队伍，有人就有保费；

f. 能够有效地（一次性）解决××支公司队伍不稳定的问题。

如何管控好出勤？如何防止业务员未达到出勤标准领取到了出勤补贴？如何防止经理和主任未达到考核标准领取到了筹备工资？

首先，分别与经理、主任、业务员签订筹备协议，严格明确协议双方的责任和义务，严格执行协议。

其次，经理和主任层级必须达到相关考核标准，未达到标准按已达成层级发放筹备工资，累计育成主任五名及直接育成主任三名（两项需同时达成）以下一律按主任层级的标准发放，累计育成四名达标（出勤22天以上）业务员以下一律按业务员标准发放，但达成后可以补发。以团队进系统对接时间为准，对接之后此政策执行期结束。

最后，三管齐下，管控好业务员出勤。a. 指纹打卡；b. 每天严格监控外勤人员本人签到；c. 业务员办完上岗手续后，与其签订协议，约定好双方的责任和义务，同时给其配发业务员出勤确认表，业务员当日实际出勤后，由其本人持该表找支公司负责人（或支公司负责人指定的人员）对其出勤进行签字确认，并注明是否有迟到、早退或其他违纪情况，此表由业务员本人负责保管，如业务员对考勤统计数据持有异议，以该表签字确认情况为准。

②筹备期培训费用：

每人每天 90 元，170 人次参训，每人参训 4 天，共计 61200 元，每人收取 200 元培训费，共收取 34000 元，公司承担 27200 元。或者培训由××中支培训部负责，××支公司将培训费收齐交给××中支培训部，公司承担的××支公司复兴项目计划“筹备期培训费用”不列入复兴项目预算。

③团康费用：8000 元（3 个月）。

以上三项合计 16.72 万元，如不计算培训费，为 14 万元。

附件：三大项目推动具体措施（此处略）

开拓者行动：营业部经理通过外部引进和内部“赛马”产生。

1. 严格选拔

（1）条件：当地具有相当人脉与影响力，符合总公司条件，最好有两年以上管理及工作经验，年龄在 28 岁以上。

（2）面试流程。

提交申请报告→支公司经理面试→××中支分管总面试→××中支总经理批准

2. 培训

（1）筹备骨干在组织大发展之前统一进行 4 天的培训。

（2）课程根据提前对参训人员资料进行分析后，有侧重地设定。重点在于企业文化的渗透、现行政策、险种知识、创/产说会运作、如何进行管理、营业部的工作要求、五大系统建设、筹备期注意事项的解析、成功分享。了解公司的文化与要求，提高管理技能，避免误区、缩短适应期。

（3）培训内容作为内部材料，制作操作手册，保证人手一册，注意及时更新工作要求部分。

（4）每周两次的培训与五天的会议，进一步提升技能。

3. 日常管理

支公司经理作为第一责任人，按照专业化经营要求进行管理，建立五大系统。

第一，早会经营：

（1）成立功能组并培训。

成立由内勤和外勤骨干为主，营业部经理或业务主任参与的早会功能组，小组成员共同制定小组工作职责，并明确成员分工，对相关成员进行如会议主持/PTT 的培训。

（2）制定并执行早会行事例。

小组成员制定早会行事例，并下发各营业部早会功能组按照早会行事例执行营业部早会。

（3）情况反馈并建档。

通过对营业部访谈并汇总、反馈，并定期组织营业部早会功能组成员进行相互点评、分享，建立营业部标准早会流程及平台，营业部定期下发《早会检视反馈表》，建立早会档案，为早会的准确评估提供资料。

（4）早会执行流程。

会前准备

1.1 播放激励歌曲、视频；

1.2 晨迎；

1.3 资料准备、音响调试。

晨会仪式

2.1 司歌；

2.2 公司训导；

2.3 文化理念；

2.4 天气预报或时事新闻及公司动态。

考勤通报

主题活动（以下活动可任选）

3.1 政令宣导；

3.2 典范分享（事先沟通）；

3.3　专题演讲；

3.4　表彰或颁奖；

3.5　当前工作布置、重要通知；

3.6　宣布早会结束。

第二，活动管理：

①支公司经理拟订营业部活动量管理计划；

②营业部制订本部门活动量管理计划并向业务人员宣导；

③营业部领取及下发活动量基础管理工具；

④每名业务人员必须有两本可使用的《工作日志》，业务员必须每日按照要求填写《工作日志》；

⑤在每天晨会之前按照组、部上缴前一日工作日志；

⑥支公司经理每日批阅所辖主管和业务员的工作日志，并提出指导性意见；

⑦上报中支、听取意见并进行反馈及调整；

⑧筹备定期进行总结通报，并制定一定的奖惩政策。

第三，差勤管理：

①指纹打卡机上线，严格将记录作为考勤依据。

②支公司经理根据公司《业务人员基本管理办法》和公司《业务人员差勤管理规定》执行差勤管理。

第四，绩效管理：

①支公司月度例会。

参加人员：全体主管。

1.1　会前与主管进行充分沟通，对于本次会议的流程、内容和工具以及要达到的目的达成共识，各相关责任人准备好汇报资料和工具；

1.2　上月度各营业部业绩和人力资源指标展示，各营业组绩效指标分析；

1.3　上月度五大系统执行总结；

1.4　绩优部、组分享；

1.5　下一个月的目标和行动计划的阶段性调整和制定。

②周例会。

参加人员：全体主管。

1.1 支公司经理对支公司上周绩效指标进行点评，营业部经理对上周的绩效状况做分析及汇报，制订下周工作计划并与主管进行沟通；

1.2 进行产品推动、产品组合、主顾开拓等方案的专题研讨；

1.3 绩优小组主管经验分享。

③主管例会。

1.1 每日召开主管例会；

1.2 前一天追踪结果及当日工作通报；

1.3 重点工作布达。

④布置实施：根据会议达成共识，签署《会议纪要》，明确各项工作责任人及工作要求。

⑤追踪评估。

⑥主管面谈：每月结合经营日志进行面谈，总结过往、规划未来，每年进行一次主管专门规划面谈。

4. 辅助工具（见表3-8至表3-10）

表3-8 **××支公司×××营业部**

2011年 月 日业务员工作日志检查表

序号	营业部	营业组	姓名	职级	准客户存量	增员拜访量	主顾开拓访量	业务拜访量	递送建议书量	预签单量
合计										

表 3-9　　　　　　××支公司×××营业部

2011 年　月第　周活动管理检查记录表

序号	营业部	营业组	姓名	职级	出勤次数	件数	业绩	新增	准客户存量	增员拜访量	业务拜访量	存在的问题与需求
合计												

表 3-10　　　　　　××支公司×××营业部

2011 年　月　日早会检视反馈表

项目	检查点	评分（10 分/项）	建议
早会	安排（是否与行事例相同）		
	时间（是否准时且在一小时以内完成）		
	内容（是否有帮助）		
	准备（是否充分）		
主讲人	形象（适宜）		
	内容（丰富）		
	表达（精彩）		

续表

项目	检查点	评分（10分/项）	建议
主持人	形象（适宜）		
	语言（流畅）		
	流程（合规）		
其他			

3.5 财产保险公司的业务发展战略规划

（1）市场与客户规划。

①市场规划。

基于公司车险业务规模，车险以中心城市和已实现城乡一体化的发达地区为主要市场。

非车险以地方政府、股东单位资源或技术服务能力相关的行业为主要市场，比如：交通旅游、基建、公众场所、冶金化工、农林牧等行业。

②客户规划。

a. 集团客户：政府事业机关、某些特大行业系统或集团。

b. 大众客户：低频率、专线路行驶的车辆或高素质车主、公众场所自然人。

（2）产品与费率规划。

满足大数法则，车险等大众化产品作为主要组成部分，并通过管控业务向规模化发展，在车险费率上，除了借鉴已有费率条款，还应尽快开发及向保监会申请与电话车险费率相对应的费率条款（或直接申请电销、假设网销产品），以应对优势客户的特殊价格策略。

在财产险、工程险、意责险等其他险种方面，整合风险管理与理赔技术、资源、渠道，参与风险管理及特色理赔服务，提供特色保险产品，在形成一定规模的前提下，实现行业持续创新价值；发展规模化的农林业险等险种，在积极争取政策支持及风险控制条件设计基础上实现效益，非车产品费率政策一定要具备竞争力。

（3）产品结构规划。

车险与非车险结构，根据公司形成的核心竞争力，合理进行安排。由于车险同质化严重，公司致力于通过聚焦特定区域、客户，逐步做大非车险规模。开业两年省内发展中，车险与非车险比例由7∶3逐步发展到5∶5，当省外机构设立后，车险与非车险力争控制在7∶3，并根据发展逐步缩小比例。

遵循风险经营的规律，合理进行高风险与低风险品种的安排，并根据其盈利能力进行合理组合，在遵循保险内在规律前提下，不断优化险种结构。

（4）渠道建设发展规划。

第一，销售渠道发展的基本思路。

公司对销售渠道发展规划设计的依据如下：

遵循偿付能力监管原则，初期形成与资本规模相适应的业务渠道与机构网络服务体系。

由于前两年只能在云南市场经营，在昆明等主要发达地区集约优势，集中力量把云南市场做精、做深，形成区域竞争力。

建立总公司、分公司、三级机构多层次，以控制保险资源为目的的销售组织模式。

在以后的分公司数量规划上，以形成总公司最佳规模经济为标准；三级及以下机构数量以每个分公司形成最佳规模经济为准，三级以下机构必须自身具备最佳经济规模，不盲目发展机构数量。

在公司综合成本率控制在100%以下以后，在确保管控能力的前提下，可加快机构发展并形成更大区域范围的核心竞争力和盈利能力。

由上述，公司销售渠道建设将遵循两个基本原则：一是高度市场化，有利于市场竞争的原则；二是能充分整合政府资源及股东资源，有利于开展资源推动型业务，实现公司价值最大化的原则。

第二，销售渠道建设的主要内容。

在遵循上述两个基本原则的基础上，将公司销售渠道的类别共分为三大类：

①直销业务渠道。

由公司自建销售团队，直接对投保人、被保险人拓展业务。根据公司资源状况，计划设立两类直销业务部门：

a. 公司直属业务部：主要负责开展股东业务和公司协调政府推动的业务，主要由公司营业总部或分公司设立和管理。

b. 直销业务部：主要负责开展市场常规团体业务，主要由中心支公司和支公司设立和管理。

②中介业务渠道。

公司制订中介业务发展计划和管理办法，与具备专业、兼业中介资格的保险经纪公司、专业保险代理公司、各种兼业代理机构、个人代理人等建立中介业务合作关系，并组建专门的部门对各渠道进行管理和维护。根据市场资源状况，经纪公司渠道以拓展非车险团单业务为主，其他中介渠道以拓展个人分散型、标准型业务（如车险、家财险、意外险）为主。计划设立三类中介业务部门：

a. 专业中介业务部：负责与保险经纪公司和专业保险代理公司建立业务合作关系并维护、管理业务运作。由于目前省内保险专业机构较少，主要由公司营业总部或分公司设立和统一集中管理。

b. 兼业代理业务部：负责与银行邮政、车行、汽车修理厂等兼业代理机构建立业务合作关系，并维护和管理业务运作。由于兼业代理渠道点多面广，由分公司设立银行业务（管理）部、车行业务（管理）部，以渠道条线的管理为主，兼顾部分业务的维护；中心支公司及以下机构设立对应的业务部，负责辖区内各渠道业务的拓展和维护。

c. 个人营销业务部：负责制定个人营销业务管理办法，组建个人营销队伍，拓展个人分散型业务。一方面自建公司个人营销员队伍；另一方面与其他寿险公司合作，发展交叉销售业务。

在分类原则基础上，分公司下设机构根据实际情况制订渠道设置方案。一类渠道可以设置一个或多个业务部。

③电销、网销渠道。

尽快布局电销、网销等新渠道业务市场，快速推进公司基础管理平台建设及落地服务机构网点建设工作。

电话营销渠道通过使用电话来实现有计划、有组织并且高效率地扩大公司客户群、提高客户满意度。以公司集中管理的呼叫中心对目标客户群进行一对一营销，电销坐席以清晰有力的契约描述，在短时间内了解客户需求意向，推荐目标产品，完成保险销售。

网络营销渠道通过互联网开展电子商务，利用网络与客户交流信息，在为客户提供有关保险服务的同时，实现公司宣传和市场调研的电子化、网络化。网络营销渠道快捷、方便，不受时空限制，公司可以直接与投保人接触，缩短了投保、承保和保险费支付等进程的时间，也可以了解投保人需求，为公司今后新产品的研发提供相关数据资料。

（5）分支机构发展规划。

分支机构发展规划如表 3-11 所示。

表 3-11

年份	机构分布					
	省内机构（云南省分公司）			省外机构（优先选择在西部临近省份或沿海发达地区）		
	昆明地区四级机构	其他地州		二级机构	三级机构	四级机构
		三级机构	四级机构	0	0	0
2012	9	7	20	0	0	0
2013	14	13	50	0	0	0
2014	14	15	60	2	6	0

（6）分支机构设立区域。

一是严格按效益优先和功能完备原则完善云南省内机构配置；二是省外机构发展以行业整体承保有效益的国内区域为目标，兼顾优秀职业经理人区域资源控制能力。

（7）行业地位与可持续发展。

到 2016 年前后，初步建立起专业化品牌，进入赢利型公司行列，公司突破可持续发展的瓶颈，在行业内成为特色经营有持续赢利能力的公司。

(8) 财务规划。

争取2014年实现经营持平，力争2016年前后实现亏损弥补，每股净资产高于1元。

3.6 财产保险公司的保险险种计划

业务发展规划主要体现在所经营的保险险种计划上。下面以某某财产保险公司的拟经营保险险种计划为例说明。

3.6.1 指导思想

公司在保险险种经营及研发中将以公司的整体发展战略、市场定位和具体的业务规划为指导，严格遵守保监会《财产保险公司保险条款和保险费率管理办法》（2010年第3号令）及《中国保监会关于进一步规范财产保险市场秩序工作方案》（2008年70号文）的要求，通过聚焦战略抓住保险行业转型的契机，贯彻以市场需求为导向、规模经营为前提、资源整合为基础、专业研发为突破的保险险种开发和经营思路，坚持“规范、专业、价值、务实”的产品策略，做到基础产品挖掘内在服务价值、创新产品开发市场培育价值，通过保险险种的专业性和保险服务的有效性来确立和凸显公司核心竞争力，有效规避低层次的恶性竞争，实现最佳经济规模基础上的可持续健康发展。

3.6.2 发展策略

公司将严格按照中国保监会的产品管理规定，结合当地保险市场的实际情况，按照“简洁高效、专业精细、特色经营、稳健发展”的经营理念的要求，选择企业财产险、机动车辆险、工程险、责任险、保证保险、货运险、人身意外险、短期健康险、家财险、农险等产品，在不同渠道和领域进行差异化产品开发和营销。

(1) 产品开发：找准需求，专业突破。

根据前期对保险市场中保险险种供需矛盾的调研和市场发展趋势的分析，将公司拟经营保险产品分为三类：①基础型——保险市场中现行和通用的险种；②改良型——对现行险种进行整合改进的险种；③创新型——根据市场需求和相关管理规定开发的新险种。在以客户为中心，科学细分目标市场和有效整合公司内外部资源的基础上，遵循大数法则的要求，本着市场有需求、精算有支持、内控有保障、渠道有优势、规模有基础的原则进行保险险种的开发和经营。公司将通过培养自己的研发队伍，深入市场，提高保险产品自主研发和贴近市场的能力；充分运用外部的研发资源，增强公司研发力量。在公司内部建立起良好的研发机制，践行专业、务实、创新、持续的内涵式开发，以保障公司产品研发能力具有市场竞争优势，形成公司的产品特色，实现同质产品与特色产品有机结合下的产品效益。

（2）产品销售：定向销售，资源整合。

在公司整体发展战略和业务结构规划的原则下，结合自身特点科学细分目标市场，针对各类渠道资源优势的不同，建立与公司价值取向、业务布局吻合的分渠道的专项营销模式。同时根据不同渠道的市场定位、营销策略，推进和实施专业化的销售队伍建设和培养，逐步配套专属产品和专项营销方案；并对渠道实施垂直管控，建立渠道分类管理和销售团队专业考核机制，结合产品分类和价值贡献、细分市场占有率，逐步实现分客户、分渠道的专业化的产品销售管理模式。

（3）产品管理：实时评估，动态监控。

通过信息技术的运用在公司内建立所经营险种的监控分析平台，支持各级机构业务管理的定时和专项承保业务经营分析和专业培训，确保保险险种资源的有效管理和公司业务发展方向的正确指引。通过有效的跟踪监控和评估分析，对产品定价、业务承保政策、销售费用政策进行合理匹配和管理纠偏，力求实现市场保险需求与公司经营要求相对应的适销对路的保险产品的有效益运营，保证公司的产品满足社会发展日益扩大和提升的保险保障和风险转移的需求，创造保险的社会价值，同时也给公司贡献现金流，确保承保利润，实现产品本身的价值，从而创造股东价值、公司价值。

（4）产品服务：规范诚信、做实做优。

公司将坚持“以客户为中心”的经营理念，将客户满意度作为评价产品价值和服务质量的唯一标准，为社会公众提供诚信、专业、优质和高附加值的保险服务。通过对公司业务流程中与客户接触的各节点的梳理和标准化，全方位打造专业、规范、高效、优质的高素质、专业化的服务队伍，使队伍的服务技能与业务技能共同构成公司的服务能力，并通过服务体系的完善和有效运行，追求超越客户期望，全面履行保险责任，有效树立企业诚信形象，实现服务营销的最终效果。

3.6.3 拟经营产品的计划安排

公司产品设计及险种安排主要立足于四个方面：

①贴近市场，发掘和满足客户现实和潜在的保险需求。

②融入社会经济发展，为地方特色经济稳健发展提供保险保障。

③服务于面向东南亚桥头堡建设战略，拓展新兴业务市场，助推社会经济发展。

④承担社会责任，促进社会管理和社会和谐发展。

通过借鉴、改良、创新，并在建立良好的分保渠道，确保充足的偿付能力的基础上，具体在两个层面实现突破：

第一，做好基础型产品的精耕细作。在西部大开发的带动下，云南经济保持持续快速增长，云南产险市场一直保持良好的增长态势和盈利能力，公司拟在商业车险、交强险、财产险、工程险、意外险等传统产品领域深度经营，确实履行好保险责任和有效提升保险服务水平，在目标客户群和特定区域形成竞争优势。

第二，服务于国家、地区的发展战略，结合地区社会经济特点和公司自身的内外部资源优势，做好创新经营，形成有专业支撑的差异化竞争优势。主要包括以下几方面：

①云南省旅游具有丰富的资源基础，旅游综合运输和服务体系不断完善，形成了相对于西部其他省区较为完整的产业体系和基础

设施比较优势。云南省成为全国旅游产业改革发展首个试点省份，为云南由旅游大省向旅游强省转变提供了契机，同时，也为独具云南特色的旅游保险提供了广阔的发展空间和内在需求。云南省旅游保险市场潜力巨大，并具有辐射效应，因而公司将旅游保险确定为未来发展的重要方向之一，将针对旅行社、游客、景区、宾馆、饭店、旅游车等推出一系列的配套责任险、意外险、财产险、车险等保险产品。

②自国家西部大开发战略实施以来，云南省的固定资产投资规模逐年递增，基础设施建设和城市化改造不断推进，在六年时间里跨越了 1000 亿元、2000 亿元、3000 亿元、4000 亿元（2009 年 4527 亿元）新台阶。依托西部大开发战略，公司将积极拓展工程建设相关保险业务。

③随着云南逐渐深入参与中国—东盟自由贸易区和南亚区域的贸易，中国企业的境外农业保险（如中国企业在缅甸农业开发）、境外财产保险（主要是缅甸、越南）、境外工程保险（主要是缅甸、越南、泰国）、出口信用保险（主要是缅甸、越南）、境外旅游险以及服务于“桥头堡”建设的责任险、货运险、工程保险的需求逐渐加大，公司将发挥地缘优势，根据政府的区域发展政策，大力研发这些领域的保险产品，支持和服务于中国—东盟自由贸易区的发展，最终形成一个多层次的涉外财险保障体系。

④将满足政府公共职能发挥的要求作为产品创新的主要方向。积极与当地政府建立良好的沟通机制，有效地推动地方相关立法的完善，并充分发挥股东优势，针对医疗卫生、文化教育、环保、基础设施建设、公共服务等行业大力开拓责任险、工程险、财产险、货运险等；联合消防部门大力推广火灾公众责任保险；积极开展旅行社责任保险、校方责任保险、医职险、环境污染责任保险等，促进云南地方社会经济和谐发展。

⑤配合社会保障体系改革，以改善民生为重点，解决教育、医疗卫生、就业、社会保障领域存在的突出矛盾为目的，进行社保补充保险和特殊人群意外保险试点；推出房屋及车辆按揭保险；开发与个人、家庭责任相关的意外险、责任险、家财险、健康险新产

品。探索开发非寿险投资型保险产品，创新产品设计方式，为目标客户提供综合金融保险产品。

⑥针对西部农业覆盖面广、农村人口众多、大多数省份属于边疆和少数民族地区的特点，在建立起有效的服务体系和取得相关授权后，积极开发服务于西部“三农”和少数民族的特色保险产品。按照“先试点、后推广，先服务、后拓展”的原则和“政府主导、企业经营、公平自愿、自求平衡”的思路，积极稳妥推进农业保险试点工作，扩大政策性农业保险覆盖区域和试点品种；逐步开发和推进小额信贷保证保险的试点，探索小额保险与扶贫机制的结合，创新小额保险发展模式；支持西部农村、边疆和少数民族地区“三农”保险发展。

具体的产品规划可参考表3-12至表3-14。

表3-12　　开业三年内的产品规划表

产品名称	客户类型	适应渠道	推广区域
交强险	个人、法人	直销、代理、网销	云南省
机动车辆商业保险（B款）	个人、法人	直销、代理	云南省
摩托车、拖拉机商业险	个人、法人	直销、代理	云南省
单程提车商业险	个人、法人	直销、代理	云南省
财产基本险	法人	直销、代理	云南省
财产综合险	法人	直销、代理	云南省
财产一切险	法人	直销、代理	云南省
机器损坏险	法人	直销、代理	云南省
家庭财产综合保险	个人	直销、代理、网销	云南省
家庭财产保险基本险（房屋）	个人	直销、代理、网销	云南省
建筑、安装工程保险	法人	直销、代理	云南省
国内货物运输保险（通用版）	个人、法人	直销、代理	云南省
公路货物运输保险	个人、法人	直销、代理	云南省

续表

产品名称	客户类型	适应渠道	推广区域
水路货物运输保险	个人、法人	直销、代理	云南省
铁路货物运输保险	个人、法人	直销、代理	云南省
国内航空货物运输保险	个人、法人	直销、代理	云南省
人身意外伤害综合保险	个人	直销、代理、网销	全国
团体人身意外伤害保险	法人	直销、代理	云南省
建筑施工人员团体意外伤害保险	法人	直销、代理	云南省
公众责任保险	法人	直销、代理	云南省
雇主责任保险	法人	直销、代理	云南省
火灾公众责任保险	法人	直销、代理	云南省
旅行社责任保险	法人	直销、代理	云南省
校（园）方责任保险	法人	直销、代理	云南省
道路客运承运人责任保险	个人、法人	直销、代理	云南省
个人消费贷款保证保险	个人	直销、代理	云南省
中小企业小额贷款保证保险	法人	直销、代理	云南省

表 3-13　**第二年的产品发展规划表（新增产品及销售区域）**

产品名称	客户类型	适应渠道	推广区域
电厂财产险	法人	直销、代理	云南省
商业楼宇财产险	法人	直销、代理	云南省
营业中断保险	法人	直销、代理	云南省
现金保险	法人	直销	云南省
计算机保险	法人	直销、代理	云南省
个人贷款抵押房屋保险	个人	直销、代理	云南省

续表

产品名称	客户类型	适应渠道	推广区域
个人贷款抵押房屋综合保险	个人	直销、代理	云南省
家庭财产火灾爆炸保险	个人	直销、代理	云南省
建筑工程一切险	法人	直销、代理	云南省
安装工程一切险	法人	直销、代理	云南省
道路工程建筑工程一切险	法人	直销、代理	云南省
地铁工程建筑（安装）工程一切险	法人	直销、代理	云南省
工程机械设备保险	个人、法人	直销、代理	云南省
公路货物运输定额保险	个人、法人	直销、代理、网销	全国
国内航空旅客行李保险	个人	直销、代理、网销	全国
国内水路、陆路货物运输保险	个人、法人	直销、代理	云南省
国内邮（包）件保险	个人、法人	直销、代理、网销	全国
海洋运输货物保险	法人	直销、代理	云南省
海洋运输冷藏货物保险	法人	直销、代理	云南省
海洋运输散装桐油保险	法人	直销、代理	云南省
航空运输货物保险	法人	直销、代理	云南省
活牲畜、家禽的海上、陆上、航空运输保险	法人	直销、代理	云南省
集装箱保险	法人	直销、代理	云南省
邮包险	个人、法人	直销、代理、网销	全国
陆上运输货物保险（火车、汽车）	个人、法人	直销、代理	云南省
陆上运输冷藏货物保险	个人、法人	直销、代理	云南省
物流货物保险	个人、法人	直销、代理	云南省

续表

产品名称	客户类型	适应渠道	推广区域
油气管道运输保险	法人	直销、代理	云南省
人身意外伤害保险	个人	直销、代理、网销	全国
出境人员意外伤害保险	个人	直销、代理、网销	全国
个人旅游意外伤害保险	个人	直销、代理、网销	全国
机动车驾驶人员意外伤害保险	个人	直销、代理、网销	全国
交通工具意外伤害保险	个人	直销、代理、网销	全国
交通工具乘客意外伤害保险	个人	直销、代理、网销	全国
旅游观光景点、娱乐场所人身意外伤害保险	个人	直销、代理、网销	全国
手术安全意外伤害保险	个人	直销、代理	云南省
手术麻醉意外伤害保险	个人	直销、代理	云南省
学生、幼儿意外伤害保险	个人	直销、代理	云南省
学生、幼儿安康保险	个人	直销、代理	云南省
执法人员团体意外伤害保险	法人	直销、代理	云南省
家用燃气意外伤害保险	个人	直销、代理	云南省
保安公司责任保险	法人	直销、代理	云南省
保险代理人职业责任保险	法人	直销、代理	云南省
保险经纪人职业责任保险	法人	直销、代理	云南省
餐饮业经营者责任保险	法人	直销、代理	云南省
产品质量保证保险	法人	直销、代理	云南省
承运人旅客责任保险	个人、法人	直销、代理	云南省
单项建设工程设计责任保险	法人	直销、代理	云南省

续表

产品名称	客户类型	适应渠道	推广区域
道路危险货物承运人责任保险	个人、法人	直销、代理	云南省
电梯责任保险	法人	直销、代理	云南省
吊装责任保险	个人、法人	直销、代理	云南省
董事、监事及高级管理人员职业责任保险	法人	直销、代理	云南省
风景名胜区责任保险	法人	直销、代理	云南省
个人责任保险	个人	直销、代理	云南省
工程监理责任保险	法人	直销、代理	云南省
工程项目监理责任保险	法人	直销、代理	云南省
工伤责任保险	法人	直销、代理	云南省
供电责任保险	法人	直销、代理	云南省
环境污染责任保险	法人	直销、代理	云南省
机动车辆停车场责任保险	法人	直销、代理	云南省
家庭雇佣责任保险	个人	直销、代理	云南省
家政服务人员责任保险	法人	直销、代理	云南省
建筑施工企业雇主责任保险	法人	直销、代理	云南省
建设工程设计责任保险	法人	直销、代理	云南省
律师职业责任保险	个人、法人	直销、代理	云南省
免疫接种责任保险	法人	直销、代理	云南省
居家责任保险	个人	直销、代理	云南省
特种设备第三者责任保险	法人	直销、代理	云南省
物流责任保险	个人、法人	直销、代理	云南省
物业管理责任保险	法人	直销、代理	云南省
医疗责任保险	法人	直销、代理	云南省

续表

产品名称	客户类型	适应渠道	推广区域
医务人员法定传染病责任保险	法人	直销、代理	云南省
展览会责任保险	法人	直销、代理	云南省
注册会计师执业责任保险	法人	直销、代理	云南省
种植业保险	个人、法人	直销、代理	云南省
养殖业保险	个人、法人	直销、代理	云南省
林木火灾保险	个人、法人	直销、代理	云南省
公路综合保险	法人	直销、代理	云南省
中小企业综合保险	个人、法人	直销、代理	云南省
航空保险	法人	直销、代理	云南省

表 3-14　**第三年的产品发展规划（新增产品及销售区域）**

产品名称	客户类型	适应渠道	推广区域
高速铁路工程安装工程一切险	法人	直销、代理	机构铺设区域
高尔夫球场综合保险	法人	直销、代理	机构铺设区域
广告综合保险	法人	直销、代理	机构铺设区域
起重机械综合保险	个人、法人	直销、代理	机构铺设区域
汽车经销商综合保险	法人	直销、代理	机构铺设区域
汽车修理厂综合保险	法人	直销、代理	机构铺设区域
加油站综合保险	法人	直销、代理	机构铺设区域
苗木保险	个人、法人	直销、代理	机构铺设区域

续表

产品名称	客户类型	适应渠道	推广区域
农作物火灾保险	个人、法人	直销、代理	机构铺设区域
能繁母猪保险	个人、法人	直销、代理	机构铺设区域
奶牛保险	个人、法人	直销、代理	机构铺设区域
烤烟保险	个人、法人	直销、代理	机构铺设区域

注：开业经营的第三年，在获得中国保监会的有关审批后，可将公司开业前两年的保险产品推广区域扩大至全国机构铺设所在省份；并根据市场需求，进行不同产品组合的开发，以及特定行业、特殊风险的产品设计开发，逐步完善并丰富公司的产品种类。

第四章　保险公司的组织战略

保险公司的组织机构是保证公司的法人治理结构、公司各部门和总分支公司各司其职、有序结合、分工明确和有效运作的组织保障。合理的组织管理架构可以把分散的力量聚集成为强大的集体力量；可以使保险公司每个员工的工作职权在治理架构中以一定形式固定下来，保证保险公司经营活动的连续性和稳定性；有利于明确经营者的责任和权利，避免相互推诿，提高工作效率；可以确保公司经营目标的实现。

4.1　保险公司法人治理结构

保险公司将依据我国《公司法》、《保险法》、《保险公司管理规定》和《关于规范保险公司治理结构的指导意见（试行）》等法律法规的要求，制定公司章程，建立股东大会、董事会、监事会、经营管理层以及党委、工会和纪检委等组织，并创新建立由全体股东企业的法人代表和中国国际跨国公司促进会领导组成的战略发展咨询委员会，搭建科学的管理框架，依法经营，通过严格的激励约束机制，在权责措施明确的前提下，建立对公司各级经营管理层的授权机制。

（1）建立健全股东大会。

股东大会是公司的最高权力机构，股东对保险公司经营管理具有最高决策权，合理的股权结构和规范的股东行为是完善保险公司治理结构的基础。股东大会由全体股东组成，股东依所持股份享有表决权，决定重大事项。

（2）创新性设立战略发展咨询委员会。

战略发展咨询委员会由全体股东企业的法人代表和中国国际跨国公司促进会领导组成，研究公司未来发展，优化配置各股东优势资源和跨促会广泛联系全球500强企业的会员资源，促进“保险公司”各项工作健康可持续发展。

（3）系统完善董事会及其管理决策机制。

董事会是公司治理结构的核心，董事会在股东大会的领导下开展工作，并定期向股东大会汇报、沟通经营情况、重大决策等。按照《保险公司独立董事管理暂行办法》，在保险公司总资产未达到50亿元以前，董事会应至少包括2名独立董事，总资产达到50亿元以后一年内，独立董事占董事会成员应达到1/3以上。

公司董事会由13名董事组成，其中股东董事9到11名、独立董事2到4名。董事会成员中，至少包括一名非执行董事。董事由股东大会选举产生，其中持有10%以上股份的股东均可推荐一名董事，任期3年。董事任期届满，连选可以连任。公司董事会设董事长1人，由全体董事会成员的过半数选举产生。

独立董事的任期与公司其他董事的任期相同，任期届满可以连选连任，但连续任期不超过六年。

董事会除了履行法律法规和公司章程所赋予的职责外，还对以下事项负最终责任：

①内控。使保险公司建立与其业务性质和资产规模相适应的内控体系，并对保险公司内控的完整性和有效性定期进行检查评估。

②风险。使保险公司建立识别、评估和监控风险的机制，并对保险公司业务、财务、内控和治理结构等方面的风险定期进行检查评估。

③合规。使保险公司建立合规管理机制，并对保险公司遵守法律法规、监管规定和内部管理制度的情况定期进行检查评估。

董事会下设审计委员会、提名薪酬委员会、投资决策委员会和风险管理委员会。各专业委员会主要就专项议题进行研究，其履行职责权限所形成的意见、建议、报告、提案等，应提交公司董事会审议决定。

（4）完善监事会，充分发挥其监督作用。

监事会的监督工作是促进公司业务健康发展的重要保证，是维护公司安全、降低经营风险的重要手段，是保证公司战略方针及内部规章制度贯彻落实的保障。

按照《公司法》的规定，公司设立监事会。为充分体现制约与平衡，公司监事会由 5 名监事组成，股东大会提名 3 到 4 名监事，职工监事 1 到 2 人，职工监事由公司职工民主选举和更换。公司监事会设监事会主席 1 名，由全体监事会成员的过半数选举产生。监事代表股东及职工对董事会和管理层进行监督，同时确保监事会的知情权，落实好监事会工作会议制度。

（5）充分发挥经营管理层的经营管理作用。

公司的经营管理层在董事会授权下开展经营活动，要严格授权，明确经营管理层职责，制定符合公司实际并与市场接轨的薪酬体系，充分调动经营管理层的积极性，明确问责机制，确保股东大会、董事会的重大决策通过经营管理层能够有效贯彻。

公司将实行董事会领导下的总经理负责制，设总经理 1 名，副总经理若干名，财务负责人、精算负责人、合规负责人和审计负责人各 1 名。主要管理人员均面向社会公开招聘，经董事会审议，并报中国保监会核准后，由董事会聘任。

（6）充分发挥公司党委、工会和纪检委的作用。

公司党委将按照我国《中国共产党章程》第五章中基层党组织有关规定设立，并在公司内部建立党的基层组织，把党员和积极分子团结到党组织周围，充分发挥党组织的政治核心作用。

公司工会将按照我国《工会法》、《中国工会章程》等规定设立。充分发挥工会在维护公司和谐中的稳定器作用：一是工会要积极配合党政组织有效防范和化解劳动关系矛盾，努力在维护员工队伍稳定和社会稳定中发挥稳定器的作用；二是要坚持以人为本，切实维护员工的合法权益，不断提升员工的幸福感和满意度；三是工会要推动公司关爱帮扶工作的制度化、常态化和精细化。

公司纪检委将在公司党委领导下，按照公司《十八届三中全会后如何深入推进基层机构廉政风险防控工作》、《纪委工作规则》等文件要求设立。公司纪检委督导全司落实党风廉政建设责任制，坚守合规底线，坚持依法经营，并通过民主程序配置公司监察员，明确工作职责，开展公司内部纪检监察工作，发挥监督效用。

4.2 保险公司的股东大会

公司××个股东均符合《保险法》及《保险公司股权管理办法》的相关规定。

拟定的股东及出资比例如表4-1所示。

表4-1

序号	股东名称	出资额	持股比例
1	×××公司	×亿元	××%
2	×××公司	×亿元	××%
3	×××公司	×亿元	××%
4	×××公司	×亿元	××%
5	×××公司	×亿元	××%
6	×××公司	×亿元	××%
7	×××公司	×亿元	××%
8	×××公司	×亿元	××%
9	×××公司	×亿元	××%
10	×××公司	×亿元	××%
……			
合计		××亿元	100%

股东大会由全体股东组成，是公司的权力机构，依法行使职权。

股东大会行使下列职权：

（1）决定公司的经营方针和投资计划；

（2）选举和更换董事，决定有关董事的报酬事项；

(3) 选举和更换由股东代表出任的监事，决定有关监事的报酬事项；

(4) 审议批准董事会的报告；

(5) 审议批准监事会的报告；

(6) 审议批准公司的年度财务预算方案、决算方案；

(7) 审议批准公司的利润分配方案和弥补亏损方案；

(8) 对公司增加或者减少注册资本作出决议；

(9) 对公司合并、分立、解散、清算或变更公司形式作出决议；

(10) 对公司发行债券作出决议；

(11) 对公司聘用、解聘或者不再续聘会计师事务所作出决议；

(12) 修改公司章程；

(13) 审议代表公司有表决权的股份 3%及以上的股东的提案；

(14) 审议批准第五十条规定的担保事项；

(15) 审议公司在一年内购买、出售重大资产超过公司最近一期经审计总资产 30%的事项；

(16) 审议股权激励计划；

法律、法规及公司章程规定应当由股东大会作出决议的其他事项。

4.3　保险公司的董事会

董事会是公司的执行机构，对股东大会负责，行使下列职权：

(1) 负责召集股东大会，并向股东大会报告工作；

(2) 执行股东大会的决议；

(3) 决定公司经营计划和投资方案；

(4) 制订公司的年度财务预算方案、决算方案；

(5) 制订公司的利润分配方案和弥补亏损方案；

(6) 制订公司增加或者减少注册资本的方案以及发行公司债

券或其他证券及上市的方案；

（7）拟订公司重大收购、收购本公司股票或者合并、分立、解散及变更公司形式的方案；

（8）在股东大会的授权范围内，决定公司对外投资、收购出售资产、资产抵押、对外担保事项、委托理财、关联交易及员工股权激励等事项；

（9）决定公司内部管理机构的设置；

（10）聘任或者解聘公司总经理和董事会秘书，根据总经理的提名，聘任或者解聘公司副总经理和其他高级管理人员，决定其报酬事项；

（11）制定公司的基本管理制度；

（12）制订公司章程修改方案；

（13）向股东大会提请聘请或更换为公司审计的会计师事务所；

（14）听取公司总经理的工作报告并检查总经理的工作；

（15）法律、法规和本章程授予的其他职权。

4.4 保险公司的专业委员会

为切实提高董事会决策效率和水平，公司董事会下设四个专业委员会，分别为审计委员会、提名薪酬委员会、投资决策委员会和风险管理委员会。

4.4.1 审计委员会

审计委员会中至少应当有 1 名财务或审计方面的专业人士。审计委员会成员由 3 名以上不在管理层任职的董事组成，由独立董事担任主任委员。审计委员会成员应当具备与其职责相适应的财务或者法律等方面的专业知识。

审计委员会履行以下职责：

（1）审核公司内部审计基本制度并向董事会提出意见，批准公司年度审计计划和审计预算；

（2）评估审计责任人工作并向董事会提出意见；

（3）指导公司内部审计工作，监督内部审计质量；

（4）就外部审计机构的聘用和解聘、酬金等问题向董事会提出建议；

（5）协调内部审计与外部审计；

（6）定期检查评估内部控制的健全性和有效性，及时受理和处理关于内部控制方面重大问题的投诉；

（7）监督内部审计和外部审计所发现重大问题的整改和落实；

（8）审核并向董事会提交公司年度合规报告；

（9）定期审查公司半年度合规报告；

（10）听取合规负责人和合规管理部门有关合规事项的报告，并向董事会提出意见和建议；

（11）公司章程规定、董事会确定的其他职责。

4.4.2　提名薪酬委员会

提名薪酬委员会由三名以上不在管理层任职的董事组成，独立董事担任主任委员。担任董事会提名薪酬委员会委员的，应当具有较强的识人、用人和薪酬管理能力，具备五年以上在企事业单位或者国家机关担任领导或者管理职务的任职经历。

公司董事会提名薪酬委员会履行以下职责：

（1）根据法律、行政法规、监管规定和公司章程对董事任职条件的规定，对董事候选人进行审查，并向董事会提交审查意见及合格董事候选人名单；

（2）免除董事职务时，提出免职意见的股东或机构应当书面通知董事会，经提名薪酬委员会就免职事项出具独立审慎的意见后，提交股东大会审议；

（3）董事会提名薪酬委员会应当关注董事是否持续具备任职资格。董事在任职期间出现丧失任职资格情形的，提名薪酬委员会应当向董事会提出免职建议，由董事会提交股东大会审议；

（4）对高管人员进行绩效考核并向董事会提出意见。提名薪酬委员会应当使保险公司高管人员薪酬激励措施与公司经营效益和个人业绩相适应。

4.4.3 投资决策委员会

投资决策委员会主要负责对公司长期发展战略和重大投资决策进行研究并提出建议。

其主要职责包括：

(1) 审议公司资产战略配置、投资策略；

(2) 审议公司保险资金运用的管理模式、保险资金委托和托管方案；

(3) 审议公司保险资金运用的规章制度、决策程序及授权制度；

(4) 审议公司年度财务预算、决算方案；

(5) 审议公司资产负债管理指标；

(6) 审议公司重大投融资方案。

4.4.4 风险管理委员会

风险管理委员会应当全面了解公司面临的各项重大风险及其管理状况，监督风险管理体系运行的有效性。

风险管理委员会的主要职责包括：

(1) 根据公司总体战略，审核和修订公司风险战略、风险管理程序、风险管理政策，监督和评价其实施情况，并向董事会提出建议；

(2) 监督和评价公司风险管理部门的设置、组织方式、工作程序和效果，并提出完善公司风险管理制度的意见；

(3) 监督和评价公司高级管理人员在市场、操作等方面的风险控制情况；

(4) 定期审查公司风险管理部门提交的风险评估报告；

(5) 评估公司风险状况，并向董事会提出建议；

(6) 在董事会授权下，审核批准超过总经理权限的和总经理提请风险管理委员会审议的重大风险管理事项或交易项目；

(7) 在董事会授权下，对与风险管理有关的其他事项行使决策权。

4.5　保险公司的监事会

监事会向股东大会负责，并依法行使下列职权：

（1）检查公司的财务；

（2）对公司董事、总经理、副总经理和其他高级管理人员执行公司职务时违反法律、法规或者公司章程的行为进行监督；

（3）当公司董事、总经理、副总经理和其他高级管理人员的行为损害公司的利益时，要求前述人员予以纠正；

（4）核对董事会拟提交股东大会的财务报告、营业报告和利润分配方案等财务资料，发现疑问的，可以公司名义委托注册会计师帮助复审；

（5）提议召开临时股东大会，在董事会不履行《公司法》规定的召集和主持股东大会职责时召集和主持股东大会；

（6）向股东大会提出提案；

（7）代表公司与董事交涉或者对董事起诉；

（8）依照《公司法》第一百五十二条的规定，对董事、高级管理人员提起诉讼；

（9）发现公司经营情况异常，可以进行调查；必要时，可以聘请会计师事务所、律师事务所等专业机构协助其工作，费用由公司承担；

（10）法律、法规及公司章程规定的其他职权。

4.6　保险公司的经营管理层

保险公司的经营管理层以总经理为核心。总经理对董事会负责，行使下列职权：

（1）主持公司的经营管理工作，组织实施董事会决议；

（2）组织实施公司年度经营计划和投资方案；

（3）拟订公司内部管理机构设置方案；

（4）拟订公司的基本管理制度；

（5）制订公司的基本规章；

（6）提请董事会聘任或者解聘公司副总经理和其他高级管理人员（董事会秘书除外）；

（7）聘任或者解聘除应由董事会聘任或者解聘以外的管理人员；

（8）公司章程和董事会授予的其他职权。

4.7 保险公司的组织架构与部门设置

4.7.1 公司组织架构图（见图4-1）

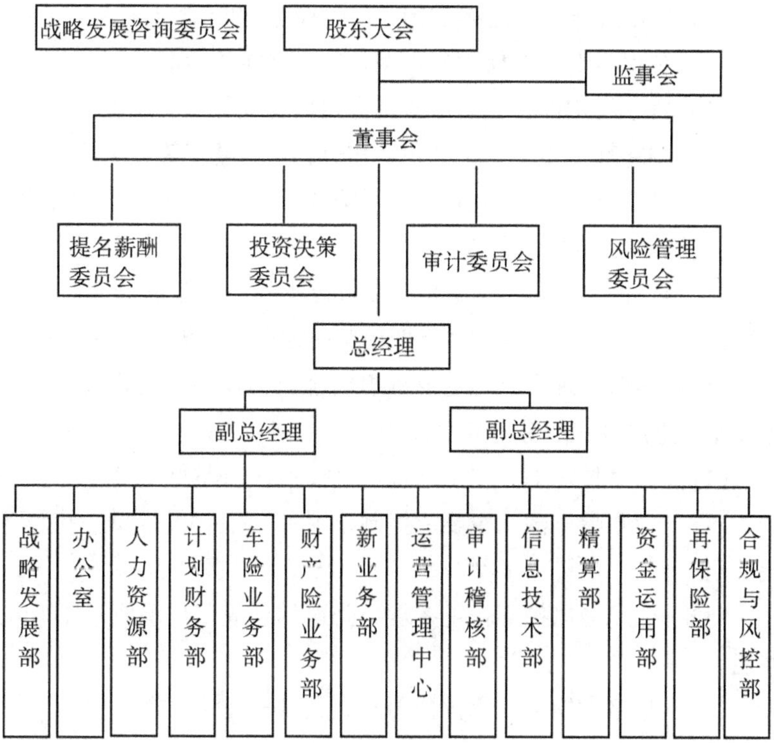

图4-1

4.7.2 公司内部机构设置及职能情况

保险公司的经营管理活动是保险公司组织架构设置的基础。其主要经营管理活动包括：产品开发、市场营销和销售、承保、再保险、客户服务、投资、理赔，以及其他支持性经营管理活动。保险公司的机构设置将根据公司经营特点，进行程度较高的专业化分工。

（1）办公室：主要承担行政办公、品牌管理和对外宣传等相关职能。

（2）人力资源部：主要承担人力资源管理与员工培训等相关职能。

（3）财产险业务部：主要承担财产险相关险种的业务职能。

（4）车险业务部：主要承担车险的业务职能。

（5）再保险部：主要承担再保险管理等相关职能。

（6）资金运用部：主要承担资金运用管理等相关职能。

（7）精算部：主要承担公司运作过程产品精算等相关职能。

（8）新业务部：主要承担电子商务、网销、智能平台销售，以及创新型业务等相关职能。

（9）审计稽核部：主要承担对公司业务、财务进行审计（内部稽核），对内控进行检查并定期提交内控评价报告等相关职能。

（10）运营管理中心：主要承担整合营销规划、销售管理、核报核赔、重点客户服务等相关职能。

（11）信息技术部：主要承担信息技术管理等相关职能。

（12）计划财务部：主要承担制定财务制度、进行财务核算等相关职能。

（13）合规与风控部：主要承担公司的合规与风险管理等相关职能。

（14）战略发展部：承担公司发展战略管理的职能。

4.8 保险公司的机构发展规划

下面以天津某某保险公司的机构发展规划为例说明。

4.8.1 分支机构设立的基本原则

（1）目标市场导向原则。

分支机构设立坚持以公司聚焦重点行业及重点产品的市场需求为导向，把能否在激烈的市场竞争中站稳脚跟作为评价和检验分支机构工作成功与否的最终标准。一方面通过对市场环境和客户资源的理解和把握，准确定位目标市场；另一方面通过对行业主体的分析和借鉴，明确具体建设思路和实施差异化管理。

（2）最佳经济规模原则。

分支机构设立坚持做到根据当地的实际情况和具体情况，结合公司战略，对市场和客户需求进行全方位的分析，统筹安排主营产品组合，确保分支机构的建设与公司聚焦行业及产品相结合，争取机构开业后能在较短的时间内形成有效的业务规模；同时结合当地政府完善区域保险保障体系的需求开展业务，力争实现经营效益与社会效益的有机结合。

（3）风险防范原则。

分支机构设立必须遵守相关法律法规和公司管理规定，切实做好风险防范。一方面严格按照监管部门的要求和公司的规定，有计划、有步骤地开展筹建工作，为机构的稳健运行创造条件；另一方面严格遵循合规诚信的原则，通过合规和诚信的工作，取得市场接纳、获得客户认同、赢得同业尊重，全面树立起公司的良好品牌形象。

4.8.2 注册地分支机构的发展规划

中国保监会2015年12月4日印发的《保险公司及其分支机构设立、保险公司终止（解散、破产）审批事项服务指南》规定，“保险公司在注册地所在省域以外设立分支机构的，应当开业满两年”。故保险公司在开业满两年之前只能在注册地进行分支机构的发展。

保险公司注册地位于天津自贸区，距离天津城区有一定距离，保险公司计划在开业的第一年结束，在天津市内开设 3 家分支机构，第一年开设分支机构计划位于天津市滨海新区、河东区及河北区，主要目标是面向天津城区内的工商企业。

第二年结束时保险公司计划在天津市开设 10 个分支机构，地点定于天津市各个区县，主要目标是在面向天津城区工商企业的基础上积极开展健全各类财产保险业务，同时加大外资外贸企业保险业务的推广力度，争取令保险公司尽快进入盈利阶段。

4.8.3　全国性分支机构的发展规划

保险公司获准开业两年并达到中国保监会的相关要求后，计划在深入进行市场调研和可行性论证的基础上沿着“一带一路”相关省市区设立分支机构，优先选择在京津冀、西部省、市、区（如甘肃、宁夏、新疆、陕西、山西、四川和重庆等）和沿海发达地区（如上海、浙江、江苏、广东、福建等）开设分支机构，一方面可以扩大发展领域及服务半径；另一方面可以吸收发达区域市场及国际市场上较为成熟的经营理念和管理经验，为保险公司走出天津，成为业内优秀的全国化乃至国际化保险企业创造条件。

保险公司将坚持投资者实现投资价值和公司实现经营价值的发展目标，遵循保险行业的内在规律，深刻理解行业及变化趋势，准确制定公司战略，继承和创新相结合，挖掘行业价值、提升赢利能力，在业务发展能力、经营管理水平和队伍建设、人才储备等方面达到全国化发展的基本条件后，积极稳妥地推进机构全国化建设工作。

4.8.4　分支机构的发展策略

（1）保险公司以公司聚焦行业及产品为主线，配合公司重点发展的渠道优势，确定公司重点发展区域，确保公司聚焦战略的顺利实施。通过由点带面，逐步扩大经营机构和服务网络在天津的覆盖范围，不断提高保险对地方经济的贡献度。

在遵循公司聚焦战略的引领下，充分考虑天津区域地理特征，以提高保险对地方经济发展的贡献度为出发点，合理推进天津各个区县机构建设，力争在服务领域和服务内涵方面取得较大的突破和发展。

（2）在符合中国保监会监管要求的前提下，在建立健全公司业务管理平台及有效风险管控的基础上，逐步建设全国性分支机构。

公司将认真探索并严格遵循现代保险企业经营管理的模式和规律，健全公司治理结构，在严守依法合规原则的基础上大胆创新，兼容并蓄，充分发挥总部优势，将产品创新和渠道优化作为公司发展的基本路径，成为天津自贸区建设区域性金融中心及保险创新产业园功能要素的重要组成部分。

在建立健全公司业务管理平台及有效风险管控的基础上，报请中国保监会批准后，开始建设全国性分支机构，为客户提供各种风险保障和资产管理等综合性金融服务，以切实保障和改善民生为己任，满足人民财富增值和生活和谐稳定的需求。

（3）保险公司设立全国性分支机构时，选取拥有庞大资源、辐射面广的中心城市为主要目标，将公司服务窗口前移，为公司完成全国性机构布局奠定坚实的基础。同时，为确保有效地建立各级分支机构，结合各地的特点和实际情况，对各级分支机构设置严格实行业务结构和业务规模双要求，在保证盈亏平衡的基础上稳健发展，力争较快实现盈利。

保险公司分支机构扩展离不开公司整体的有效管理，管理模式、管理制度以及流程等的建立完善是分支机构发展的前提和基础。因此，公司将大力推行各条线管理流程标准化、服务标准化及基层营业机构标准化建设，建立并不断夯实基础管理平台，确保公司能够长期稳健经营并以较快的速度发展。

第五章　保险公司的管理规划

5.1　管理规划

企业在制订和启动战略规划之后，每个业务部门和职能部门的管理规划也相应要根据企业整体战略规划来制订和实施。做好每个部门的管理规划工作不仅可以使部门的工作有计划、有效率地进行，更主要的是做好每个部门的定位，使部门的工作与企业的战略紧密地联系在一起，使部门和每个人更容易得到成长和发展。其实，许多卓有成效的经理们都非常注意通过自己所负责部门的管理规划提升部门和个人的形象，使所领导的部门成为企业的关键部门，个人职业发展也一帆风顺。像企业整体战略规划一样，业务部门和职能部门以及每项重要工作的管理规划也有一些规范的流程、方法。

5.1.1　设立部门宗旨

部门宗旨就是明确部门为什么存在。试想一下，如果我们的部门对企业整体战略没有贡献，对企业其他的部门没有价值，也就是说企业或相关的部门不需要或不太需要我们，我们部门的存在就没有意义，就会被裁掉，至少在企业是一个不被重视的部门，那么，这个部门的经理以及员工在企业的前途可想而知。因此，出色的经理人都非常注重自己所管理部门的宗旨，希望将本部门的宗旨与企业的总体战略的关键职能相结合，使之成为企业举足轻重的部门。明确部门宗旨一般从以下方面考虑：

（1）阐述部门存在对于企业的核心价值；

（2）结合部门的核心能力；

（3）内容包括客户、产品和服务、地域范围。

部门宗旨的表述形式一般如下：

“在……的指导下/根据……定位/战略（指导根据），通过……（手段），实现/促进/保证……（存在价值）”

例如，这是一个质量部门的宗旨：

“在企业的发展战略和目标指导下，通过对影响产品质量的全过程的监控以及业务流程的不断优化，保证与质量有关的各环节有效运行，从而保证企业的产品质量的稳定和持续改善，满足不同客户的需要，提高客户满意度，在同行中保持高品质的水准，成为企业业务持续发展的有力保证。”

5.1.2 明确部门职责

部门职责就是部门通过哪些方面的活动实现自身存在的价值，可以从以下方面考虑：

（1）本部门的客户是谁？客户的需求是什么？这里所指的顾客既包括外部的客户，也包括内部的客户，即需要本部门配合的企业内部的相关部门。

（2）概括部门为实现价值所履行的主要活动，一般表述为“做什么”。

（3）应明确界定与密切相关部门（尤其是曾有职责冲突的部门）的职责界限。

在界定部门职责时，要注意：

①按职责的关键程度自上而下排序。

②不要把两条以上的职责放在一项描述内。

③建议职责不超过6条，关键职责不超过3条，太多了没有重点。

职责表述的形式一般如下：

“负责（主导）……”，或者“协同/配合（参与）……”等。

例如，质量部门的职责：

①ISO9000质量体系的持续改善。

②产品质量控制，注重于重大质量问题的处理和给予产品链各环节质控方面的指导和支持。

③客户质量反馈的协调处理，客户满意度的测定和改善。

④供应链质量控制，确保采购的材料和产品的质量。

⑤质量信息系统管理，通过统计分析推动各环节改善。

⑥文件控制，为各部门业务运作提供规范的文件支持。

5.1.3　设立部门目标

部门目标可以参考平衡记分卡的方法，从客户、财务、流程、学习与成长四个方面设立。例如研发部门的目标：

客户维度：

（1）外部客户：新产品客户评测一次通过率>95%。

（2）内部客户：营销立项产品项目完成率=100%；
技术服务部提交技术解决问题解决率>98%；
设计质量缺陷率<3%。

财务维度：

（1）每个研发项目实际费用<项目预算费用。

（2）部门每季度实际开支<预算费用。

流程维度：

（1）主板项目研发周期<60 天。

（2）每个项目修改版本次数<3 次。

（3）Pilot Run（试产）上线直通率>90%。

学习与成长：

（1）每年新设计平台产品数>6 个。

（2）新增技术专利数>15 个。

5.1.4　部门级的 SWOT 分析

部门级的 SWOT 分析就是帮助我们认清部门的能力优势（S）和不足（W），寻找部门发展的机会（O）和影响部门发展的问题（T）。我们可以用传统的 SWOT 图来描述（见图 5-1）。

优势（Strength）	不足（Wenkness）
机会（Opportunities）	威胁（Threats）

图 5-1

然后，我们对照图 5-1，列出组合策略：

SO：如何运用我们的能力优势和发展机会使我们的部门发展壮大？

ST：如何运用我们的能力优势消除对我们部门发展有影响的障碍？

WO：如何改善我们的不足，以使我们不错过这些发展机会？

OT：如何改善我们的不足，以使不利的影响降到最小？

在制订我们部门的策略时应该考虑到，我们必须具有哪些方面的能力和条件才能达成部门的规划目标，即关键成功要素有哪些，我们如何提升这些方面的能力。简而言之，关键成功要素就是我们达成目标的必要条件。

例如，项目管理必须具备的关键成功因素：

（1）具备项目计划的掌控的能力；

（2）建立项目风险的规避的机制；

（3）建立项目质量保障的体系；

（4）掌握项目成本的控制方法。

我们利用表 5-1 来定义和评测关键成功要素。

KPI 指标应该是明确的、可衡量的、可实现的、相关的、以时间为阶段的。

我们现在的关键成功要素处在什么水平？可以通过表 5-2 进行评估。

表 5-1

关键成功要素	定义	KPI 指标
项目成本的控制方法	保证项目在预定的成本之内完成	项目的费用执行率，即费用预算/实际费用的比率
……		

表 5-2

关键成功要素	现有水平描述	目标水平描述	差距

识别了在关键成功因素方面的差距后，着手进行关键成功因素的建设，如表 5-3 所示。

表 5-3

关键成功要素	目标	举措	资源保障
项目计划的掌控能力	财年所有项目加权延迟率不超过 10%	提高项目计划的可行性，提高项目协调技巧，及时准确通报项目进展，各阶段计划责任人落实到位，建立完善的项目管理信息平台，对进度计划的完成情况制订完善的绩效考核制度	1. 人力资源的保证； 2. 信息平台设备及软件； 3. 项目进度管理知识培训
……			

一般描述策略的格式：

（1）描述原因。

解释为什么要采取这一策略。

原因应在前面的 SWOT 分析中已经得到体现，将相关内容加以提炼和概括就可以了。

（2）举措（如何实现）。

解释通过什么样的措施、方式或手段来实现这一策略。

5.1.5 设计部门的组织构图以及明确每个岗位的职责

部门组织结构设计和岗位设计的目的在于落实部门的职责。要因“责”设岗，非因“人”设岗，岗位设置要保证部门所有职责都有岗位承接，并且保持合理有效的工作量，而且部门的各项职责全部都能在岗位职责中有体现。值得注意的是：岗位结构图不局限于现实到岗人员，也可以根据业务发展规划来设置。

部门的每一项工作都是通过流程完成的，有些工作由部门内部的流程完成，更多的工作是由跨部门流程完成的。要想让部门内外协调完成工作，流程的设计和管理就显得非常重要。

流程设计和管理的要点：

（1）对照部门职责，列出各项主要业务活动；

（2）明确每项业务接口关系和接口部门有哪些；

（3）确定每项业务和每个接口部门之间输入输出；

（4）审视各项业务的控制方式是否健全；

（5）建立必要流程、表单或机制对业务进行控制。

5.1.6 做好部门预算

财务控制严格的企业一般会要求各部门制订年度财务预算，有些企业会有一本详细的财务预算指导手册，在此不讨论。

5.1.7 编制一份进度计划表

前面我们制定了达成规划目标的策略和举措，具体实施这些策略时需要编制一份进度表，包括有哪些工作要做、具体内容是什么、谁负责、什么时候完成等，进度计划表一般采取甘特图来编制。

业务部门和职能部门以及每项重要工作都可以根据上述要点来

编制管理规划，并且管理规划没有定式，可以是以上要点的一点或几点，只要是围绕各自业务部门和职能部门以及该项重要工作的目标任务来开展，有计划、有效率、有考核地进行，就是行之有效的。上述常用的方法和流程只是提供一个编制管理规划的思路而已，需要根据实际情况进行取舍。

5.2　保险公司的运营管理规划

保险公司运营系统处理各个分支机构提交的保单，接受客户理赔服务要求，满足客户售前咨询以及售后服务。人寿保险公司的业务流程跨越时间长，主要涉及人员的生命和健康等切身利益，复杂性高，并且由于寿险是逐年缴纳保费的产品，需要保费续收的工作，为了使保单正确、有效，需要保全的工作，在此着重说明人寿保险公司的运营业务流程。一般来说，可以把寿险的运营工作分为四类：新契约承保业务、理赔业务、客户服务业务、续收保全业务。

5.2.1　寿险公司新契约业务的运营管理规划

人寿保险公司的运营管理规划，需要多方面的共同协作，处理好各方面之间的关系。各个业务流程的每一步骤由哪些部门完成，需要具体明确，建立寿险的运营管理规划。

新契约业务从业务员交单开始，到送单或拒保时结束。其过程包括：业务员交单、柜面受理、保单扫描、保单录入、核保、首期收费、保单打印，以及送单到客户的整个过程。整个过程的各个环节由不同的部门负责，严格地说是由不同的岗位负责，但这里只细化到部门这一级，虽然细化到岗位是最佳的级别。

从图 5-2 可以看出，新契约业务从柜面受理开始，柜面受理由机构的客户服务部负责，主要工作内容是接收业务员的保单，并进行初步审核，主要检查资料是否完整，即初审。初审完成后，将符合要求的保单交给运营支持管理部，运营支持管理部将保单扫描，将保单由纸质的状态变成电子影像的状态，方便后续的处理。保单扫描后将上传，交由中心的文档管理部处理。文档管理部将扫描的影像录入成文字。录入成文字之后的保单将交给中心的寿险核保作业部，由核保作业部完成保单核保工作，确定是否承保该保单，以什么条件承保等。当然在这过程中，可能需要更多的资料，需要做一些调查，此时中心核保作业部将与机构的两核管理部沟通，由机构的两核管理部完成调查、资料补充等工作。对于核保通过的保单，由寿险财务收取首期保费，并由机构的运营支持部完成保单打印，并将打印的保单交给各个机构，或直接由物流送到客户手中。客户收到承保的保单之后，就完成了一个新契约保单的承保工作。此时，该保单就变成了有效契约保单的一分子，由其他几项业务的人员进行保单维护、服务。

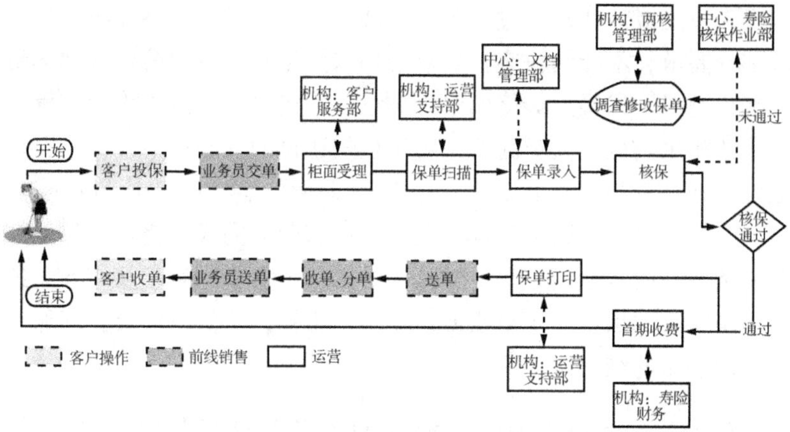

图 5-2　运营管理模型——寿险新契约承保业务

5.2.2　寿险公司理赔业务的运营管理规划

理赔业务从客户理赔报案开始，通知客户理赔完成，到给予客户理赔款项结束。其过程包括：理赔申请、扫描、录入、核赔、通知以及给付等操作。整个过程的各个环节由不同的部门负责，这里也只细化到部门这个级别。

从图 5-3 可以看出，理赔业务是从理赔报案，电话中心接到报案后，提出理赔申请开始的。当客户有事故时，给寿险的电话中心打电话，称作理赔报案。电话中心接到报案后，将提出理赔申请，并交由客户服务部。机构客户服务部决定是否受理该理赔业务，这就是理赔受理，对于受理的理赔要求，将扫描对应的资料。扫描过程将完成纸质资料向电子影像的过渡，以方便后续处理。扫描之后，上传电子影像，由中心的文档管理部完成资料录入，将电子影像录入成文字，并将录入的文字交给中心的理赔作业部，以完成核赔。理赔作业部根据录入的以及上传的资料，确定是否给付、给付条件以及给付多少。当然，在理赔的过程中，可能需要补充一些资料，或确认一些资料，称作调查，即由相关的调查人员确认资料的真假，并补充相关的资料，该调查过程由机构的两核管理部相关的调查人员完成。在理赔过程中，出现一些冲突时，如不能满足客户的部分要求，不能给付客户要求的理赔数量时，机构两核管理部将与客户商谈，以确定最终的给付数量，称作协谈，由机构两核管理部协谈相关岗位的人员完成。对于核赔通过的理赔报案，将给客户通知，并将理赔的款项给付给客户，即通知客户，并给付理赔款项，给付由机构的财务完成。至此，理赔业务完成，将根据保险产品的类型，决定是否将该保单从有效保单中除去。对于从有效契约保单中除去的保单，不再需要进一步的维护，该保单完成，即保单生命周期至此结束。

5.2.3　寿险公司保全业务的运营管理规划

保全业务从客户保全申请开始，完成收款，打印保全批单并寄送客户时结束。其过程包括：保全受理、保全信息录入、保全审核、保全确认、收款、投联交易，以及打印批单寄送客户。整个过程的各个环节由不同的部门负责，只细化到部门这个级别。

从图 5-4 可以看出，保全业务是从保全申请开始，机构客户服务部接到保全申请之后，受理保全业务。此时，一些简单的保全业务直接由客户服务部的保全岗位处理，称作保全立等可取件。其他比较复杂的保全业务，需要录入相应的保全信息，这由中心的保全

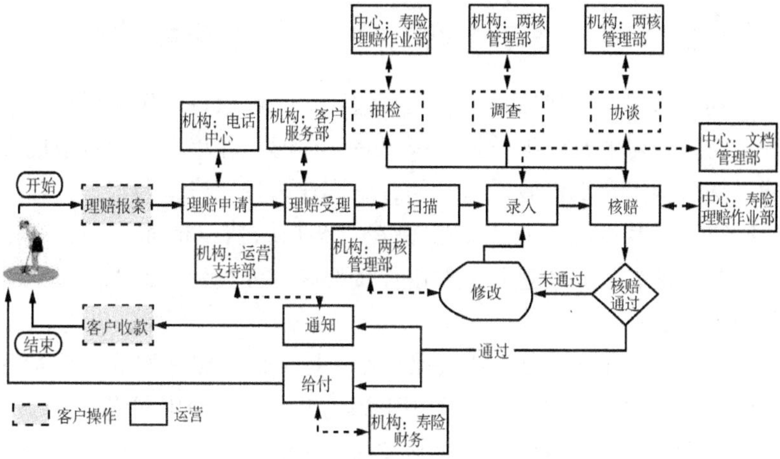

图 5-3　运营管理模型——寿险理赔业务

业务部的作业人员完成。需要审核的保全申请，将由保全作业部对应岗位的人员完成审核。不需要审核的业务，直接确认。涉及费用的保全业务，将由寿险财务收取相应的款项。涉及投连交易的保全业务，将完成关联交易信息的更新。最终将批单打印，并寄送给客户，这由机构的运营支持部完成。至此，完成整个保全业务申请，由对应部门完成余下的保单维护、服务。

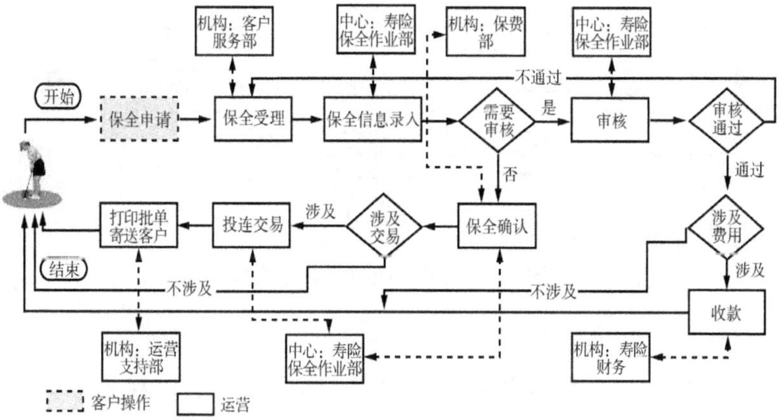

图 5-4　运营管理模型——保全业务

5.2.4　寿险公司续收保费业务的运营管理规划

续收保费业务比较特殊，是寿险向客户收取各个年份保费的过程，与之相对的是收取首期规模保费，即卖出保单第一年收取的保费。从机构保费部催收保费开始，到客户缴费完毕，向客户开具发票时结束。其过程包括：催收保费、客户缴费、柜面受理、开发票、更新信息。整个过程主要由保费部和财务负责，这里只细化到部门级别。

从图 5-5 可以看出，续收保费业务是从机构保费部催收保费开始的，催收的过程中，可能会用不同的渠道，比如用网络、电子邮件、电话等。成功催收，则更新催收相关的信息，客户交纳对应的费用。机构客户服务部将收取对应的费用，由寿险财务开具发票，此时保费收取完成，等下一年再重复这个过程。对于不能催收成功的保费，则直接更新信息，进入其他流程，完成余下的善后工作。

由于寿险产品常常是多年收取保费，第一年收取的保费常常不能弥补营销的花费，后续多年的保费收取工作非常重要，甚至成为寿险的生命线，因为寿险的利润绝大部分来自于续收保费的部分。

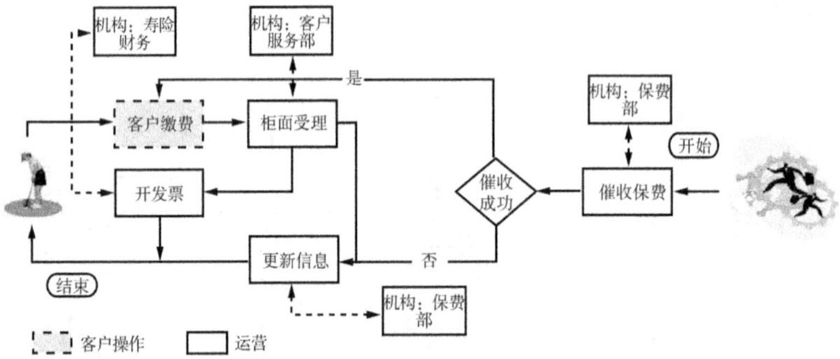

图 5-5　寿险续收保费业务流程

5.2.5　寿险公司客户服务业务的运营管理规划

客户服务是接受客户的要求，并处理好该要求的过程。下面以客户投诉业务为例，其他类型的业务跟该业务过程类似。客户服务类业务均从客户要求开始，到解决客户的问题结束。客户投诉过程包括：受理、调查、协商处理、通知转办、审核、结案。整个过程主要由中心的电话中心和机构的客户服务部负责，这里只细化到部门级别。

从图 5-6 可以看出，从客户投诉开始，接受投诉的地方可能是机构的客户服务部，也可能是电话中心。此时客户服务部将根据客户投诉的内容进行调查，得到详细信息。然后与客户协商解决方案，与客户达成一致后，将通知对应的部门按照该解决方案办理。办理完成后还要进行审核，以确保处理恰当。当客户对处理结果满意时就结案，至此，完成一条客户投诉业务。

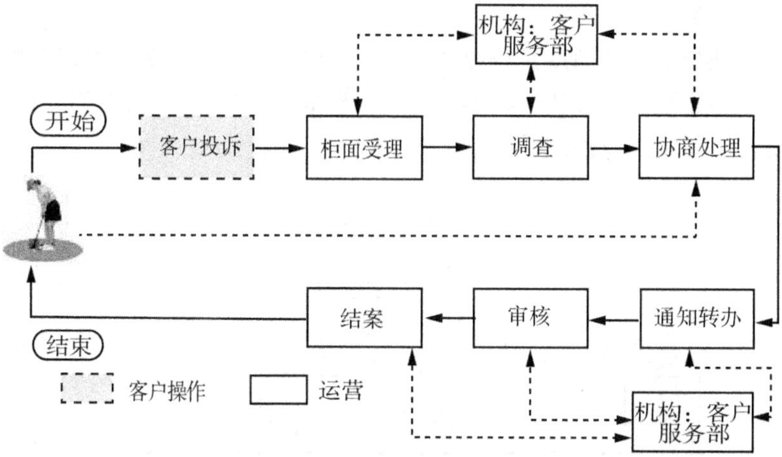

图 5-6 寿险客户投诉业务流程

其他的客户服务业务的流程与这里类似，都是由客户提出要求，客户服务部进行相应的处理。但是，也有一类是由客户服务部发起的，如 VIP 客户回访，直接由客户服务部发起，回访结束则完成一个客户服务业务。

5.2.6　寿险公司运营工作量规划

保险公司运营系统完成产品/服务的设计、生产，当前买方市场的情况下，各个公司为了节约成本，或多或少地按照客户的需要安排生产。如何投入运营资源、各种运营资源投入多少都是根据客户的要求制订的，毕竟企业存在的目的就是完成客户的要求并赚取利润。

一个人寿保险公司的运营系统必须准备足够的人力资源、设备资源等以应付客户需求的波峰、波谷。最理想的情况是准备的这些资源刚刚能够应付客户的要求，不多也不少：太多了，浪费资源，最终会导致浪费成本；太少了，不能满足客户的需求，会失去客户，当然，怎么样才能做到资源准备不多不少呢？首先就要做好工作量预测。

从价值链的角度，企业各个部门是满足客户需要的不断增值的链。为了形成专业化，将类似的工作形成作业中心、部门等，人寿保险公司的运营组织结构如图 5-7 所示。

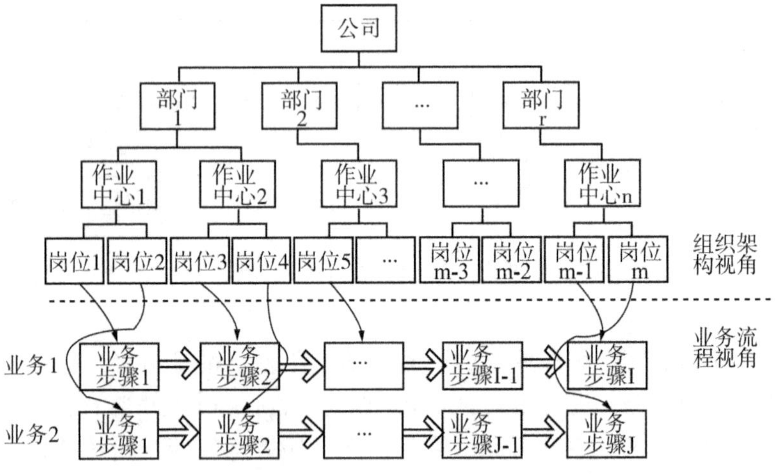

图 5-7　企业的逻辑结构

首先需要确定各业务的业务量，在此基础上，确定各业务步骤的作业量，根据岗位与作业步骤的关系，就可以得到各岗位的作业量，从而完成运营作业量的预测。业务量、各业务步骤的作业量以及岗位的作业量关系如图 5-8 所示。

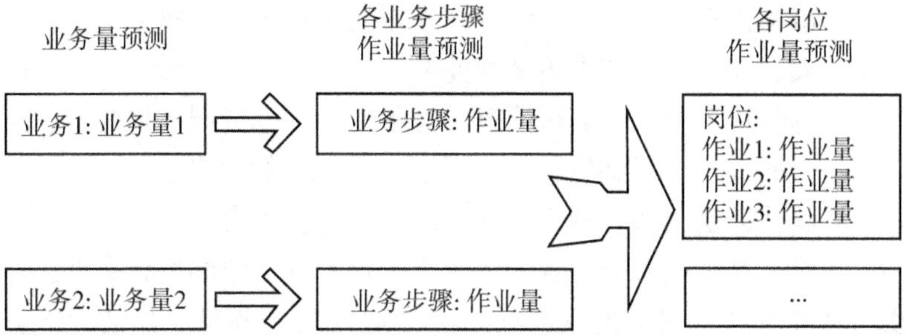

图 5-8　作业量预测的逻辑结构

（1）各业务的业务量规划。

这是难度比较大的部分，很难预测准确，也没有统一的方法。但是，在实际操作时，可以考虑以下几个方面的信息：

①公司对前线销售部门的管理要求。公司常常有专门的部门，预测明年可能的销售情况，明年销售情况的数据常常可以直接作为该业务的业务量预测数量。主要原因如下：

a. 是公司专门的预测部门预测得到的，故有一定的专业性。

b. 是公司下达给销售部门的任务，这些部门的员工会尽力达到该要求，所以业务量数据至少是可以保证的。而销售部门常常会超目标达成，就是说实际的业务量会高于该预测的数量，这对运营成本的控制是有利的，因为根据预测给出的资源配置是偏小的，也就是配置了较少的资源。

②预测时需要考虑历史数据。历史数据代表过去的销售能力，也就是带来运营业务量的能力。在稳定的情况下，新一年的销售数据是在往年的销售数量的基础上，加上一定的比例得到的。

③潜在客户数量。潜在客户是带来业务量的基础，没有客户，或者市场已经饱和的情况下，是很难有突破的。但是，市场容量很

大时，可能会带来意想不到的业务量。

④市场成熟度。虽然潜在客户数量很大，但是市场还不成熟，这些潜在的客户很难转化成企业真正的客户。例如，中国的保险行业，潜在客户量巨大，市场空间很大，但是保险的观念还没有得到大家的认可，所以业务量会大打折扣。

⑤市场份额。市场份额大，则在市场蛋糕中，能够分得的业务量就很大，就越容易带来更多的业务。

⑥竞争对手的战略。很明显，竞争对手跟你分同一块蛋糕，竞争对手分的多，你得到的就少，反之，你得到的就多。

⑦其他因素，如宏观经济环境、潜在的进入者等。

当然，在某些时候，各业务线之间也存在一定的逻辑关系，在预测时考虑这些逻辑关系有利于准确地预测业务量。如某保险公司，存在保险承保、客户服务、保险理赔三条主要的业务线，这三条业务线的业务量之间是存在一定关联的。企划部门对前线的销售部门下达保费收入的要求，可以根据这个销售收入的要求预测需要销售的保单数量，即签单件数（签单件数=保费收入/单均保费，其中单均保费可根据历史资料推测）。新的签单件数，加上累计有效的保单数量，就可以计算得出有效保单件数，这也是客户服务的对象，即客户服务部门将为这么多保单提供服务，故有效保单件数就是客户服务业务线的业务量。在这些有效保单中，有一定比例的保单会接到理赔的要求，故可以根据有效保单件数预测理赔的报案量（即报案量=有效保单件数×报案比例）。在这些案件中，只有一部分会立案，进行理赔审核操作，就是立案量（立案量=报案量×立案比例）。在这些立案量中，只会全部完成部分案件，就得到已经理赔完成的案件，就是已决案件量（已决案件量=立案量×决案比例），即理赔业务的业务量。从而可以得到承保业务、客户服务业务、理赔业务的业务量关系，如图 5-9 所示。

在预测各业务线的业务量时，考虑这个逻辑结构有助于准确预测各业务线的业务量。当然，在实际操作时，考虑上面列出的 7 个方面的因素，以调整中间的比例系数，可以使业务量的预测更准确。在实际预测时，常常充分考虑这两个方面的要求。

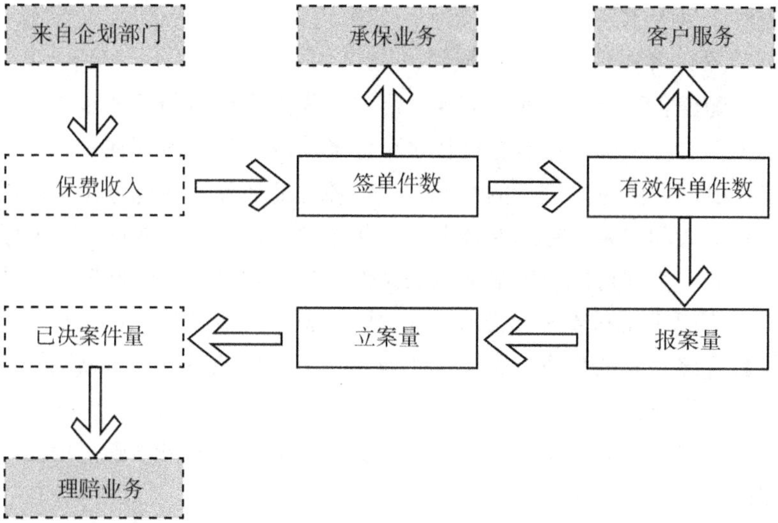

图 5-9 各业务量的逻辑结构

（2）各业务步骤的作业量规划。

要想得到业务线的业务量，预测各个步骤的作业量，需要理清楚该业务线的业务逻辑，以建立各业务步骤的作业量与该业务线业务量之间的关系，从而根据该业务线业务量预测各业务步骤的作业量。可按照以下步骤建立该业务线的业务逻辑：

①梳理业务流程，建立各业务步骤的先后顺序以及流转逻辑。

②确定各业务步骤的作业量计量单位。不同的业务步骤常常采用不同的作业量计量单位，当然也可以全部用业务量计量。如电话中心用“电话通数”计量可能会比较好，当然也可以直接用产品件数计量。

③确定各业务步骤作业量与前面业务步骤的关系，以及与总业务量的关系，这个关系常常用一个比例系数确定。

④考虑影响这个比例系数的因素。

⑤综合考虑比例系数的影响因素、比例系数的历史情况，确定这个比例系数的大小。

⑥根据业务量、逻辑关系及比例系数的大小，确定各业务步骤的作业量大小。

(3) 各岗位的作业量规划。

确定各岗位的作业量需要，需要首先建立岗位与业务步骤之间的关系。一个岗位可能会操作多个业务步骤，当然也存在一个作业步骤由多个岗位来进行的情况，这与梳理业务流程时业务步骤的确定有很大的关系。在理想情况下，每个业务步骤对应的岗位是非常清晰的，否则可能会影响岗位的预测，也会带来管理的问题，即业务步骤责任人不清晰，会出现扯皮的现象。与业务量或业务步骤作业量直接关联的是作业岗位的作业量，可以按照以下步骤预测作业岗位的作业量：

①确定作业岗位与业务步骤的关联，即确定业务步骤是由哪些岗位的员工负责完成。

②确定作业岗位完成业务步骤的比例，确定作业量占比。当然，在比较规范的情况下，每个业务步骤都是由单独的岗位完成的，如果不是，则可以将该业务步骤进一步细分。

③根据比例及业务步骤的作业量，确定各作业岗位的各类作业量。

5.2.7 寿险公司运营人力资源管理规划

人力资源是公司的重要资源，运营人力资源成本也是运营费用中占比最大的部分，常常占到总运营费用的 70% 至 80%。故准确预测人力资源需求，是控制运营成本的很关键的手段。

纵观运营的人力资源，可以分为四类：(1) 作业人力资源，这类员工直接完成产品/服务的生产，如电话中心的呼入呼出坐席，保险企业的核保、理赔作业人员，车险等保险险种的查勘作业人员。(2) 支持人力资源，这类员工主要指分析人员，主要作用是分析作业状况数据，监测作业的风险。当然，有些审计、稽查人员也属于这类人员。(3) 管理人力资源，为更好地分配资源，实现资源的优化配置，需要各种管理人员。(4) 运营能力建设人力资源，为建立运营核心能力，需要这类人员。这类员工一般学历比较高，分析能力强，是某方面的专业人员，如流程优化人员，规划研究人员等。不同种类的员工存在的原因不同，从而影响各类员工的需求，下面分别挖掘各类员工存在的价值，建立人力资源预测方法。

（1）作业人力资源规划。

顾名思义，作业人力资源是完成各项作业的，其驱动因子是作业量，即作业人力资源是按照作业量推算得到的。即：

作业人力资源=作业量/产能

作业量的测算方面前面已经叙述，那么产能如何确定呢？将产能定义为一个作业人员一年能够生产的产品/服务的件数，即：

产能=单位时间的生产件数（件/人·小时）×有效作业时间

单位时间的生产件数可以根据历史数据得到，也可以做实验，很容易就可以得到。在管理控制时，对产能提要求时，可以要求这个指标有比例地提高。有效作业时间可以考虑工作时间、节假日时间，以及培训时间等。可以结合工作日历，得到每个月的有效作业时间，进一步得到全年的作业时间。例如，某银行的某个信贷作业部门，在进行运营资源年度规划时，可以预测，明年共需要完成100万件信贷处理，也就是工作量是100万件。那么，该如何确定这个作业中心的作业人员的数量呢？

①根据经验，每个作业人员每小时可以处理5件；

②这个员工每天工作时间是8个小时；

③这个员工需要参加培训、学习，平均下来，每天将培训半个小时，即0.5小时；

④这个员工可能还有一些假期，还有状态不稳定等多种因素，平均下来每天可以再减去1小时；

⑤那么，这个员工的每天有效工作时间是8-0.5-1=6.5小时；

⑥这个员工在明年，每个月份的工作日为：1月份有23个工作日，2月份有20个工作日，3月份有22个工作日，四月份有21个工作日，依此类推，5月至12月的工作日数量分别为：23个、22个、23个、21个、22个、23个、21个、20个。

⑦那么这个员工一年的有效工作时间是：各月的工作日数量之

和：（23+20+22+21+23+22+23+21+22+23+21+20）＝261 个工作日，乘以每个工作日的有效工作时间 6.5 小时，则一年的有效工作时间是：261×6.5＝1696.5 小时；

⑧那么，这个员工一年可以处理的信贷件数为：1696.5 小时×5 件/小时＝8482.5 件，取整数为：8483 件，即一个员工一年可以处理的信贷件数为 8483 件。

⑨则需要的员工数量为：一年的工作量/每个员工一年处理的件数，即 100 万/8483 件/人·年＝118 人。

这里就很科学地得到了这个作业中心需要的作业人员数量。

（2）支持人力资源规划。

支持人力资源的预测比较复杂，考虑因素会比较多。最重要的指标就是作业人力资源的数量，还要考虑组织数量、工作类型等。当然最简单、最直接的方法就是直接按照作业人力资源配置，即：

支持人力资源数量＝作业人力资源数量 / 配置标准

这里的作业人力资源数量指的是这些支持人力资源支持范围内的作业人力资源，配置标准指多少个作业人力资源配一个支持人力资源。配置标准常常有规模效应，即相同的岗位，作业人力资源越多，配置标准可以越高。但是形成规模之后，并一定能够带来全部支持人力资源的减少，因为更大规模常常需要增加新的支持岗位，从而带来总支持人力资源的增加。

当然，更精确地配置时，可以选择其他的驱动因素，而不仅仅是作业人力资源的数量，如数据收集人员可以考虑用数据量的大小作为收集人员的驱动因素。

（3）管理人力资源规划。

管理人力资源常常直接根据组织部门的数量配置，需要考虑管理幅度的大小。当然，直接的作业管理人员，即基础管理人员，用作业人力资源配置会更准确些。因为一个基层管理人员常常只能管理某个范围内的作业人数。即：

基层管理人力资源数量＝作业人力资源数量/配置标准

中高层管理人员数量＝组织机构的数量×比例系数

（4）运营能力建设的人力资源规划。

为了打造卓越的运营平台，常常需要成立专门的部门进行运营能力建设，如流程管理部门、项目管理部门。这类部门的人员常常是以项目的形式进行工作，对他们的要求是用高价格、高福利、高待遇招聘高能力、高素质的人才。这些部门的人在于精而不在于多，在确定他们的人数时，常常用投入产出比，即他们做项目、建政策、建制度的收益，大于他们带来的成本即可，可以采用“以支定收”的方法确定他们的福利待遇，而不是采用数量来限制他们的规模，即他们花费多大成本，至少要带来多少倍的收益。如果他们能带来1000万元的收益，他们花费300万元即可，随便他们多少人，1个人也可以，100人也可以。但是1个人可以收获这个成果，同时100个人也可以收获这么多成果时，更倾向于选择1个人，即原则是“精”。

5.3 保险公司的偿付能力管理规划

我们以某某保险公司为例来说明偿付能力管理规划的要点。

5.3.1 保险公司成立后的收入预测

某某保险公司成立初期，将着力发展重点区域市场，依托股东优质客户资源，充分发挥优势。预期收入如表5-4所示。

表5-4　　单位：万元

年度	第一年	第二年	第三年	第四年	第五年
总保费收入	80000	180000	300000	450000	600000
总保费收入增速	—	125%	67%	50%	33%

5.3.2 保险公司成立后的资金运用

保险资金的运用是保险业的重要组成部分，拓宽保险资金运用渠道，提高保险公司的盈利能力和抗风险能力，对公司的快速、健康发展尤为重要。

（1）资金运用原则。

在错综复杂的国内外经济形势下，国内经济及金融转型给保险机构带来严峻挑战。国内外宏观经济波动较大，国内金融体制、金融市场、金融创新快速变革，保险资金运用的风险特征更加复杂，挑战更加严峻。战略风险、市场风险、信用风险、流动性风险、操作风险和道德风险是目前险资面临的主要风险。

公司成立后，将以保持偿付能力为前提原则，任何资金运用都以确保客户利益为前提；以资金安全性为基础原则，资金运用要以确保整体安全为基础；以提高投资收益为最终原则，资金运用以提高投资收益为最终目标。

（2）资金运用战略和方向。

依据“集中管理、统一配置、专业运作”的模式，公司将侧重于促进保险市场与货币市场、资本市场协调发展；发挥保险资金长期投资的独特优势，在保证安全性、收益性的前提下，利用债权投资计划、股权投资计划等方式，支持重大基础设施、棚户区改造、城镇化建设等民生工程和国家重大工程；通过投资企业股权、债权、基金，发起资产证券化产品等方式，在合理管控风险前提下，支持科技型企业、小微企业、战略新兴企业；发挥机构投资者作用，支持股票市场和债券市场长期稳定发展；创新资金的运用方式，提高资金配置效率，支持实体经济的发展；加快资产管理机制和业务创新，设立不动产、基础设施、养老等专业资产管理机构，设立基金公司的试点并设立夹层基金、并购基金、不动产基金等。

（3）投资收益预测。

以中国平安在精算中的投资收益率假设水平作为代表，其长期和当期投资收益率假定分别为5.5%和4.75%。如图5-10所示，保险行业综合收益率基本上围绕假定利率上下波动，2006年至2015年平均综合收益率为5.7%，略高于长期收益率5.5%的精算假定。

我们在某某保险公司的投资收益预测中，以中国平安在精算中的长期投资收益率假定5.5%作为依据（见表5-5），略低于2006

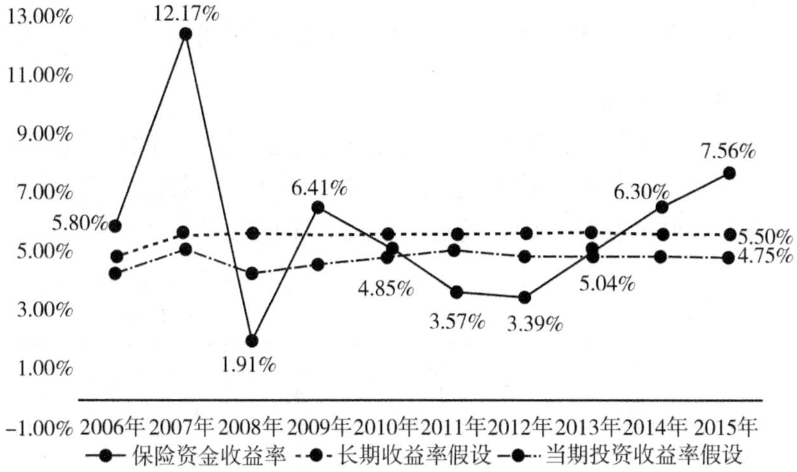

注：图中保险行业投资收益率假设采用中国平安精算假设中对长期收益率以及当期投资收益率的设定值。

图 5-10

资料来源：2015 年中国保险市场年报，国信证券经济研究所整理。

年至 2015 年中国保险行业的平均综合收益率 5.7%，是一种审慎的预测。

表 5-5　　单位：万元

项目	第一年	第二年	第三年	第四年	第五年
资本金	290000	290000	290000	290000	290000
未到期责任准备金	40800	35700	51000	63750	63750
未决赔款准备金	1536	9288	14760	21060	28080
可运用资金余额	271936	287138	300260	322935	349955
投资收益率	5. 50%	5. 50%	5. 50%	5. 50%	5. 50%
投资收益	14956	15793	16514	17761	19248
保证金收益	1450	1450	1450	1450	1450
合计	16406	17243	17964	19211	20698

5.3.3　保险公司成立五年后的模拟利润表

（1）模拟利润表。

根据整个保险行业近几年发展的态势，同时借鉴全国一些新成立的保险公司发展的规模与速度，结合公司各股东的行业资源优势以及未来保险市场规模做出预测（见表 5-6）。

表 5-6　　　　单位：万元

项目	第一年	第二年	第三年	第四年	第五年
一、营业收入	43606	134543	221964	337961	466948
已赚保费	27200	117300	204000	318750	446250
保险业务收入	80000	180000	300000	450000	600000
其中：保费收入	80000	180000	300000	450000	600000
分保费收入					
减：分出保费	12000	27000	45000	67500	90000
未到期责任准备金转差	40800	35700	51000	63750	63750
投资净收益	16406	17243	17964	19211	20698
二、营业支出	45176	153078	232410	322785	425880
赔付支出	14720	89010	141450	185625	247500
减：摊回赔付支出	1920	11610	18450	10125	13500
未决赔款准备金提转差	1536	9288	14760	21060	28080
手续费支出	12000	27000	36000	45000	60000
营业税金及附加	4440	9990	16650	24975	33300
业务及管理费	18000	37500	55500	76500	102000
减：摊回分保费用	3600	8100	13500	20250	31500

续表

项目	第一年	第二年	第三年	第四年	第五年
三、营业利润	-1570	-18535	-10446	15176	41068
减：所得税费用					
五、净利润	-1570	-18535	-10446	15176	41068

注：主要假设比例为：

分保比例为15%；假设会计年度满期赔付率各年分别为60%、84%、76%、65%、62%；综合费用包括手续费及佣金支出和业务及管理费，其与保费收入的比率分别为45%、43%和37%、33%、32%；分保手续费率分别为30%、30%、30%、30%、35%；各年投资收益率根据平安精算值和参考中国保险行业长期投资收益率均预测为5.50%/年。

（2）五年模拟主要比率指标表（见表5-7）。

表5-7

指标	第一年	第二年	第三年	第四年	第五年
综合赔付率	59.76%	83.80%	76.57%	64.84%	61.75%
综合费用率	45.35%	43.39%	37.12%	33.00%	32.12%
综合成本率	105.12%	127.19%	113.69%	97.84%	93.87%
已赚保费费用率	113.38%	56.60%	46.40%	39.60%	36.71%
已赚保费综合成本率	173.15%	140.40%	122.97%	104.44%	98.46%

5.3.4 保险公司主要偿付能力指标预测

（1）实际资本预测。

根据公司的保费收入及营业利润预测状况，预计成立五年内公司的实际资本情况为：第一年年末约为28.84亿元，第二年年末约为26.99亿元，第三年年末约为25.94亿元，第四年年末约为27.46亿元，第五年年末约为31.57亿元（见表5-8）。

表 5-8

指标	第一年末	第二年末	第三年末	第四年末	第五年末
投入资本	290000	290000	290000	290000	290000
其中：所有者投入资本	290000	290000	290000	290000	290000
剩余综合收益	-1570	-20105	-30551	-15375	25693
计入实际资本的资本性负债	0	0		0	0
实际资本合计	288430	269895	259449	274625	315693

（2）最低资本预测。

按照保监发〔2008〕89 号文《关于实施〈保险公司偿付能力管理规定〉有关事项的通知》有关文件，非寿险公司保障型业务最低资本为以下两种计算方法中的较大者：一是最近会计年度公司自留保费减营业税金及附加后 1 亿元以下部分的 18%和 1 亿元以上部分的 16%；二是公司最近三年平均综合赔款 7000 万元以下部分的 26%和 7000 万元以上部分的 23%。

公司采用第一种方法预测：第一年约为 1.04 亿元，第二年约为 2.31 亿元，第三年约为 3.83 亿元，第四年约为 5.74 亿元，第五年约为 7.65 亿元（见表 5-9）。

表 5-9　　　　单位：万元

指标	第一年	第二年	第三年	第四年	第五年
保费收入	80000	180000	300000	450000	600000
分保比例	15%	15%	15%	15%	15%
自留保费	68000	153000	255000	382500	510000
营业税金及附加	4440	9990	16650	24975	33300
净值：1 亿元以下	10000	10000	10000	10000	10000
净值：1 亿元以上	53560	133010	228350	347525	466700
最低资本	10370	23082	38336	57404	76472

（3）偿付能力充足率预测。

根据上述实际资本和最低资本的预测，公司偿付能力溢额及偿付能力充足率预测值见表5-10。

表5-10　　　　单位：万元

指标名称	第一年	第二年	第三年	第四年	第五年
实际资本	288430	269895	259449	274625	315693
最低资本	10370	23082	38336	57404	76472
偿付能力溢额	278060	246813	221113	217221	239221
偿付能力充足率	2781.39%	1169.29%	676.78%	478.41%	412.82%

根据中国保监会《保险公司偿付能力管理规定》（保监会令〔2008〕1号）的规定，公司五年偿付能力充足率预测值均远高于150%，为充足II类公司，偿付能力充足。

5.4 保险公司的资本管理规划

我们以某某保险公司为例来说明资本管理规划要点。

（1）保险公司未来五年的资本需求预测。

未来五年内，保险公司在注册资本金为29亿元的情况下，偿付能力十分充足。但为了增强公司的承保能力与盈利能力，优化业务险种结构，保持充足的偿付能力溢额，公司将根据业务发展状况通过原有股东增资或引进战略投资者等方式启动增资扩股工作，进而提升公司的核心竞争能力。

预计保险公司未来五年的资本需求为1亿到10亿元人民币。公司各投资人均表示将积极配合公司未来的增资扩股计划。

（2）保险公司未来的增资扩股规划。

公司未来的增资扩股计划为：

第一阶段（5年左右）是内部增资阶段，计划增加注册资本至

30 亿~40 亿元，并积极为实现公开发行股票并上市做准备.

第二阶段（5~8 年）是公开发行股票并上市阶段，使公司注册资本达到 60 亿~70 亿元。

5.5　保险公司的人才战略规划

5.5.1　用人理念

企业竞争制胜的关键在于拥有高素质的专业人才。当前在新的保险公司数量迅速增加而专业人员相对稀缺的情况下，保险业人才总体上处于供不应求的状况，因此公司把人才战略作为公司之本。公司将树立“员工服务意识第一”的科学人才观，建立一套行之有效的“聚才、育才、惜才、爱才”的人才管理机制，设立多元化的激励方式和培训方式，吸引和培养高素质的人才，通过西方先进心理学测试，量体裁衣分配岗位，充分发挥公司内部各类人才的专业能力、潜力、积极性和创造性，摒弃论资排辈、业绩决定一切的观念，使员工能够在公司发挥自己的潜力，实现自身价值，根据公司发展战略，合理配置员工结构，同时也提高公司的运营效率。

5.5.2　经营团队建设

以“能者上、平者让，庸者下”为原则，以团队年轻化建设为导向，公司将优先聘请了解市场，尤其是了解财产险市场的德才兼备高级人才，为公司迅速打开市场打下基础。同时聘请学者型管理人员，从理论高度指导公司发展。另外，坚持市场化招聘，重视猎头公司的作用和资源，建立一支政治过硬、作风优良、管控有方、专业务实、经验丰富、激情进取的中高级管理人员队伍；建立一支以德为先、专业为本、追求卓越的中高级专业人员队伍；建立一支服务至上，城市专业，简单务实，团结协作，认同企业文化、热爱保险事业、综合素质高、社会资源广泛的中高级营销队伍，为公司的发展储备优秀人才梯队，保证公司可持续发展。

5.5.3 员工考核

公司不提倡业绩决定一切的方式，将遵循“公开、公平、公正”的原则，通过网络、APP、社交平台、电话回访等多种形式调查客户满意度，并结合目标考评法，职工评议法、比较分析法、心理评估法、场景考核法等方法，对员工职业道德、专业知识、销售技能、服务水平、销售业绩、客户退保率、投诉率等多方面数据综合考核，努力追求科学规范的考核体系，帮助员工发现不足，有效地帮助其进步。

5.5.4 员工培训

公司将结合科学的综合考核结果，针对员工不同短板建立有效的员工培训机制，科学合理设置分级、分专业、分领域的个性化培训课程，采取场景式、比较式、激励式培训，加强同行业单位间交流学习，全面提高员工素质。加强员工职业道德教育，培养员工热忱、负责、高尚的修养，以及诚实守信、服务至上的职业道德；训练员工拥有广泛精湛的专业知识、娴熟高超的服务技能；培养员工积极乐观的心理素质及诚实、守诺的工作品质；要求员工养成良好的工作习惯。

5.5.5 员工激励

公司将采取工资激励、奖金激励、福利激励、股权激励、期权激励、培训激励、职位晋升激励、创新考核激励、末位淘汰反向激励、职业规划及自由组合等方式，促进各级员工加强学习、勤奋工作，全面提升员工个人素质和公司整体能力。

5.5.6 企业年金计划

企业年金作为一种新型的福利模式，不但对于吸引、留住人才，而且对于人才激励机制建设等人力资源管理及企业的运营战略，都有十分突出的积极作用。公司将择机制订与推行企业年金计划，同时对作出特殊贡献的员工、优秀人才，以及核心岗位、关键岗位的人员等，给予超额年金交费。

5.5.7　案例：某某人寿保险股份有限公司专业人员方案

（1）专业人员发展规划。

保险企业为了在激烈的竞争中抢占市场制高点，谋求快速、持续发展，专业人才已成为关键因素。某某人寿从筹备初期便致力于培养打造最优秀的专业人员团队。某某人寿拟在开业后三年招募内外勤人员 1300 人，其中销售队伍 1135 人，内勤队伍 165 人，为后期发展奠定良好的基础。

力争发展到第 5 年，系统人力资源达 2000 人，其中主管队伍 300 人（业务部经理 210 人，主任 90 人），正式业务员 1200 人，司龄在 3 年以上业务员 500 人。各职级业务人员占比情况应达到如图 5-11 所示。

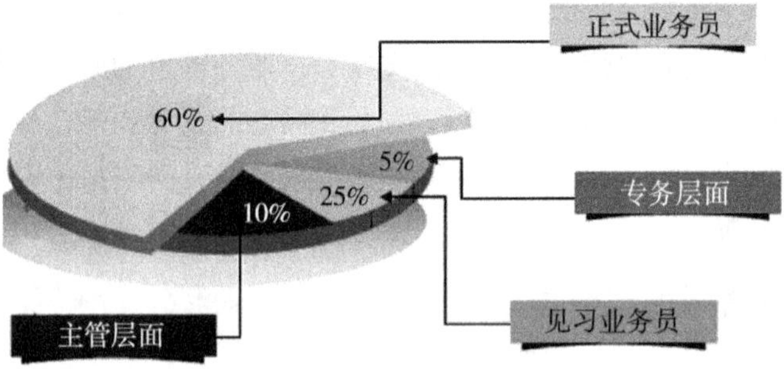

图 5-11

（2）专业人员岗位设定。

某某人寿将设立管理岗、专业岗、事务岗、销售岗等岗位，具体岗位职责如下：

①管理岗位职责。

该类岗位是负有属员管理性质的职种，承担一定的经营管理职责，需要具备较强的管理能力和专业技能。

②专业岗位职责。

该类岗位从事较复杂的脑力劳动，需要运用专业知识、专业技能和专业经验来综合分析、判断、解决某类专业问题。

③事务岗位职责。

该类岗位承担流程化的常规事务工作或替代性、临时性工作，需要具备适当的教育程度和相应的技能专长，强调工作的熟练程度、服务态度和服务意识。

④销售岗位职责。

该类岗位承担公司各类保险产品的销售工作，要求具备基本的寿险知识、较强的市场意识、一定的展业技巧和顽强的拼搏精神。销售岗位人员管理依照各业务渠道销售人员管理办法执行。

(3) 高级管理层。

高级管理层级及条件：

①总公司、分公司、中心支公司总经理、副总经理、总经理助理。

②总公司董事会秘书、合规负责人、总精算师、财务负责人。

③支公司、营业部经理。

④与上述高级管理人员具有相同职权的负责人。

⑤董事、高级管理人员任职资格条件。

⑥董事、高级管理人员应当遵守法律法规和保险监管制度，遵守保险公司章程。

⑦董事、高级管理人员应当具备诚实信用的良好品行和履行职务必需的专业知识、从业经历和管理能力。

⑧担任公司董事长、总经理、副总经理、总经理助理应当具备下列条件：

第一，大学本科以上学历。

第二，从事金融工作5年以上，或者从事经济工作8年以上。

⑨担任保险公司独立董事应当具有独立性，能够对保险公司经营活动进行独立、客观的判断。

⑩担任保险公司其他董事应当具有5年以上金融、法律、财会等与其履行职责相适应的工作经历。

⑪担任保险公司董事会秘书应当具备下列条件：

第一，大学本科以上学历。

第二，5 年以上与其履行职责相适应的工作经历。

⑫担任保险公司分公司、中心支公司总经理、副总经理、总经理助理应当具备下列条件：

第一，大学本科以上学历。

第二，从事金融工作 3 年以上或者从事经济工作 5 年以上。

⑬担任保险公司支公司或者营业部经理，应当从事经济工作 3 年以上。

⑭拟任董事、高级管理人员具有保险、金融、经济管理、投资、法律、财会类专业硕士以上学位的，从事经济工作的年限可以适当放宽。

⑮拟任董事长、高级管理人员从事保险工作 8 年以上或者在保险行业内有突出贡献的，学历可以由大学本科放宽至大学专科。

（4）专业人员团队建设。

加强人才培养和队伍建设的系统性和规范性。按照市场化、专业化、系统化的原则，完善系统化、持续和高效运作的人才培养体系，营造良好员工发展环境，实现人才队伍和储备充足、人才培养和管理机制有效完善、员工敬业乐业的目标。

①做好人才发展规划，促进员工和企业共同成长。根据公司发展战略，开展制式化的人才需求分析，前瞻性地做好人才发展规划；有效整合现有人才发展资源，明晰员工职业发展路径，针对不同层级、岗位制订有针对性、有特色和具有可操作性的发展规划，鼓励员工达成岗位业绩，实现职业发展目标，并使广大员工在公司经营目标达成的前提下，其收入要有相应幅度的增长；在规划的制订中加强职能部门参与程度，提高人才培养效率；以专业化序列为重点，完善员工职业发展体系，促进员工队伍专业化，拓宽员工职业发展通道。

②坚持培养与使用结合，健全人才选拔和培养机制。科学确定人才选拔标准，合理设计选择流程和选拔渠道，选择符合公司制度和岗位需求，具有发展潜质的人才；积极选拔和引进高素质管理人才和专业技术人才，完善员工职业发展体系，持续优化员工队伍结

构；做好各层级人才储备和培养的统筹规划，做好各级后备干部队伍建设，有针对性地进行培养，并跟踪培养计划的落实；推动人才培养工作制式化和常规化，使人才培养有效融入各级负责人和主管的日常工作，保证对人才培养的持续推动和落实。

③加强人才培训和指导。以人才培养纲要和员工发展规划为基础，针对员工类别和员工成长的不同阶段，健全员工培训体系；搭建专职讲师队伍，加强培训资源的使用效率，培育公司核心竞争力；丰富现有课程体系和培训形式，以满足各层级员工发展需求为重点配置培训资源；搭建岗位培训体系和岗位学习平台，系统开展岗位制度和技能的课程开发、实施和跟踪测试，推动员工加强岗位学习；培育人才指导文化，为员工提供专业指导和成长关怀，加强业务和文化传承，促进员工成长；适度进行岗位轮换，发挥交流锻炼在人才培养中的作用，鼓励员工提升岗位能力。

④完善考评体系和晋升机制。根据公司发展战略和经营目标建立统一规范的考评体系，客观评价干部员工的工作业绩和质量；加强对员工考评的全面性，强化考评结果的运用，将考评结果作为职务晋升、薪资调整、奖励与惩罚、劳动合同的续签和解除以及促进工作改进的依据，形成能上能下、优胜劣汰的竞争机制。

某某保险公司岗位职责书如表 5-11 所示。

表 5-11

一、基本信息			
岗位编码		岗位名称	资产管理中心—战略投资处—战略投资高级经理岗
所属部门	资产管理中心	所属处/室	战略投资处
直接上级岗位名称	战略投资处处长	岗位职级	
二、岗位设置目的			
1.	满足集团战略投资管理需要		

续表

2.	
3.	

三、管理权限（财务、人事、考核等）

权限属性（打钩）	具体权限	权限属性（打钩）	具体权限
□决策权✓建议权	人事	□决策权✓建议权	
□决策权 ✓建议权	财务	□决策权 ✓建议权	
□决策权 ✓建议权	考核	□决策权 ✓建议权	

四、工作职责

序号	主要工作职责	时间占比
1	参与金融行业等研究，进行投资价值分析和判断	20%
2	参与制订战略投资规划和年度经营计划中的投资计划	20%
3	参与投资并购项目并发挥关键作用，包括目标企业的筛选，立项，尽职调查，投资方案，协议谈判，整合实施等	50%
4	协助所投资企业实施业绩增长	10%
5		

五、关键工作考核指标

序号	工作衡量指标描述	占比	数据来源
1	参与金融行业研究，进行投资价值分析和判断	20%	及时统计

续表

序号	工作衡量指标描述	占比	数据来源
2	参与制订战略投资规划和年度经营计划中的投资计划	20%	执行情况
3	参与投资并购项目并发挥关键作用，包括目标企业的筛选，立项，尽职调查，投资方案，协议谈判，整合实施等	50%	执行情况
4	协助所投资企业实施业绩增长	10%	及时统计
5			
6			

六、任职资格

<table>
<tr><th colspan="3">项　目</th><th>入职要求</th><th>胜任要求</th></tr>
<tr><td rowspan="8">软件</td><td colspan="2">品　格</td><td colspan="2">优　秀</td></tr>
<tr><td rowspan="5">基本资格</td><td>外语水平</td><td>大学英语四级及以上</td><td>大学英语四级及以上</td></tr>
<tr><td>计算机水平</td><td>熟练使用 Office 软件</td><td>熟练使用 Office 软件</td></tr>
<tr><td>公文写作水平</td><td>优秀</td><td>优秀</td></tr>
<tr><td>专业技术资格</td><td>会计、审计等证书</td><td>会计、审计等证书</td></tr>
<tr><td>专业考试水平</td><td>无</td><td>有</td></tr>
<tr><td colspan="2">专业能力</td><td>有财会、审计或产业投资专业知识与工作经验，“四大”会计师事务所背景更佳</td><td>有财会、审计或产业投资专业知识与工作经验，“四大”会计师事务所背景更佳</td></tr>
<tr><td colspan="2">核心能力
(指执行、团队合作或逻辑思维、项目运作、沟通协调等岗位所需基本能力)</td><td>良好的执行、团队合作或逻辑思维、项目运作、沟通协调能力和公关社交能力</td><td>良好的执行、团队合作或逻辑思维、项目运作、沟通协调能力和公关社交能力</td></tr>
</table>

续表

项　目			入职要求	胜任要求
硬件	教育程度	第一学历	大学本科	大学本科
		专业	理工科、文科、经济、管理	理工科、文科、经济、管理
		最高学历	硕士	硕士
		专业	财务、会计或审计类，跨学科优先	财务、会计或审计类，跨学科优先
	工作经验	年龄	40 岁以下	40 岁以下
		工龄	3 年以上	3 年以上
		保险业内工龄		
		同岗位工作经历	2 年以上	2 年以上
		服务同业主体数		
	性别		不限	不限
	其　他		有上市公司财务审计经验，如知名会计师事务所/审计事务所/企业财务主管工作经验更佳	有上市公司财务审计经验，如知名会计师事务所/审计事务所/企业财务主管工作经验更佳

七、编写记录

撰写人		撰写人签名		日期	年　月　日
核准人		核准人签名		日期	
HR 审核人撰写人		HR 审核人签名		日期	

5.6　保险公司的信息系统建设规划

保险公司建立系统完善的信息管理系统，是保障保险公司诚信服务和稳健经营的重要手段。

保险公司信息化建设的总体目标是建设一个在风险控制、提升服务和成本优化方面体现出长远效益优势的，在快速应对市场变化、业务发展等方面体现公司价值、集中管理的信息构架体系。同时在满足短期需要的前提下，确保系统长远的扩展性、灵活性及高可用性。

5.6.1 总公司信息系统

在总公司层面，充分利用大数据、云计算、云存储等现代化技术，自主研发并与第三方合作，建立核心业务系统、公司 OA 办公系统、财务结算系统、反洗钱系统、风控管理系统、数据分析系统、客户管理系统、客户服务系统、渠道管理系统等信息系统，制定、实施同城互备、异地灾备方案，完善总公司信息系统建设，搭建适应全国运营的网络系统平台，实行业务数据集中处理，建立完成公司统一、完善的信息技术管理体系、系统运营支撑体系、应用软件开发体系和信息技术应用培训体系。

建立应用开发、技术支持和维护队伍。组织开发和优化信息系统，维护信息设备，支持业务发展。

5.6.2 公司分支机构信息系统

以总公司办公地为中心，逐步向全国扩张，分支机构信息系统建设利用公司统一的信息化平台，支持分支机构业务发展。完善分公司网络、机房和信息系统，建立分公司以下机构的营销网点、中介代理网点、理赔服务网点的搭建，对信息系统维护人员和操作使用人员进行培训。

5.6.3 应用系统

应用系统的建设是公司发展的基础。在建立全险种、集约化、同标准的业务与财务一体化核心业务系统基础上，再建立完成综合办公、电话中心、客户关系管理、电子商务应用等相关综合应用系统平台。

（1）建立核心业务处理系统，根据业务发展需要，进行业务系统升级和完善。

（2）建立电子商务网站、审计稽核、电话中心、客户关系管理、信息分析决策等业务辅助系统。

（3）建立办公自动化、人力资源管理、移动办公等综合系统，实现公司日常运作全面电子化，提高工作效率和工作质量。

5.6.4 案例：某某人寿保险股份有限公司信息系统方案

信息技术的不断创新，正在颠覆传统的生活方式。电子商务、移动互联、手机客户端，这些新技术、新应用正在改变着传统的商业模式。中国人民银行、中国银行业监督管理委员会、中国证券监督管理委员会、中国保险监督管理委员会、国家外汇管理局共同编制了《金融业发展和改革“十二五”规划》，要求金融企业“以科技手段促进金融服务与管理创新，提高金融信息化水平。完善金融业信息安全防护体系，大幅提升信息系统抵御风险能力。推广电子交易，不断提升金融业电子渠道交易替代率。建设金融信息化标准体系，推进信息化标准检测认证”。这充分说明信息化发展已经成为推动企业增长变革的动力。

作为金融重要组成部分的保险业，信息化技术创新已成为保险业发展的主要驱动因素，谁把握了信息技术的主动权，谁就把握了市场的走向。

此外，根据保监会的要求，保险公司分支机构开业时的统计与信息化建设应实现本公司各项主要业务、财务流程的信息化和管理流程的信息化，确保保险信息的及时、正确与安全，保障保险公司分支机构持续、稳定、高效地运营，并满足保险监管部门数据采集的要求。

基于以上原因，某某人寿规划建立起全方位的、可以满足公司多种经营需求及战略部署的信息化平台。目标是建设全险种、大集中、共平台、宽网络、同标准的基本体系架构。其信息化整体思路是数据模型标准化，应用平台统一化；业务数据逐步集中存储，业务系统逐步集中处理；分析产生的数据，为业务、管理和决策服务；加强网络和信息安全建设，提供多渠道的客户访问服务。

（1）后援大平台（见图5-12）。

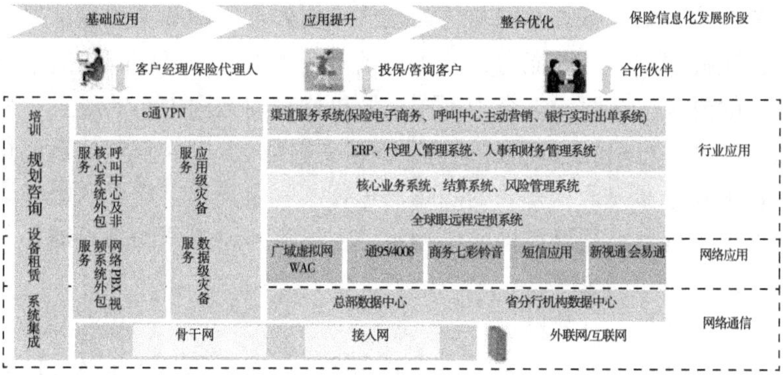

图5-12

构建“前+中+后台”服务平台，采用相对分离的管理模式，前台直接为销售商和客户服务，中后台共同为前台服务，中后台部门之间则互相作为彼此的客户，相互服务，经形成了“前+中+后”的分工不同、有机结合、垂直管理的综合性后援平台。

①前台：直接与渠道的业务平台进行数据互换对接。

②中台：集中产品开发、精算、客户、项目等管理。

③后台：集中财务、人事、法律等的后勤保障管理。

通过“前+中+后台”后援平台运作，统一监督与支持核保作业、理赔作业、契约作业、客服作业、运营作业、投资作业、信息作业等数据交互管理。以客户为中心，及时、准确地了解客户的需求，为客户提供一揽子的保险产品和服务，满足客户的综合保险需求。

（2）数据大集中。

公司将选择具有良好IT环境的地区建立全公司集中的数据处理中心，集中全国范围内所有业务的信息处理、单据处理、账目处理等各种数据管理。通过系统的设计，强化对操作风险的控制，比如通过后台数据中心计算机上事前设置的自动预警信号或自动拦截指令，防止越权审批和超额承保等违规现象的发生。

数据中心的规划，主要从满足功能要求、保证数据安全和分期快速部署等角度来考虑。功能上，首先，满足核心业务系统、核心财务系统、邮件系统、网上培训系统和内外部网站等系统的部署要求，配备相应的计算能力；其次，满足全国通过网络访问数据中心应用的要求，全面提高全国不同地域机构访问数据中心的质量；最后，满足高可用性、高可扩展性和高可靠性的要求，重要的系统均配备了服务器集群，重要的线路均进行了冗余设计，重要的运算设备采用了具备极高可靠性的小型机、交换机、路由器和防火墙。

(3) IT化建设。

①自动化办公系统。

实现办公的自动化是现代企业经营的必要条件。公司的局域网将配备OA办公自动化系统，该系统为公司员工提供电子化信息共享和网络化事物处理服务，用工作流来支撑各类审批事件的进行，建立协同办公桌面，全面实现公司办公事务的电子化管理，提供及时、协调、完整、便捷的共享办公信息服务，极大地提高了公司的工作及运转效率，主要功能模块包括：公文管理模块、流转审批模块、日常办公模块、信息发布模块、个人事务模块、档案管理模块、系统管理模块等。

②集中化财务管理系统。

公司的财务管理系统以“协同办公、集中管理”为设计理念，构建企业个性信息化平台，充分满足多层级、跨地域、跨行业经营的集中企业管理需求，为企业提供并保持无可替代的核心竞争力。其应用模块包括：总账模块、应收管理、应付管理、报账中心、现金银行、固定资产、HR系统、薪酬管理、IUFO报表，各模块主要功能如下：

总账：提供全面的财务核算管理功能。外部系统的业务单据通过财务会计平台生成会计凭证，传递、汇集至总账系统，再由总账系统进行后续财务处理，实现完整的财务核算流程。

应收管理：主要是针对客户的应收、收款业务的管理，为企业提供其客户及各种外部往来应收款项的处理、核销及相关的查询、统计的功能。支持公司业务以及内部应收款业务的处理，适应业务处理简便性要求。通过对应收款项全方位的管理，实现应收业务与供应链等相关业务的紧密连接，辅助企业业务流程，加强对资金流入流出的核算与管理，强化对资金的控制，保证企业资金的健康流动。

应付管理：针对供应商的应付款管理及付款业务，支持公司内部采购业务以及内部应付款业务的处理，适应业务简便性的要求。支持企业通过对应付款和付款的管理，强化资金控制，实现资金的合理运用及安排。

报账中心：帮助企业实现对日常费用和内部往来款项的划拨、核算、控制与管理，提供对费用支出进行预算控制的功能，并且能够将这部分预算控制提前到借款请款的环节，可及时对内部借款进行清理和催收。

现金银行：NC 现金银行系统包括银行对账、票据管理和账簿查询三大功能，是 NC 财务会计的重要组成部分。

固定资产：用于进行固定资产和其他资产（如无形资产、递延资产等）管理，可以实现对企业资产进行全面细致的管理。可全面完成企业的资产核算功能、完善的资产部门管理解决方案、完善的资产项目管理解决方案、完善的数据权限管理、资产核算支持不同要求的会计报告。

HR 系统：NC 的 HR 系统是组织架构和人员管理的核心部分，管理公司的整体组织架构以及全部的内外勤人员信息，主要包括组织机构管理、人员信息变动、人员变动管理三大功能。

薪酬管理：薪酬管理系统负责完成公司所有员工的薪资核算和发放工作，主要包括：发放设置、定调资设置、薪资核算以及薪资报表四大功能。

IUFO 报表：IUFO 是 NC 系统中完成报表输出和报表数据二次加工的模块，是基于 UAP 的网络报表集中管理系统。提供报表输出、报表数据二次加工、报表数据采集、报送情况管理和在线报表数据查询和分析等功能。

③集中化渠道管理系统。

公司将信息技术融入经营管理、决策支持、业务活动、财务活动中，渗透到人员管理、部门管理、财务管理、客户管理、业务管理和资料管理等各个环节，开发出集中化产品销售外包管理系统。

系统主要包括系统管理、配置管理（渠道商管理、协议管理、产品管理、客户管理)、收付费管理、单证管理、报表管理等模块：

权限配置：实现系统操作人员的建立、管理、权限配置等。包含人员的建立，管理；角色的维护，权限的定义，人员的赋权；组织机构的管理。

配置管理：适用于公司费用结算周期的设置。包含费用结算周期的设置和理赔垫付额度的设置。

渠道商管理：公司基本信息的维护和管理，主要是渠道商的维护以及管理。

协议管理：实现与不同合作渠道所签订的协议的维护管理。包含标准协议的管理和自定义协议的管理。

产品管理：实现对不同险种的维护管理。包含产品模板管理、产品管理、产品套餐管理、卡单产品管理。

客户管理：对公司所有客户基本信息进行管理包含个人客户和团体客户。包含个人客户管理、团体客户管理、客户合并。

支持渠道业务：支持各种渠道实际业务过程中的各个节点，从投保受理开始一直到续保结束，记录了公司和渠道商的数据交互的各个环节。包含支持投保单信息、照会、回执、保全、续期、续保、理赔等数据对接管理。

财物收付费：主要实现收付的记录。包含财务收费、财务付费、付费、收费日结等。

结算管理：实现与渠道商业务费用的结算，核对等。包含直接手续结算包含了结算时间的设定、结算、核对清单等，以及其他费用结算。

单证管理：主要实现公司各种有价单证从领用到回库整个过程的管理。包含单证类型定义；单证入库；单证申请、审核；单证发放、接收、回收；单证回销、单证状态修改、单证统计清单等。

④移动展业平台。

随着保险市场竞争越来越激烈，各家公司纷纷在产品、营销渠道和服务模式上推陈出新。其中，中国平安于2010年10月率先推出移动展业后，即刻引起了行业关注与同行的纷纷效仿。截至2011年上半年，中国平安通过移动展业终端（MIT）累积投保客户500万人，寿险使用率达到了95%。2012年8月，中国太保与中国联想合作推出智能移动保险平台并签署战略合作备忘录，由中国联想提供技术支持正筹备一款智能移动保险平台——“神行太保”。基于3G网络的移动技术被越来越广泛地应用到保险业务的各个环节，移动展业已悄然成为创新保险营销与服务的趋势。

目前，寿险行业的移动展业主要有两种形式：一是基于网页版的解决方案，如中国人寿、太平人寿等；二是基于客户端的解决方案，有终端设备为笔记本电脑的，如平安保险；也有终端设备为平板电脑的，如太平洋寿险等。尽管形式各有不同，实质上都是通过对先进IT技术的使用，提升服务、效率和公司竞争力。

某某人寿计划打造一款便携式的移动展业终端。由此，根据市场发展趋势以及自身差异化、创新性建设与产品服务，公司将参考行业经验和依托股东现有的信息技术水平，推出支持个人代理、银行渠道及其他渠道的移动展业平台，甚至研制个性化的移动展业终端，并移栽各渠道上，形成内部标准化的产品销售与服务，提升客户体验，规范展业的销售流程，从源头防范销售误导。

公司将按照以下方式及功能模块，构建全新的移动展业平台：

a. 强大的后援平台，包括支持在线报价、在线核保、在线支付、订单管理、保单配送、续保管理、客户管理等，覆盖传统产品销售与服务各模块功能，与各渠道服务终端（如手机、笔记本、平板电脑）无障碍地互动衔接，推动实现差异化的竞争战略。

b. 网上的产品平台。平台上陈列公司所有产品，客户可以从终端轻松选择符合个人需求的产品。后台同时提供产品的实时在线报价，维护公司在不同地区的承保规则、优惠因子等信息。产品价格即时呈现，特色服务一目了然。

c. 便捷的营销平台。后台快速生成每款产品客户所需缴费数额、年限及该产品的保障权益等详细信息，通过数据接口和支付模式突破，支持影像处理信息，形成“一次见面、现场投保、三步出单”的一站式快捷展业模式，实时佣金结算，大大提高展业效率。

d. 标准化管理平台。所有投保流程标准化，每个渠道的营销员与客户必须在后台设置的标准化流程中互动、真实地完成所有的投保环节，出现信息不完整或操作遗漏都无法进入下一个程序，通过前端的模式创新和流程再造，以技术手段遏制销售误导。

e. 集成的信息平台。资讯中心有多个频道，内容涵盖丰富的行业资讯；展示保监会报备过的产品信息和公司的促销信息等；不同地区、不同渠道的营销员还能看到所在地区专属的信息。

f. 在线的培训平台。提供多种在线培训的课程，包括政策法规和业务技能、产品知识等，营销员可以方便地获得最新的培训资料，随时随地进行在线学习，不断提高各渠道营销员素质与服务能力。

通过以上信息建设规划，某某人寿计划达成以下目标。利用综合数据信息系统的建设，采用数据挖掘、数据仓库等技术，实现对数据的多角度联机分析处理；建设通用统计系统，对业务进行统计分析，汇总生成月报、季报等各种分析报表；开发 Call Center 和 CRM 系统，支持多种查询业务和赔案管理业务，提供投诉、反馈、咨询等日常管理业务；进行了 IAA（保险应用架构）项目在分公司的试点，构建新的业务流程；开发远程审计系统预警系统，加强风险控制；在全系统内实施 OA 系统，实现公司公文流转，提高工作效率和工作质量；建设人力资源业绩评估体系，以配合公司股改后需要，强化人员管理和绩效考核。

5.7　保险公司管理规划的保障措施

（1）保险公司必须建立健全各项制度。

在保险公司筹建期间，筹备组将起草《保险公司筹建方案》、《保险公司筹备工作管理办法》、《保险公司筹备管理制度》等相关文件，并严格执行，确保筹建工作期间，可行性研究报告中各项规划要素可以顺利推进。

保险公司开业后，将由全体股东表决通过《保险公司公司章程》，用规范的现代金融保险企业制度和科学的治理结构来保障公司各项业务顺利推进。同时公司战略部门起草撰写《保险公司战略发展规划》，公司办公室和各个职能部门在《保险公司战略发展规划》的基础上，根据国家法律法规的要求，结合保险公司开业实际情况，进一步建立健全和及时修改完善各个部门、各个业务板块和各项职能工作的规范管理制度，确保公司战略规划按照标准化制度和既定方案执行。

（2）保险公司的企业文化规划。

“保险公司”的企业文化共性是：“责任、高效、创新。”

企业文化决定整个公司的观念、行为和价值取向。企业文化建设主要由以下三部分构成：

①确定 MI（理念识别），包括：

a. 确定全体职工的价值观。企业价值观是企业文化的核心，决定企业的命脉，关系企业的兴衰。现代企业不仅要实现物质价值，还要实现文化价值，要充分认识到企业竞争不仅是业务竞争，更是人的竞争、文化的竞争、伦理智慧的竞争。企业的最终目标是服务社会，实现社会价值最大化。

b. 确立企业精神。培育积极向上的企业精神是加强企业文化建设的核心，培育具有鲜明个性和丰富内涵的企业精神，最大限度地激发职工内在潜力，是企业文化的首要任务和主要内容。

②确立 VI（视觉识别），统一标志、服装、品牌、包装等，实施配套管理。在公司发展中还要以务实的态度不断完善企业视觉识别各要素，包含企业标志、旗帜、广告语、服装、信笺、徽章、印刷品统一模式等。规范员工行为礼仪；在社会上建立起公司的高度信任感和良好信誉。

③确立 BI（行为识别），主要体现在两个方面，一方面是公司内部对职工的宣传、教育、培训；另一方面试对外经营、社会责任等内容。要通过组织开展一系列活动，将公司确定的经营理念融入公司的实践中，指导公司和职工行为。

公司应该通过宣导、推广和讨论，使公司企业文化深入每一位员工心中，得到思想上的认同；让核心理念通过强有力的执行，逐步深化到公司的每个环节，从而形成员工的自觉行为，实现理念和行动的高度统一。运用企业文化的引导和约束功能，实现社会利益、客户利益、员工利益和企业利益的全面丰收。

（3）保险公司的宣传引导

保险公司的宣传引导将每年更换主题，紧扣每年由中国保监会指导、中国保险业协会主办的保险公众宣传日主题进行宣传。严格践行保监会提出的“宣传应普及保险知识、倾听公众心声、提升服务品质、改善行业形象。在新形势和互联网背景下，紧紧围绕提升公众保险意识、增强行业自身能力、把握国家重大战略机遇三个方面而做出的全新探索和实践”。

保险公司的首次宣传引导计划以“一键保险，呵护无限”为宣传主题，通过开展“我为保险代言”微信接力、保险知识进教材进课堂进社区、创作美保险人原创话剧、举行城市快闪等多种形式，展现保险公司服务国家“走出去”的国家战略和经济社会发展的积极作为，传播保险政策、保险理念和知识，营造“学保险、懂保险、用保险”的火热氛围。

第六章　保险公司的经营策略

6.1　保险公司的经营理念和运作策略

6.1.1　保险经营的行业特殊性

首先是高负债性，保险公司是高比例负债经营，股东投入的资金只占公司资产的一小部分，投保人对公司资产的投入和贡献远远大于股东。其次是广泛的社会性，保险经营有很强的社会性，公司经营的好坏不仅关系到股东利益，更关系到广大被保险人的切身利益。再次是持续性，保险公司所销售的是用于未来偿付或给付的承诺，保险公司不仅要追求快速增长，更要追求经营的稳健和持续性。最后是服务的无形性，保险作为一种金融服务，难以通过包装向消费者传达质量信息，客户感受对于客户购买保险起着相当大的作用。

6.1.2　保险公司的经营理念

依据保险经营的特殊性，保险公司的经营理念初步定为“服务第一，诚信为先；永续创新，专业至上”。具体表现为“服务”、“诚信”、“创新”、“专业”。“服务”就是要以为客户服务为出发点，以服务创品牌，提高客户满意度和忠诚度，形成核心能力。“诚信”就是对客户、员工、股东、社会反映真实信息，做到“我的保险你放心，我的保险我负责”，在初始经营阶段即规范业务营销，避免骗保和不合理竞争，使公司品牌成为一块金字招牌。“创新”就是不断推出客户需求的新产品，提供客户需要的新服务，建立更适宜公司发展的新制度。“专业”就是为客户提供最适宜其个性化需求的产品和服务，得到客户认可。

6.1.3　保险公司的运作策略

（1）建立两核（核保、核赔）运作模式。

公司全面推行和实施两核运作模式是提高公司核心能力和防范、化解经营风险的基础工作。对于风险较为明确的，由智能数据分析系统自动完成或以系统为主、人机配合完成两核流程；风险较为复杂的，以人为主、分析系统为辅完成两核流程；两核运作模式以总公司集中管理、资源统一配置为主，兼顾区域差异性。在垂直管理、统一规范的前提下，给予二级机构在业务政策方面调整的管理余地。

（2）建立稳健的财务管理模式。

为避免因财务管理脱节造成的经营风险，公司将实行两级集中管理，三级会计核算财务管理制度。公司将在相邻的两级机构上实行财务集中管理。省、直辖市和计划单列市分公司财务由总公司直接管理；中心支公司由省级分公司管理。公司会计核算主体自上而下分为总公司级—省、直辖市和计划单列市分公司—中心支公司三级，中心支公司以下机构不独立核算。同时为了强化内部制约与监督，公司将实行财务主管委派制。

（3）建立高效的人力资源管理模式。

公司将建立网络化的人力资源管理模式，明确总公司、分公司和支公司各级公司的人力资源管理职责和权限。在人力资源管理上，总公司负责整体的规划和制度制定，分公司负责具体的工作执行，中心支公司及以下各级机构除协助分公司人力资源部门做好相关工作外，不具有其他的人力资源管理权限。其中，下一级机构的领导班子成员由上一级机构进行管理，下一级公司的中层干部任免由上一级公司负责，本级公司负责管理。

6.2 保险公司的创新和核心能力策略

6.2.1 保险公司的创新策略

保险公司在竞争策略上，加大创新力度，打破垄断及恶性竞争局面。

市场结构是由集中度、产品差异和新企业进入壁垒所决定的。在中国保险市场上，保险产品差别较小，对照产业经济学理论可以发现：一是个别公司集中度过高，使保险市场结构性失调十分严重。垄断的存在，使得市场上出现进入壁垒与政策限制，新成立保险公司不能获得规模经营优势，也就迫使新进入的保险公司利用价格战来获取业务，由此导致市场业绩逐年下滑、市场行为不规范，进入恶性竞争循环，也就失去了竞争优势；二是垄断造成了一些既得利益者，这些垄断既得利益者由于历史优势，短期内可以获得垄断利润，也就过分借助了地方政策进行统保控制市场，而未进行必要的技术与制度创新，其结果是，既限制了其他公司发展，也使自己在未来国际化竞争中失去良机，还可能造成在国际化竞争中中资保险公司失去相当大的一部分市场。

对此，保险公司将以稳妥为前提，以创新为抓手，重点做好以下方面工作，参与市场竞争，打破壁垒：

(1) 产品创新。

打破既有产品单一性，针对市场上已有险种开发细分产品，针对不同地域、行业、规模、资质、信用等级、安全评级、职业、社会阶层、年龄、教育程度的企业和个人客户设计适合的产品，对需求较高的客户设计个性化保险产品或产品组合，实行差异化费率。

推动供给侧改革，与各有关部门建立信息共享系统，进行大数据分析，研究市场需求，在风险可控的前提下，创新产品，并积极配合有关部门设立制度，开展试点，利用政策优势抢占市场。

（2）服务创新。

以服务创品牌，在完善传统服务模式的基础上，开发先进信息系统，简化保险合同及条款，优化服务流程，多方合作创新服务方式，针对不同客户群里，延伸增值服务，提高客户满意度，增强客户忠诚度。

（3）销售渠道创新。

在风险可供的基础上，结合产品创新、服务创新和现代化科技，加大互联网、APP、远程视频线上投保、支付、出单的范围，建设产品超市，拓展保险经纪机构、代理机构网络。

（4）保费收入结构创新。

依靠产品创新、服务创新、销售渠道创新，将机动车保险保费收入定位为收入基础，而非主要收入来源，调整保费收入结构，扩展多元化保费收入来源，促进公司健康发展，谨防“一棵树上吊死”。

（5）投资创新。

利用“天津自贸区”金融创新的政策红利，发展多元化投资渠道，通过股权投资、债权投资、融资支持等形式，重视对石油、水利、高铁等基础设施和轨道交通、棚户区改造、保障性安居工程等民生工程的投资，在风险可控的前提下加大对信托、券商资产管理、银行理财、资产证券化，再到境外投资、优先股、对冲工具和金融衍生品等金融投资，重点投资“一带一路”倡议、新一代信息通信技术、高档数控机床和机器人、航空航天装备、海洋工程装备及高技术船舶、先进轨道交通装备、节能与新能源汽车、电力装备、农机装备、新材料、生物医药及高性能医疗器械等国际战略和“十三五”重点行业，关注对中小企业融资支持。

（6）客户群体创新。

在以经济发达地区具有一定实力的企业和高收入人员为基础客户群体的基础上，公司将进一步注重经济欠发达地区的市场开发，积累客户；加大对中小企业、高危行业、农民、年轻人群的关注程度和开发力度。

保险公司应该加大研发投入，促进产品创新、服务创新、销售渠道创新、保费收入结构创新、投资创新、客户群体创新、为公司健康持续发展打下坚实基础。

6.2.2 保险公司的核心能力策略

（1）以市场为导向，急客户之所需，供客户之所求，调整业务结构。

我国财产保险的重点还是在传统的三大险种上，机动车辆保险、企业财产保险和货物运输保险仍占财产险的绝大部分比例，而国家和企业、人民需要的责任险、农业险、巨灾险、科技保险、知识产权保险、信用保险等在国外产险业中占很大比重的保险在我国仅占很小一部分。

公司将以市场为导向，致力于调整业务结构，加大险种的开发和供给，提高资本回报率，努力实现效益最大化，并着眼于社会经济发展对保险业的广泛需求，增强自主创新能力，实现内容创新和形式创新的统一，有效增加产品供给。

（2）依托投资人强大实力，推进保险创新，扩大保费来源。

公司的××个投资人都是企业中的佼佼者或具有潜力的企业。投资人的雄厚实力和广泛资源为公司的发展尤其是起步阶段提供坚实的基础。公司力争将投资人未保的可保资源、新增的保险资源等转化为现实的保险资源，使之成为平稳的保费收入来源，并优化投资人资源配置，将其转换为公司健康发展的强力保障。

（3）把对中小企业的服务作为业务的重要部分。

我国中小企业普遍保险意识不强，保费规模小且融资需求强烈。但面临着经济下行压力加大、事故的发生和中小企业融资难，中小企业越来越重视风险管理，保费占其费用比率逐渐上升。公司应根据不断变化的市场需求和结构，加大传统产品的改进力度，通过条款内容、产品形式的重新设计，增强产品对中小企业的针对性，满足不同地区、不同层次的客户需求。

（4）拓宽销售渠道。

公司成立初期，由于自己的销售网络并不完善，但又急需扩大市场，公司将加强产品核算，确保公司产品成熟一个，推出一个，加强互联网保险、开放市场+开放平台的发展、拓展保险中介机构和代理机构代理数量，优化布局，降低成本，提质增效。这样不仅节约时间成本也节约人员成本。

（5）树立正确营销观念，提高服务质量。

在激烈的市场竞争中，公司数量正确营销观念，创新营销模式，才能确保营销战略、策略的科学制定和实施，才能真正满足顾客的各种需要，在竞争中立于不败之地。

公司将建立客户服务规范，确定客户服务标准；提升服务质量，增加客户忠诚度；创新增值服务，提升客户体验；建立高效、专业的客户服务队伍，增强专业化程度；建立健全服务质量检查、服务绩效评估制度、服务质量监控体系和服务满意度反馈体系，确保服务质量。

6.3　保险公司的服务能力策略

在当今激烈竞争的保险市场中，一个公司为了取得成功，必须具有极高的声誉，同时必须为其客户提供他们愿意购买的产品。尽管许多因素为企业成功提供了方法，但是没有一个比卓越的客户服务更为重要，因为没有客户就没有公司。为了这一最重要的部分，保险公司的声誉必须建立在与客户的日常互动之上；同时公司产品质量必须由公司的服务质量来确定。卓越的客户服务能够使公司提供具有竞争力的价格并获得显著的收益。在不断增长中，客户基于其与服务代表的互动和公司提供卓越客户服务的能力，决定是否与公司做业务。有效的客户服务是企业成功的基石。

某某人寿以其主要针对某某特殊人群这一细分市场定位，其首要目标是满足特殊人群客户的保险需求，帮助客户实现其长期目标和短期目标。客户服务作为保险业务管理的一部分，它有助于维持保险公司与客户之间重要的合同与业务关系。客户服务还因很好地关心和照顾客户而提高保险公司的声誉，从而帮助代理人增加销售额。此外，客户服务能帮助保险公司编辑信息，以向保险监管机构报告。客户服务还有助于保全保险公司的现有业务。

6.3.1 保险公司的客户范围及其互动关系

(1) 保险公司的客户范围。

个人客户：主要为自己或其家庭的利益购买或使用商品的人。

团体客户：指为了自身利益或为其雇员利益购买产品和服务的企业或其他组织。

外部客户：是指购买或使用公司产品的个人或组织。

内部客户：是受到组织内部其他雇员或部门支持的公司雇员或部门。部门经理帮助本部门其他员工完成其任务，所做的许多工作都可以被视为客户服务。

(2) 客户服务与客户的互动关系。

某某人寿致力于让每一位员工都以不同的方式为客户提供服务。保险公司进行的每一项商业活动，最终目的都是让外部客户满意。公司与客户的每一次接触都会产生事实契机，事实契机是公司有机会使客户产生好的或者是坏的印象的瞬间。显而易见，直接与客户接触的活动，在满足客户需求的过程中发挥着重要的作用。

间接客户服务提供者是帮助外部客户获得其所需的信息产品和服务的、不与外部客户进行日常互动的工作人员。换句话说，这些人使公司得以运转，从而帮助客户。间接客户服务提供者包括：对客户服务部门进行管理和支持的部门以及公司的其他领域或部门，例如，信息技术部门、人力资源部门、培训部、会计部门、业务管理部门等。

直接客户服务固然重要，但是，某某人寿在加强直接服务的同时，也决不忽视间接服务。不管间接的客户服务提供者是为内部客户还是外部客户提供服务，他们都在增强公司提供卓越客户服务的能力上发挥着重要的作用。没有这些员工的工作，公司就不能满足客户的需求。所以某某人寿要求其间接客户服务提供者必须快捷、准确、彻底地完成自己的工作，同时注意自己工作的最终目标是提供客户服务。

保险产品是有用但却无形的产品，也就是客户难以用感官感知这类产品。保险机构的客户常常难以将公司及其产品与其提供服务的员工区分开来。因此，保险公司的成功在很大程度上依靠在该公司工作的员工表现。

某某人寿将通过提供增值客户服务，经与客户建立良好的关系并视客户为人而非账目上的数字，来鼓励客户忠诚。某某人寿将培训其雇员，使他们认识到客户可能会有超出直接业务范围的需求，并为公司如何满足这些需求出谋划策。这样对客户需求的关注对建立客户忠诚很有帮助。

6.3.2　卓越的客户服务能力对业务发展的作用

（1）建立长期的客户忠诚。对保险公司服务满意的客户更可能续保并提高其现有保障，或购买新产品。他们还可能向朋友和家人推荐该保险公司。另外，有着提供有效客户服务声誉的保险公司，可以增强其吸引新客户、招募并保持销售队伍的能力。

（2）提高盈利能力。保持业务和代理人能够大大增加保险公司的利润边际，因为保留现有的客户比获得新客户所需的成本更低。

（3）在保险公司的竞争中独树一帜。对于潜在的购买者而言，众多保险公司的保险保障看似相同。保险公司可以通过客户服务，尽可能快捷、周到和礼貌地满足客户的需求，从而使自己有别于他人。

（4）改善保险公司的工作环境。当公司以递送优质服务为骄傲时，为其工作的员工也会为此骄傲，这有助于激励员工在工作中胜出。相反，低质的客户服务使员工士气低落，因为他们在与不悦甚至生气的客户打交道时要应付一些令人压抑的局面。

（5）提升公司形象。在很多客户眼中，各保险公司的产品及其价格看上去都一样。提供卓越客户服务的公司会在众多的竞争中脱颖而出，而公司会发现客户愿意为这样的服务支付更高的价格。

6.3.3　卓越客户服务的内容

某某人寿将培训每一位员工，多方面、多角度地为客户提供服务，切实提升全体员工服务能力。

(1) 从口头服务跨越到真正用心的服务。

(2) 树立以满足客户需求为核心的经营服务理念。

(3) 理解客户的期望、认知和行为。了解客户的认知、期望和行为，是识别客户需求和欲求的主要方式，有助于公司自身发现服务缺口，以便更好地提供服务，从而影响客户的期望、认知和行为。

(4) 进行客户服务调研，倾听和理解客户。进行有效的客户调研和倾听，对于提供卓越的客户服务至关重要。只有通过与那些行为、态度、认知和期望能代表广大客户的人进行定期沟通，公司才能确信自己有能力满足客户的服务需求。

(5) 培养复合职能的工作团队，处理多项复杂业务，满足重要客户的需求。

(6) 制订完善的客户服务策略规划。客户服务策略规划将与某某人寿的整体策略规划相一致，并且成为公司整体策略规划的一部分。通过实施客户渗透策略和客户关系管理等措施，扩大和增强公司与客户的联系，从而促进业务的发展。

(7) 让展业人员到客户的家里或客户的办公室提供服务。

(8) 将公司服务代表的姓名或客户服务部的直通电话提供给客户，使客户能够接触公司提供的任何产品和服务。

(9) 利用网络技术或自动电话系统，使客户在全天的任何时间均可获得信息或交易。

(10) 利用以客户为中心的信息管理系统，使众多的客户服务提供者可以同时读取单一客户的全部资料。

(11) 提供交易和所需资料的快速周转。

(12) 建立客户投诉处理机构，比如客户事务部。通过该部门，客户可以反映自己的意见，并使其得到解决。

(13) 发布有关财务及其相关问题的客户信息的时事通讯。

(14) 就客户感兴趣的主题举办研讨会。

(15) 为客户提供与其他可提供援助的组织联系窗口，如政府机构等。

客户服务系统已经远远超越了职能上和组织上的限制。某某人寿致力于将以客户为中心的理念及客户导向型策略规划与有效的流程及资源结合起来，不断提升自身服务能力，力求为客户提供最卓越的服务。

6.4 保险公司的品牌策略

6.4.1 品牌定位策略

品牌定位是指保险公司通过对自身特点的判断，确定自己的目标客户，创造差异化的品牌，同时借助传播的手段，让消费者对品牌定位产生认知的过程。品牌定位的基本程序为：

（1）明确自己的潜在竞争优势。

根据著名战略家波特的描述，竞争优势就是能为客户创造价值的优势。保险企业首先应该找出自己在核保、理赔、个人销售、团体销售和代理销售以及资金运用一系列价值链上的优势点，在明确竞争优势的基础上选择自己的竞争优势。

（2）选择竞争优势。

首先，要考虑差别化利益是否符合值得开发的条件。对于公司来说，一旦选择某个差别化利益，重新调整的成本很高，所以要慎重。值得开发的差别化利益，应该是满足重要性、区别性、优越性、沟通性、优先性，以及消费者承受能力和公司盈利性的要求。其次，确定差别化利益的多少。由于保险行业属于金融行业，消费者一般对其持审慎的态度，对保险企业提供的各种理财工具不仅有保值还有升值的要求，且金融行业也属于服务业，因此，保险行业的品牌定位适于以一种利益为主，其他利益为辅的方式。

确定具体的差异化利益。随着保险市场主体的不断增加，竞争日益激烈，要想在市场竞争中确立自己的品牌定位，保险企业应考虑技术、成本、质量和服务等相关因素，确定具体的差别利益，其关键是找到具有比较竞争优势的利益点，确立自己的品牌定位。

6.4.2 品牌设计策略

（1）采用责任增减，产生新险种。

保险公司可采取将现有保险险种的保险责任，根据市场需求新情况，从中进行增减，从而产生新险种的方法。

（2）利用产品组合，进行险种创意。

保险企业可利用各种组合方法，将现有的险种进行横向、纵向、交叉组合，以求得适应市场需求，符合企业目标的险种创意。可采用以下产品组合方式：

①一张保单保全家。在一张保单下可有多个被保险人，可涵盖主要家庭成员；一个被保险人可以投保多个险种，如主被保险人可以投保寿险、重疾、意外、医疗等险种。

②提供多种"套餐"，方便选择。如提供保障型、理财型、养老型等套餐选择，满足不同群体的需要。

③保障责任扩展。使投保人投保任何一个计划都可以拥有十余种保险保障，如生存保险金、身故保险金、重大疾病保险金、当投保人身故或失能时豁免整张保单未来交纳的保费。

④保单不断升级。使已购买保单的客户，可以以现有保单为基础加入保险企业不断推出的附加险，使客户获得的保障更全面、功能更强。

总之，在实施产品策略时平安公司必须以市场为导向，以市场的有效开发、渗透为手段，实现业务收入的可持续增长；同时，保险产品是金融类产品，新产品的推出不可避免地影响公司的资产、负债、资本等财务状况。因此保险企业需要以谨慎稳健为原则，在保证偿付能力的条件下，充分挖掘公司的资本潜力，实现公司内含价值的有效提升。

6.4.3 品牌营销服务策略

服务满意首先必须在全体员工中树立"客户第一"的观念，没有这样的观念，服务就不可能使客户满意。进行服务满意管理的方法有：

（1）服务意识的训练。

服务意识是经过训练才能逐渐形成的。作为一种意识，它不由规则来保持，它必须内化在员工的人生观里，成为一种自觉的思想体系。服务意识的训练可以分为三个步骤：掌握企业理念，分析服务得失，测定服务意识。

通过服务意识训练，进而形成全员服务意识。对保险公司来说，各部门之间的配合程度直接影响到员工对客户服务的态度、水平和效率，员工对企业的满意度决定客户对企业的满意程度，而客户的满意程度则可以决定企业的利润。因此，只有树立全员服务意识，形成为客户服务的企业文化，才能提高员工的满意度，进而提高客户的满意度。

（2）建立完整的服务指标。

服务指标是保险企业内部为客户提供全部服务的行为标准。保险企业可根据企业经营各流程分别建立相应的服务指标。

（3）服务满意行为的强化。

制定客户服务守则，对员工进行服务满意度的考查。当员工按照保险企业拟定的服务指标完成了使客户满意的服务时，保险企业可通过赞许、奖赏、参与企业的重大决策、职务提升等方式，对其行为进行强化，以巩固和发扬这样的行为。

（4）进行服务质量控制。

采取有力的措施来对服务质量进行控制，是提高客户服务质量的重要保证。可选择的措施有：

①设立投诉监察。通过开辟畅通的沟通渠道，鼓励对企业有不满情绪的客户投诉。如果投诉渠道不畅通，其结果是客户的抱怨加深，同时损害企业的品牌形象。同时，在处理投诉的过程中，采取措施留住客户。

②聘请服务质量监督员。保险企业可以从客户中或社会上公开聘请一批专职或兼职的人员对企业的客户服务质量定期进行监督。这样既可以取得公众和消费者的认同，又能达到换位思考的目的。

6.4.4 品牌传播策略

传播策略整合既要求保险企业不要过分迷信于广告，又要求保险企业千万不能忽视广告对于品牌传播整合的重要作用。因此，保险公司在进行广告策略整合时，应注意：

（1）公司在做广告时，要先寻找一个有潜力的市场，进行市场调研，然后了解广告对新的消费者的消费心理和消费习惯的需求，再运用广告等手段宣传和美化产品以吸引消费注意，最后找到一个好的卖点，促使消费者购买。

（2）公司在做广告时，要把握时机。通常的做法是将电视广告、广播广告、报纸广告、杂志广告、POP 和促销等放在一个筐子里，然后一股脑撒向市场，强行向消费者灌输信息，认为这样就会产生效应。然而，不同的媒体，具有不同的作用，这种轰炸式广告宣传虽能带动些销售，但也会浪费很多企业的广告费。因此，应根据不同的市场时期，对广告的制作和发布采取不同的策略应对。

（3）广告一定要连续进行。广告有滞后性，因此投放一定要持续，千万不能随意停下来，否则就会引起很多猜测。

（4）广告要注意社会效应。正如美国历史学家大卫·波特所指出："现在广告的社会影响力可以与具有悠久传统的教会及学校相匹配。广告主宰着宣传工具，它在公众标准形成中起着巨大的作用。"

6.5 保险公司的再保险策略

保险公司必须严格遵照我国《保险法》、《再保险业务管理规定》（保监会 2010 年第 8 号令）以及财产保险公司再保险经营的相关要求，本着稳健经营的原则和方针，特制订以下再保险计划：

6.5.1 再保险计划制定原则

（1）严格遵守《保险法》、《再保险业务管理规定》等法律法规，确保公司依法合规经营。

（2）对承保风险进行全面细致分析，合理分散风险，保证公司经营安全稳定。

（3）根据公司业务发展规划，提供充足的承保能力，促进业务发展。

（4）通过与实力型再保险人的合作，引进再保市场先进的风险管理经验，增强公司技术实力。

（5）严格审核再保险人资质，保证再保摊回的安全性和及时性。

6.5.2　再保险计划具体内容

公司将严格遵循第一条所列再保险计划制订原则，结合公司的业务发展规划和发展战略，对拟经营的每类险种选择科学合理的再保方式。公司开业初期各险种的再保险计划安排如下：

（1）合约分保。

①车辆保险：车险单一标的保额和赔偿限额较小，按照公司现有的资本金状况，不存在自留保费的法律监管风险，且根据公司的业务规划，车险将实现一定的业务规模，业务稳定性较强，拟暂不安排车险再保合约。

②财产、工程保险：该类业务单一危险单位保额较大，从公司开业初期的资本金状况和预计保费规模来看，此类险种业务需要较强的再保支持。通过安排再保合约，提高公司的自动承保能力，并实现分散风险、稳定经营的目的。对该类险种业务，我司拟安排成数溢额比例分保合约，并根据公司开业后的业务发展状况，适时地增加险位超赔和巨灾超赔分保合约。

③责任保险：此类险种是公司实施聚焦战略的重点产品。公司开业初期，尚未形成较大业务规模时，需要再保支持实现该险种的稳定经营，为业务的后续发展提供保障。开业初期，对该类险种业务我司拟安排溢额分保合约，在该险种形成较为稳定的业务规模后，将购买险位超赔分保合约。

④货运保险：根据此类险种保险标的的流动性特点，单个危险单位遭受全损的可能性较其他险种要大，本着稳健经营的原则，我

司拟安排货运险溢额分保合约。

⑤意外保险：此类险种业务单个保险标的保额较低，且标的数量众多，业务经营稳定性相对较好，在公司开业初期暂不做合约分保安排，待业务达到一定规模后，根据风险的累积情况，适时地增加超赔分保合约。

⑥信用保证保险：根据公司的业务发展规划，此类险种的业务多为小额贷款保证保险，赔偿限额低，风险较为分散，在公司开业初期暂不做合约分保安排，我们将根据公司开业后的业务发展状况，酌情考虑增加成数分保合约。

（2）临时分保。

作为合约分保的补充，临时分保合同可涵盖所有险种，公司将对以下四类业务安排临时分保合同：

①已有分保合约保障的险种，单个危险单位保额超过公司自动承保能力的业务。

②无分保合约保障的险种，单个危险单位保额超过其自留额计划的业务。

③属于公司分保合约的除外责任，需要分保支持的业务。

④确因业务发展，其他需要安排特约临分的业务。

（3）自留额计划。

对于自留额和自留风险的管理，公司将严格遵守我国《保险法》中关于每一危险单位最高自留限额的规定，基于公司注册资本金是29亿元人民币的情况，各险种每一危险单位的最高自留限额为1亿元人民币；同时，结合业务风险的实际情况，确定自留限额或自留保额，针对超过自留额的部分安排办理分保。

计划拟定的各险种自留额将本着稳健经营的原则，结合公司各险种计划的业务发展规模、经营效益及稳定性的要求，按照风险等级进行细化。

公司开业第一年拟考虑：财产、工程险业务常规自留额8000万元人民币；责任险常规自留额1000万元人民币；货运险常规自留额800万元人民币；意外险常规自留额（每人保额）100万元人民币；车险常规自留额200万元人民币；信用保证险常规自留额

100 万元人民币。我们将根据公司的经营理念、险种规模和风险状况，对自留额计划予以年度动态调整。

6.5.3　再保人资信控制

公司将认真贯彻和落实我国《再保险业务管理规定》（保监会 2010 年第 8 号令）及《中国保险监督管理委员会关于再保险业务安全性有关问题的通知》（保监发〔2007〕112 号文）的要求，建立完善的风险管理机制，审慎地选择再保险接受人，强化对再保险业务的风险管理。尤其在目前全球金融危机的背景下，公司对再保人的选择将以从严和谨慎为首要原则，确保公司再保险资产的安全。

（1）首席合约再保人（最大份额接受人）的选用标准。

①国有独资或国有控股的专业再保险机构。

②国际再保人应为专业再保险机构，且最新财务实力至少不低于标准普尔（Standard & Poor's）A-、A. M. BEST A-、穆迪（Moodys）A3、惠誉（Fitch）A-等评级标准之一。

（2）其他合约再保险接受人的选用标准。

①国有独资、国有控股保险公司，实收货币资本金不得低于 10 亿元人民币；

②国际再保人的最新财务实力至少不低于标准普尔 BBB、A. M. BEST B++、穆迪 Baa、或惠誉 BBB 等评级标准之一，且实收货币资本金不得低于 10 亿元人民币的等值货币。

（3）临分再保险接受人的选用标准。

实收货币资本金不得低于 5 亿元人民币或等值货币。

（4）再保险接受人的总体要求。

①再保险接受人的偿付能力应当符合公司注册地监管当局关于偿付能力的有关规定。

②再保险接受人在再保险合同起期的前 2 个会计年度无重大违法违规行为。

③无不良诚信记录。

第七章　保险公司的资产管理战略

7.1　保险公司的资产管理解析

7.1.1　保险资产管理内涵

目前金融市场上常见的资产管理业务主要包括：信托、保险资产管理、券商资产管理、保险资产管理、基金子公司资产管理，以及银行资产管理等。

其中，保险资产管理业务就是指由保险资产管理公司接受保险公司委托管理保险基金，或者向特定客户募集资金、接受特定客户财产委托担任资产管理人，为资产委托人的利益，运用委托财产进行投资，以使保险基金保值、增值为目标的资产管理业务。

保险资产管理公司是专门管理保险资金的金融机构，主要业务是接受保险公司委托管理保险基金，目标是使保险基金保值、增值。保险资产管理公司一般由保险公司或保险公司的控股股东发起成立。

7.1.2　保险资产管理业务的参与者

与信托一样，保险资产管理业务参与方至少也有三方：委托人、受托人和受益人。

其中，委托人指的是资金委托方，保险资产管理业务中委托人一般是母保险公司，也可以是养老金、企业年金、住房公积金等机构，或能够识别并承担相应风险的合格投资者。目前我国保险资管的资金大部分还依赖于母保险公司自身保费，但是面向市场管理的第三方资产规模也正在加速增长。

受托人指的是接受资金的委托，代替委托人进行财产处分和管理的机构。在保险资产管理业务中指的是保险资产管理公司。根据中国保险资产管理业协会统计的数据，目前，我国保险资产管理业市场主体包括22家综合性保险资产管理公司、10余家专业性保险资产管理机构、11家保险资产管理公司香港子公司、6家养老基金管理（或养老保险）公司、2家私募股权资产管理（GP）公司、1家财富管理公司。此外，还有173家保险公司设立了保险资产管理中心或保险资产管理部门。其中最早成立的是2003年7月成立的中国人保资产管理有限公司，最新成立的是2015年3月成立的英大保险资产管理有限公司和华夏久盈保险资产管理公司。

其中能否受托管理社保基金要看保险资产管理公司是否符合《全国社会保障基金投资管理暂行办法》的规定，并通过国务院的批准。

能否受托管理企业年金要看保险资产管理公司或基金公司是否符合《企业年金基金管理办法》的规定，并通过国务院的批准。

能否受托管理养老基金要看资产管理公司是否符合《基本养老保险基金投资管理办法》的规定，并通过国务院的批准。

受益人指的是受托人运用委托方的财产进行处分或投资产生的收益的归属方。受限于当前相关法律法规建设的滞后和非资金类权益资产注册登记制度的缺失，目前我国的资产管理产品，包括保险资产管理产品大多是自益类的项目，受益人即委托人。

其中，保险资产管理公司作为受托人，可以接受客户委托，以委托人名义，开展资产管理业务，也可以设立资产管理产品，为受益人利益或者特定目的，开展资产管理业务。

7.1.3　保险资产管理的业务模式

保险资产管理的业务模式目前大致可以概括为投资管理、投行业务、金融同业和财富管理四大板块。

7.1.3.1　投资管理板块

包括传统的投资研究、组合管理、固定收益投资、量化投资、权益投资、集中交易，以及年金投资和非母公司资金（含受托其他保险资金及非保险资金）投资，主要强调二级市场的投资能力和产品设计能力。

7.1.3.2 投行业务板块

以另类投资为主，包括以保险资产管理机构名义发起设立基础设施债权投资计划、不动产投资计划、股权投资计划、资产支持计划等。该板块两端在外，一端对接项目，另一端对接资金，为企业融资提供综合解决方案，实质上是类似券商的投资银行业务。随着保险资金投资渠道的放开和“走出去”战略的实施，私募股权投资、非标投资、境外投资逐渐成为保险资产管理机构资产配置的重要方向。

7.1.3.3 金融同业板块

由协议存款“通道业务”发展而来，现在又新开辟了保险资产管理机构与银行、信托、券商等同业开展的财务顾问、资产证券化业务等同业合作新业务。随着量化投资和资产证券化的发展，该板块有可能成为保险资产管理行业下一轮竞争的重要战场。

7.1.3.4 财富管理板块

财富管理板块则主要针对高净值客户资产管理和公众理财市场，产品形式包括养老保险公司的养老保障产品，专项或定制化产品的设计，以及公募产品的开发。

7.1.4 保险资产管理业务的发展趋势

保险资产管理的业务模式，由单一模式向复合模式发展。保险资产管理公司在市场上，逐渐发展为从买方到卖方，从账户管理模式到产品管理模式，从服务投资方到服务融资方，业务条线丰富和管理模式多元的综合性资产管理机构。

保险资产管理业呈现出四大发展方向：

（1）丰富资产管理产品，加大主动投资力度。

丰富资产管理产品，专注于管理母公司资金，业务模式及投资理念坚守传统，以负债驱动资产配置为主。

（2）增加另类投资，实现多元化资产配置。

保险资金运用渠道从政策限制向逐步放开转变，随着保监会一系列监管“新政”的出台，保险资金投资渠道持续放宽，保险资产配置更趋多元化，从传统的公开市场投资拓展到基础设施、股权、不动产、集合信托计划、金融衍生品等另类投资以及境外投资，特别是债权投资计划、不动产投资计划、创新类金融产品、投资性房地产的投资快速增长。

（3）拓展第三方业务，参与大资产管理市场竞争。

根据市场行情和投资主体，发行第三方保险资产管理产品，向合格投资者募集资金，开展资产管理业务。保险资产管理公司开展资产管理业务可以采取两种方式，其一为单一投资人发行定向资产管理业务（单一定向），其二为特定的多个投资人发行集合资产管理业务（对多集合）。

向单一投资人发行的定向产品，投资人初始认购资金不得低于3000万元；向多个投资人发行的集合产品，投资人总数不得超过200人，单一投资人初始认购资金不得低于100万元。

（4）创新境外投资模式，推进全球化配置。

7.2 美国保险公司的资产管理研究

7.2.1 美国保险资产管理的分账户监管

美国保险资产管理行业拥有成熟的技术和丰富的经验。早在1940年，美国就通过《投资公司法》将保险资产管理账户分为一般账户和独立账户进行单独管理。其中，一般账户包含传统保障型保险保费收入，主要用于赔付和年金给付，账户资金的稳定和安全性更加重要，投资策略相对保守。独立账户管理与资本市场密切相关的投资型保险，如变额寿险、变额万能险等。采用变额形式的产品其保费按照一定规则分配，分别进入一般账户和独立账户。在一般账户中的资金按照传统寿险方式运作，用于保证最低保险责任，以资金安全性为重。独立账户不受一般账户规则约束，一般设有若干个投资组合，每个投资组合分成若干等价值的投资单位，客户可以自行决定保费在投资组合间的分配。一个独立账户的投资组合可以只由股票、债券或房屋质押贷款中的任何一类构成，或者是这些资产与其他类资产的组合合集。在享受投资收益的同时，独立账户的投保人也需承担相应投资风险，而保险公司也实现了负债端与投资风险的松绑，采取的投资策略也相对激进。截至 2013 年底，美国寿险资金一般账户资金总额达到 3.8 万亿元，而独立账户资金总额达到 2.3 万亿元。根据规定，独立账户必须在 SEC 单独注册。我国保险资产管理公司对保险资金进行分账户受托管理，也正是借鉴了美国的经验。

随着美国保险资产管理行业发展强大，其投资管理属性越来越强，具有投资属性的投资型保险越来越受到市场的认可和追捧。从投资收益率上看，目前美国保险市场整体总投资收益率为 4.5%~5%。从资产总量上来看，2003 年到 2013 年一般账户投资资产从 2.7 万亿元增长到 3.8 万亿元，年复合增长率 3.5%。而独立账户投资资产从 1.2 万亿元增长到了 2.3 万亿元，年复合增长率 7.1%。独立账户资金占保险总投资资金比重从 30%提高到 38%。而我国截至 2015 年独立账户资金余额占比仅 3%，与发达市场相比还有 10 倍空间。随着我国保险资产管理机构投资能力增强，独立账户的发展将得到支撑。

由于保险资金性质和监管限制不同，美国的一般账户投资风险偏好明显小于独立账户。一般账户配置大量收益稳定的固定资产和房地产资产。2013 年一般账户在债券资产、房地产资产上的投资占比分别为 71%和 10%，在股票上的投资占比仅为 2%；而独立账户配置了大量的股票，投资占比达到 82%，在债券和房地产类投资资产的投资比例仅为 13%和 0.4%。

7.2.2 美国保险资产管理的特点

美国的保险监管体系中个体监管和系统监管并重，各州根据自身情况订立法律条款限定保险公司投资行为。1996 年美国保险监督协会（NAIC）设定了《保险公司投资示范法（投资上限版）》、《保险公司投资示范法（规定标准版）》两套示范法供各州参考，以更好地监管本州保险公司和提高保险公司的竞争力。在鸽笼式监管体系中，寿险和非寿险公司有 10 种投资资产，针对每一种投资资产的不同性质，监管严格规定了其投资形式、投资数量。相比而言，寿险的投资限制更多。在投资资产的分散性上，寿险公司要求投资单一主体的投资资产总额不超过认可资产的 3%，而非寿险公司将范围放宽至 5%。在投资工具的使用上，寿险公司的要求更高。如 SVO（Securities Valuation Office）评级为 5 或 6 的投资总额不得超过 3%，而非寿险为 5%。对集合投资工具投资比例寿险公司不得超过 35%，而非寿险公司是 40%。在股票投资上，寿险投资资金不可超过认可资产的 20%，其中对未公开交易的股票投资额不可超过认可资产的 5%；而非寿险股票投资总额取认可资产的 25%或所有投保人的保单价值中的最大值。在房地产和质押贷款投资上，规定了因贷款资产质量不同而有所差异的投贷额度。对寿险公司而言，房地产投资合计不可超过认可资产的 45%。而对非寿险公司而言，房地产投资上限为 10%，若该公司 95%以上业务为健康险和意外险，则投资比例可放宽到 15%。

紧接着在 1997 年，NAIC 通过《保险公司投资示范法（规定标准版）》确立了另一套较为宽松的谨慎式监管体系。谨慎式监管不再对保险资产的投资渠道和投资资产质量、性质、比例作硬性规定，监管从严到松。以纽约州为例，在 1951 年前禁止寿险公司投资普通股，1951 年后规定股票投资上限为 3%，至今已逐步放宽至 20%。现在纽约州的寿险监管实现了“鸽笼式”与“谨慎式”结合的特点，在做上限规定的基础上对投资资产性质、质量不再做硬性规定：（1）对单一主体的投资额不超过 10%，在所有满足条件的集合工具中的投资不超过 25%，在所有集合工具中的投资不超过 35%；优先股投资总额不超过该寿险公司认可资产的 2%。（2）对股票投资总额不能超过认可资产的 20%，合格交易所上市以外的股票不能超过 5%，不能进行卖空操作。（3）抵押贷款投资上限是认可资产的 45%。（4）除了根据控股公司法对子公司的投资外，股权投资上限是 20%。（5）自用型房地产投资上限是 10%，收益型房地产上限是 20%，民用房地产的投资上限是 2%。（6）对美加以外世界各国的上述各项投资总额，上限10%。（7）对国际机构的债权投资上限是2%。

以上两套体系中的投资限制并不适用于独立账户，但若当地州法规定适用单独账户，则分两种情况对待：一是把独立账户的资产加总在保险公司总账户资产上进行总体监管；二是对单独账户投资资产进行监管。以纽约州为例，对单独账户的监管方法有：（1）把划入独立账户中的资产视为该保险公司总资产一部分，投资符合对寿险公司总账户投资的标准限制；（2）在精算报告中阐明在考虑保证对独立账户造成的风险费用后，该独立账户中的资产还有足够的金额来履行保险公司对单独账户的负债。

我国目前对一般账户的监管正是借鉴了由NAIC在1996年制定的《保险公司投资示范法（投资上限版）》设立的鸽笼式监管体系。如同美国从“鸽笼式”向“审慎式”监管的过渡，我国的保险监管也正随着市场的发展和投资产品的多元化而有所放松。比如保监会在2014年底做出的保险资产管理大类管理摒除了对资产细目的详细规定，仅对大类进行上限管理。再比如在2015年做出保险境外投资、设立私募基金、参与资产管理计划的规定，为保险投资创新思路、打开市场空间铺路。截至2015年12月，人身险投资资产达到了1.6万亿元，而投连险独立账户新增交费仅616亿元，差距为26倍。值得注意的是，我国还对万能险设立了独立账户，然而与投连险独立账户不同，尽管具备投资属性，该账户仍受保障型保险投资监管。

7.2.3 21世纪以来美国保险资产管理的发展变化

（1）资金性质不同，一般账户重固收而独立账户重权益。

我们可按中国保险资产的大类配置将美国保险资金投向大致分为债券、股票、房地产投资、保户质押贷款。然而与中国不同的是，美国的保险资金可以直接对接抵押贷款市场。综合一般账户和独立账户来看，从2003年到2013年，美国的保险资金运用余额从3.9万亿美元增加到6.1万亿美元，年复合增长率为4.7%。从资产配置上来看，债券以收益的长期性和安全性与保险资金的属性天然吻合，仍为最主要的配置类别。然而从2003年到2013年，债券资产占保险资产配置的比重从56%下降到了49%。现金及现金等价物资产配置占比从1.3%下降到0.8%。与此相反，权益投资越来越受到险企的重视，资产配置比重从26%上升到了33%；其他类投资资产占比从2.7%上升到了3.6%。

我们在前面已经提到，一般账户和独立账户因为资金性质的不同配置而风格迥异。一般账户管理保障型保险保费，风格保守，偏重债券投资，近10年来重债券轻股权趋势明显。2013年一般账户债券投资资产占比71%，10年间年复合增长率高达3%；而股票投资资产占比仅为2%，10年间年复合增长率为-1.4%。

独立账户管理投资型保险保费，风格较灵活激进，近10年来重股权的风格愈加突出。2013年独立账户股票投资资产占比82%，10年间年复合增长率为7.6%；同时债券投资资产也得到加强，2013年占比达到13%，10年间年复合增长率为4.7%。就独立账户而言，保险资金在权益市场布局的加大源于保险资产管理公司或投资部投资能力的增强。截至2013年美国保险资金在普通股股票市场实现净收益470亿美元，10年间年复合增长率14.5%，居各类投资资产净收益增幅首位。

（2）债券：利率下行投资占比下降，侧重运用期限利差与信用利差。

长期保单为主要保费来源的收入结构决定了寿险公司负债端的长久期，因此寿险公司是更注重对久期匹配有稳定回报的固定收益产品的投资，是美国债券市场最主要的参与者。然而近10年来美国债券市场收益率持续下探。其中10年期国债收益率从4%下降到3%，10年期高质量市场企业债券投资收益率从5.5%下降到4.4%。以债券投资为主的一般账户资产配置也发生了变化。首先，更侧重于利用债券期限利差，加大了长期高收益债券配置。2013年一般账户债券剩余期限长于20年的占债券投资规模的21%，较5年前增加1%；期限在10至20年的占债券投资规模的15%，较5年前增加3%；期限在5至10年的占比31%，较5年前增加2%；期限在1至5年的25%，较5年前缩小4%；期限在1年以下的占比9%，较5年前缩小1%。其次，投资更丰富的债券品种增加信用利差。2013年一般账户债券56%为公司债券，较10年前减少8%；17%是国债，较10年前减少7%；12%是MBS，而10年前还没有MBS投资。缩减了债券投资比例，扩充了其他类资产投资。尽管一般账户和独立账户债券投资资产绝对量在增长，但投资占比10年间也分别减少了3%。其中10年期国债收益率从4%下降到3%，10年期高质量市场企业债券投资收益率从5.5%下降到4.4%。

（3）房地产与房屋抵押贷款投资：利率下降迫使投资转向，投资占比下降。

美国险企并不热衷于投资房地产直接投资，所持房产多为自用。从2003年到2013年美国房地产市场经历了快速上涨与回调，10年间房价指数整体涨幅仅为22%。房地产投资收益率也经历了相应的震荡，10年间年复合增长率为-2.9%，远低于权益投资和房屋抵押贷款收益。在房市遇冷的情况下，保险公司投资转向表现活跃的权益市场，房地产投资占总投资资产占比进一步从0.8%降低到0.5%。

与国内投资范围不同，美国的保险资金可以对接房屋抵押贷款。然而同样受房地产板块衰弱的影响，房屋抵押贷款增长率也趋缓。从2003年到2013年，房屋抵押贷款的年增长率仅为3.3%，15年期抵押贷款固定利率也从5.24%下降到3.52%。现行的抵押贷款多针对商业、工业、机构用房，包括购物中心、办公楼、工厂、医疗中心等，而非农业、居民住宅。这类贷款总额2013年占当年房屋抵押贷款总额的94%。同时，保险公司在房屋抵押贷款上进行了严格的风险把控，仅有0.5%的贷款会延期或强行停止。截至2013年，美国险企在房屋抵押贷款上的投资占比为6%，较10年前下降1%。

（4）保单质押贷款：受利率下行影响，投资占比下降。

保单质押贷款，是投保人把所持有的保单直接抵押给保险公司，按照保单现金价值的一定比例（一般为90%）获得资金的一种融资方式。若借款人到期不能履行债务，当贷款本息积累到退保现金价值时，保险公司有权终止保险合同效力。美国寿险保费的增加刺激了保单质押贷款的增加。然而由于美国贷款利率从2003年的4.12%下降到了3.25%，保单质押贷款利率相应下调，利差空间缩小。这十年间，美国保单质押贷款规模复合增长率仅为2.1%，保单贷款投资资产占保险投资总资产比例也从2.8%降低到了2.1%。

（5）另类投资资产：投资占比逐渐增加。

美国险企从债券、房地产、不动产抵押贷款、保单质押上撤走的另一部分资产进入了另类投资市场。从2003年到2013年，另类投资资产净投资收益从49亿美元增长到119亿美元，年复合增长率高达9%，另类投资资产占比也从2.7%提高到了3.6%。

（6）权益市场：美国股票市场的长慢牛助推保险资金权益资产配置增加。

美国独立账户投资资金投资于债券、房地产、不动产抵押贷款、保单质押上的占比逐渐缩小，资金转向权益市场。2003—2013年独立账户权益资产投资占比从78%提高到82%，几乎全为普通股。这是因为美国保险资产管理公司和投资中心在美国资本市场的起落升沉中积累了丰富的投资经验，对保险资金的权益投资驾轻就熟。而美国股市的长慢牛和保险资产管理法规政策的支持也激活了保险资金参与股权市场的信心和兴趣。2003年到2013年，S&P500增幅达到了130%，纳斯达克100的增幅更达到了360%。同时，美国州法律允许变额年金和养老金计划投资资产独立于保险公司的其他资产，并可完全投资于股票市场。在这样的政策和经济环境下，美国独立账户投资于股票市场的保险资金投资总量大幅提升，年复合增长率8%。由于美国股票市场的繁荣，这10年间S&P500增幅达到了130%，纳斯达克100的增幅更达到了360%。

7.3　我国保险公司的资产管理研究

7.3.1　我国保险资产管理的发展历程

我国保险资金运用可分为四个阶段：

（1）轻投资阶段（1949—1987年），投资工具匮乏，投资意识薄弱，保险资金主要投资方向为银行存款；

（2）无序投资阶段（1987—1995年），投资方向繁杂，风险控制能力差，形成大量不良资产；

（3）监管严控阶段（1995—2002年），我国《保险法》颁布，将保险公司的投资范围严格控制在银行存款、政府债券、金融债券和国务院规定的其他资金运用形式。

（4）专业经营阶段（2002年至今），以《保险法》修订为开端，投资范围合理放宽。

进入专业经营阶段以来，监管在政策上不断松绑，积极支持保险资产管理的发展。逐步开放和规范保险资金投资企业债、债券回购、证券投资基金、境外投资、债权、股权、不动产、基础设施投资计划、衍生品交易、创业投资基金、资产支持计划、私募基金，并在2014年整合比例监管政策，加强和改进了保险资金运用比例监管。

进入21世纪以来，我国的保险资金运用进行了制度的变更，取得了长足的进步。在2003年以前，保险公司依靠内部投资部门或财会部门对保险资金进行投资运作，没有市场化的环境和专业化的团队，部分保险资金甚至还由保险公司各地方分公司自行投资。以2003年7月中国人保资产管理公司的设立为标志，保险资产管理领域进行了集中化、专业化的变革，保险公司首先将各分支机构的地方分公司的资金集中于总部，进行集中使用规范管理，取得规模效应。其次，满足条件的大中型保险公司设立了专门的保险资产管理公司，并将保险资金委托其进行管理。2005年底，保监会批准设立了第一批5家中资保险资产管理公司，分别为中国人保资产管理有限公司、中国人寿资产管理有限公司、华泰资产管理有限公司、中再资产管理股份有限公司、平安资产管理有限责任公司。2006年又紧接着设立了4家专业国有保险资产管理公司和1家外资保险资产管理公司，形成了“9+1”格局。之后，中小险企资产管理公司、合资资产管理公司、境外资产管理公司陆续成立。截至目前，我国已有21家综合性保险资产管理公司、10多家专业资产管理公司、10家香港子公司、173家保险资产管理中心或资产管理部门，没有设立二级资管子公司的保险公司设有投资部门进行保险运用及投资。

7.3.2　我国保险资产管理业发展现状

2016年，我国保险资产管理业保持较好、较快发展，成为大资产管理行业重要组成部分。第一，资产总规模持续快速增长。截至2016年末，保险资金运用余额达13.39万亿元，较年初增长19.78%。第二，配置结构日趋多元。近年来，保险资金配置中银行存款、债券占比持续下降，另类投资配置比例不断提升，2016年，包括另类投资在内的其他投资占比首次超过债券配置比例，成为保险资产配置的重要类别。第三，投资收益稳中有降。2016年保险资金投资收益率为5.66%，相比2015年的收益率7.56%，下降1.9个百分点。第四，资产管理产品发展保持较快步伐，服务实体经济力度持续加大。截至2016年底，保险资产管理机构累计发起设立各类债权、股权投资计划627项，合计备案（注册）规模15678.67亿元。第五，全面监管不断强化，改革发展稳步推进。2016年保险资产管理业全面持续强化监管，保持对重点风险的从严态势，牢牢守住不发生系统性风险的底线。

7.3.3　我国保险资产管理业发展的主要特点

（1）保险资产管理业监管进一步完善，更加注重防范金融风险和服务实体经济。

第一，更加注重风险防控，牢牢守住风险底线。主要是强化资产负债管理约束；强化偿付能力监管，“偿二代”正式全面实施；加强公司治理和内部控制；完善多工具的事中事后监管；加强现场和非现场检查的频率和覆盖面；加强激进投资行为的重点监管；加强金融产品业务监管。

第二，积极支持实体经济发展和参与民生保障。保险监管部门积极引导保险资金支持“三去一降一补”、供给侧改革战略、国家重大战略建设。发挥保险资金长期投资的优势，为国家战略项目提供资金支持。同时，进一步丰富保险资金支持实体经济的工具，鼓励运用股债结合、夹层基金等创新工具对接优质资产。通过政府和社会资本合作模式（PPP）、资产证券化等方式满足实体经济融资需求。

第三，继续深入推进市场化改革创新。一方面，保险资金运用改革继续推进，投资渠道和领域进一步拓宽，与国际通行的监管方式基本一致。另一方面，注重引导提升保险资产管理公司创新能力。此外，多层次保险市场建设进一步加快，中保投资有限责任公司成立，上海保险交易所开业。

第四，筑牢保险业及保险资产管理业安全稳健发展根基。2017年，为明确当前和今后一段时期保险业的任务和要求，保险监管部门连续出台了多个文件，即“1+4”系列文件，对保险监管和行业改革发展作出了总体部署，是一项系统性工程。

（2）保险资产管理的行业自律建设不断推进。

行业自律是中国保险资产管理业协会重要工作职能，2016 年其主要工作包括以下几个方面。第一，完善自律组织建设，明确自律开展模式。通过完善自律工作的组织架构，制定《中国保险资产管理业协会自律管理办法》等加强自律建设。第二，构建自律规则体系，夯实自律制度基础。协会陆续制定、发布了《中国保险资产管理业协会章程》、《中国保险资产管理业协会自律公约》等基础制度，并出台行业自律的业务规则等。第三，推进自律有效实施，落实监管配套要求。适时采取自律管理措施完善行业运行规范；配合监管部门开展相关内控指引、信用评价等工作。

（3）保险资产管理业的市场主体多元化、差异化格局基本形成，保险资产管理机构投资管理能力建设日趋完善。

从市场主体情况看，截至 2016 年末，我国已有综合性保险资产管理公司 23 家，资产管理公司总资产达 426. 29 亿元，较年初增长了 20. 97%；11 家保险公司在我国香港地区设立机构；设立养老保险公司 7 家。从投资管理能力牌照情况来看（包括股票投资能力、无担保债券投资能力、股权投资能力、不动产投资能力、基础设施投资计划产品创新能力、不动产投资计划产品创新能力和衍生品运用能力等七类），31 家参与调研保险资产管理机构中，持有最为集中的投资管理能力牌照为无担保债券投资能力（28 家机构）、基础设施投资计划产品创新能力（26 家机构）和股票投资能力（25 家机构）。此外，超过 70%的机构拥有 5 张或以上的投资能力牌照。

（4）保险资产管理业投资情况整体稳健安全。

2016 年从资产规模及运用余额看，保险行业资产总额达 151169. 16 亿元，相比年初增长 22. 31%，增幅创阶段性新高；保险资金运用余额 133910. 67 亿元，较年初增长 19. 8%，其中上半年增幅较大，下半年增幅逐步趋稳。从配置结构看，保险资金资产配置继续保持相对稳健、有效和多元。截至 2016 年末，保险资金运用余额配置于银行存款 24844. 21 亿元、债券 43050. 33 亿元、股票和证券投资基金 17788. 05 亿元、其他投资 48228. 08 亿元。就资产配置的主要特点而言，第一，以另类投资为主的其他投资增长较快；第二，大类资产配置灵活性提升，各月的保险资金资产配置结构有较为明显的差异。从投资收益看，保险资产管理业收益较为稳健，保险资金运用收益率为 5. 66%，投资收益率出现一定下行，与 2016 年“低利率”和“资产荒”的环境相关度较高，但基本符合保险负债端要求，总体较为合理。

（5）保险资产管理机构受托业务保持较快发展态势。

从业务方向上看，目前保险资产管理公司受托业务主要包括受托关联保险机构保险资金业务、关联保险机构以外的保险资金业务、业外第三方非保险资金的业务三方面。从受托管理保险资金情况看，2016 年，受调查的 31 家保险资产管理机构资产管理规模约为 13. 72 万亿元，其中受托保险资金约为 9. 56 万亿元，占总资产管理规模比例为 69. 68%。从受托管理第三方业务情况看，31 家调研机构中已开展第三方业务的保险资产管理机构共有 25 家。此外，部分机构取得了企业年金基金投资管理人资格，截至 2016 年末，保险机构共管理企业年金组合资产规模 5732. 07 亿元，占全部金融机构管理规模的 53. 71%。6 家保险机构取得了基本养老保险资金投资管理人资格。

（6）保险资产管理产品注册数量与规模同比稳步增长，较好地支持了实体经济发展。

2016年，保险资产管理机构共注册保险资产管理产品152项，注册规模3174.39亿元。其中，注册基础设施债权投资计划57项，规模1477.53亿元；注册不动产债权投资计划77项，规模1001.86亿元；注册股权投资计划18项，规模695亿元。从注册主体情况看，共有23家市场机构注册债权投资计划。此外，注册数量排名前四位的机构共占总注册量的38%。从行业投向情况看，基础设施债权投资计划主要投资于交通、能源等领域。不动产债权投资计划主要投资于商业不动产、棚户区改造等。分区域情况看，注册产品覆盖的区域分布广泛，债权投资计划注册分布在全国27个省、市、自治区。其中注册规模前三位分别为甘肃、北京、山西。从信用评级情况看，134项债权投资计划产品中，AAA评级产品105项，数量占比78%。

（7）保险资产管理行业的人才结构分布及人才建设与行业发展的实际需要基本相适应。

从参加调查的31家保险资产管理机构相关情况看，截至2016年末，从业人员数量不断增加，专业从业人员（不包括保险公司的资产管理部门）达5956人。同时，从业人员涉及的专业领域不断丰富，涉及投资管理、管理服务、合规风控信评、运营支持、销售或财富管理、研究、产品、公募、私募九大类专业条线，基本实现了对前、中、后台职能的全覆盖。其中投资管理类人员超过1800人，数量最多。此外，从保险资产管理业投资研究情况看，21家保险资产管理机构设有从事专职研究工作的部门，行业专职从事研究工作的人员约360人，研究领域普遍涉及宏观、股票、债券、基金及产业研究。

（8）保险资产管理业基础设施建设明显提速。

一方面，协会积极开展行业基础设施建设。截至2016年末，根据业务发展与行业需求，与会员单位展开合作，着力建设了产品注册系统，实现了产品注册工作的规范化、高效率和智能化，进一步促进了保险资产管理产品快速发展。另类投资管理系统——“资产管理云”平台，向会员单位提供信息系统服务的方式解决另类投资管理无系统的问题。资产管理信息交互系统，为各类项目、产品、配置信息的发布、筛选、意向预约提供综合性服务平台。场外基金一站通平台，实现与中国结算 FISP 平台的全面对接，解决会员单位普遍存在的场外基金投资效率及安全问题。另一方面，上海保险交易所成立后，保险资产登记交易平台逐步搭建，为保险资产管理及相关产品的交易提供基础设施和服务等。

7.4　我国保险公司的资产管理战略

7.4.1　保险资产管理的战略目标

保险资产管理的目标是逐步通过专业化、市场化、规范化、多元化的资产管理，争取在 5~10 年内将保险的资产管理团队建设成为国内一流、具有国际水准的资产管理团队。

保险资产管理的定位是参考国际领先机构的模式，以管理保险资产为基础，为保险资金、企业年金等长期资金乃至行业外其他机构资金、社会公众资金提供专业化多元化的资产管理服务。

（1）投资范围的规划。从投资范围看，除传统的投资业务外，要积极进行 QDII、股权与债权投资，法律法规允许的其他如实业投资等投资业务，不断扩大投资范围和投资渠道，增强投资管理盈利能力。

（2）管理资产的规划。除保险公司自身的资产外，要全面拓展资金来源。一方面要做好系统内外的保险资产管理业务，另一方面要积极开拓养老金、机构理财资金等管理资源，并吸引社会公众资金，抓住当前金融资产结构大调整机会，谋求资产管理规模快速增长，在 5 年的时间内管理资产规模达到 500 亿~1000 亿元。

（3）团队建设的规划。利用 3 年左右的时间，建设一支拥有 70~100 人的资产管理团队。从投资水平上来看，要建设成为行业内乃至整个金融业内一流的资产管理团队。

（4）管理方式的规划。坚持专业化、规范化、市场化发展。通过机构、人员和系统的专业化管理，提高资产管理水平；通过规范运作防范运营风险；通过市场优胜劣汰，提升资产管理部门的市场竞争力。建立一套包括授权机制、决策流程、投资操作流程、托管机制等在内的完善的资产管理运作体系。

7.4.2　保险公司的资产配置范围

根据中国保监会对保险公司资金运用的相关规定，结合公司初创时期极度厌恶风险的特性，在充分考虑安全性、流动性和收益性的基础上，公司投资资产主要分为以下四类：流动性资产、固定收益类资产、权益类资产及其他投资资产。

（1）流动性资产，包括现金、银行活期存款、货币市场工具、货币型基金及保监会规定的其他品种。

（2）固定收益类资产，主要包括政府债券、金融债券、企业（公司）债券、非金融企业债务融资工具以及符合规定的其他债券、银行定期（协议）存款及保监会规定的其他品种。

（3）权益类资产，包括股票、除货币型基金外的证券投资基金及中国保监会规定的其他品种。

（4）其他投资资产，包括不动产（自用）、基础设施债权投资计划、保险资产管理公司投资产品及保监会规定的其他品种。

7.4.3　保险公司的资产配置重点方向

保险公司作为特殊的金融机构，其业务主要由两部分构成：保险和投资。保险公司承保与投资是密不可分的，尤其是财险公司，承保业务的高周期性和保险资金的年度使用成本决定了财险公司投资策略中对流动性、安全性和长期性的要求；而保险业务本身的盈利能力则决定了保险公司投资策略的自由度。保险公司的投资，是在保险业务约束下的投资，而这种约束在财险公司身上得到更集中的体现。

保险公司应致力于培养一支稳健的投资管理团队，并根据自身承保业务的特点与盈利能力、在政策允许范围内确定自己的资产配置战略和投资组合上限，严格按照保监会关于偿付能力的相关要求，并结合公司和市场的实际情况，根据资产负债的属性进行科学匹配，在服务于京津冀协同发展、长江经济带、“一带一路”等国家战略需求的大方向下，合理运用资金，使公司的投资业务与承保业务相辅相成、互相促进，努力实现资产效益最大化。

7.4.4　建立资产管理的管理模式及决策流程

7.4.4.1　管理模式

保险公司成立由保险公司高级管理人员、精算部、财务部等有关专业人员及资产管理高级投资管理人员组成的投资决策委员会，根据产品的不同负债特性及资产负债匹配原则提出资产管理的基本原则及具体要求，并以委托资产管理合同的形式予以明确。

资产管理的核心工作，是根据委托合同中明确的投资目标、风险偏好和资产负债管理原则等约束条件，确定投资组合并予以实施，相应提取管理费。资产管理应定期向委托人报告投资执行情况，接受委托人对投资业务的监管。

7.4.4.2　管理架构

保险资产管理公司一般采用如图 7-1 所示的管理架构。

7.4.4.3　资产管理的投资决策过程

（1）投资决策小组制定投资组合的基本框架。

投资决策小组的主要工作是依据研究发展部所提供的投资研究报告以及保险资金期限、流动性等要求，制定投资基本原则、投资方向、类别资产投资比例等，以满足保险资金运用对资产安全性、盈利性和流动性的要求。

（2）品种投资部门提出具体的投资计划。

品种投资部门根据研究发展部的研究报告，在投资决策小组制定的投资组合框架内，经过充分的分析论证，根据当前市场的情况制订出具体的投资实施方案，报投资决策小组批准后实施。

（3）投资的执行。

投资的具体执行是由集中交易室来完成的。当品种投资部门制订的具体投资方案获批准后，有关人员应按作业流程以书面形式向集中交易室下达交易指令。

（4）投资组合的调整和投资绩效的评估。

投资指令执行后，品种投资部门应对所投资证券进行跟踪管

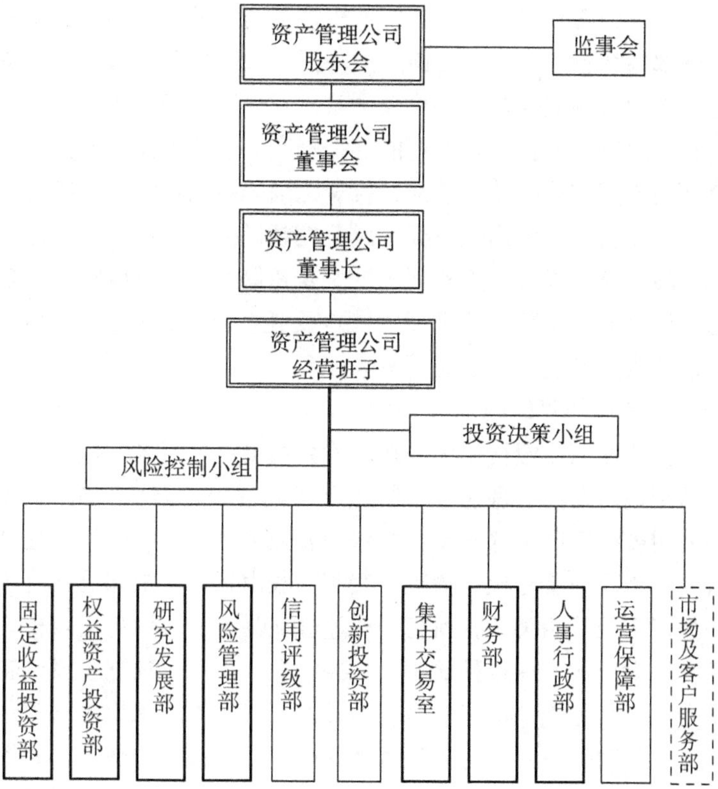

图 7-1

理，并根据上市后出现的新情况、市场的变化以及金融市场政策和趋势变化，定期或不定期地对投资组合进行检查和分析，必要时对投资组合中的证券种类和投资比重予以适当调整，以便更好地回避风险获取更高的收益。品种投资部门提出投资组合调整计划后，应报投资决策小组批准实施。

7.4.5　建立保险资产管理的科学、规范机制

（1）投资决策机制。

委托保险公司投资决策委员会作为委托保险公司委托资产投资

事务的最高决策机构，审议并批准投资目标、投资策略、资产配置计划等重大投资事项，以委托资产管理合约及其附件的形式交由资产管理部门执行。这样，目前一些隐性、软性的业务管理和投资约束条件将通过制度安排、法律合同等方式予以明确，成为显性、硬性的指导原则。委托保险公司能够在资产负债匹配要求的基础上制定全面的投资政策、绩效基准、投资范围等条款；绩效基准将反映负债特性及资产负债匹配目标和风险控制目标，不仅考察收益而且考虑风险调整及投资政策实现程度。委托保险公司可以将委托合约设为长期合同，将部分管理费报酬与受托资产长期业绩表现联系，从而避免资产管理可能的短期行为。

（2）资产托管机制。

选择一家商业银行作为委托保险公司资产托管人，代表委托保险公司利益对资产管理业务进行监督（此过程将分步实施）；委托保险公司委托资产仍存管于委托保险公司名下账户，委托保险公司拥有受托资产的所有权；清算、交割交收由托管人根据委托合约规定的投资政策等相关条款执行，对违规交易不交收而将交收责任转移给子保险公司。在这种机制下，委托资产由完全独立于投资管理人的专业机构保管，确保安全；而资产托管人同时承担内部管理审计、交叉核对等角色，有利于资产保全和监督投资运作；同时资产托管人可提供投资运作能力综合评价、资产净值和收益关联度及真实净值变动、投资管理存在问题及其改进、投资管理内部控制等多方面信息，为委托保险公司决策提供有效支持。

（3）审计机制。

委托保险公司将要求内部稽核审计机构或聘用第三方中介机构（会计师事务所等）对资产管理履行合同情况进行监督、检查。专业中介机构（会计师事务所等）能够为委托保险公司提供客观、公正、科学的审计报告；而资产托管机制的建立也便于委托保险公司直接从托管人处取得资产管理的关键数据和资料。

（4）风险管理机制。

委托保险公司设立风险管理委员会，对于委托管理的保险资产提出明确的资产负债匹配风险约束条件；委托保险公司投资决策委员会则对资产管理受托管理的保险资产行使业务指导和监控职能。资产管理业务中的重大原则性问题必须向委托保险公司董事会报告，确保委托保险公司的管控权。通过这一机制，保险公司内部风险管理职能得以进一步提升和发展，从分散管理到集中、整合管理，从中层管理到高层管理，从重点考虑后台控制到重点考虑前台战略。

7.4.6 健全保险资产管理的制度体系

（1）资产管理费。

资产管理将对所管理资产收取管理费。管理费包括两部分，一部分是基本管理费，即按照管理资产总额的一定比例提取，其标准将相当于或低于债券市场基金的基本管理费提取比例；另一部分是超额管理费，即按照实际资产增长额超过委托人目标增长额部分的一定比例提取。

（2）信息披露制度。

为了保障资产委托人的合法权益，保证市场的公平、公正、公开，进一步防范风险，资产管理将建立完善的信息披露制度。资产管理的信息披露将遵循真实性、及时性、完整性和准确性的原则，信息披露工作实行管理发言人制度，由管理发言人唯一代表保险公司对外进行信息披露。资产管理必须向资产委托人披露的信息包括：资产委托要约和资产管理协议、投资管理策略、定期资产管理报告、临时报告、法律、法规以及中国保监会规定应予披露的其他信息。资产管理的信息披露内容按照中国保监会和有关监管机关的有关规定制作，并由相应部门完成。

7.4.7 保险资金投资非标准化产品配置的战略规划

无论是非标资产还是标准资产，保险资金投资的终极目标都是在目标约束存在的情况下实现收益的最大化，而在诸多约束条件中，首先要确定的是保险资金的投资风险偏好要求。

投资风险偏好作为约束保险资金运用的基础规范，其制定过程中主要需要考虑三方面的重要因素。首先是保险公司保险业务部门

（负债端）对资产回报的要求，目前部分中小保险公司出售大量高收益承诺的短期保险产品，对资产回报的要求很高，这意味着此类公司从负债端角度承担较高的风险偏好。其次要兼顾投资部门（资产端）的资源禀赋，各公司资产管理人员、特点不同，对于不同产品的投资会有自身特点，尤其在中小公司人员有限的条件下。最后是投资策略的合法合规性要求，保险资金的监管要求较多，对各类标的均有较高的监管要求，这也是投资风险偏好必须考虑的因素。

7.4.7.1　保险资金非标资产配置的分析因素

（1）制定非标资产的准入标准。

根据目前的监管规定，保险资金可以投资的非标产品类型包括境内依法发行的商业银行理财产品、银行业金融机构信贷资产支持证券、信托公司集合资金信托计划、证券公司专项资产管理计划、保险资产管理公司基础设施投资计划、不动产投资计划和项目资产支持计划、股权投资基金等金融产品。

以上金融产品可以从发行机构、法律关系、资产类别、具体投向等多个维度进行划分，而从金融产品投资的角度，还可以根据收益、期限、风险等特点进行进一步划分，每类产品均有不同的风险收益特点。为了能与保险负债特点相匹配、与其他资产类别相匹配，在制定投资非标投资策略时应首先制定非标资产的准入标准，将非标产品的个性化特点尽量用标准化投资的语言进行描述，以便进行整体资产配置和投资策略的制定。

（2）确定各类非标资产的配置比例。

非标资产种类非常丰富，需要在资产配置之前对其各个细类品种设定进一步的配置比例，配置比例的设定可以根据各品种的风险收益情况进行。非标资产由于其非标准的特殊性，除了传统的市场、信用等风险类别外，还可以将风险进一步下钻到如行业、地区、产品结构等，同时风险与产品投后管理能力关系较大，因此还需要考虑公司的投后管理能力。

（3）资产配置：构建最优投资组合。

对于保险公司，资产配置通常意味着要计算各种不同资产的收益率、风险情况和相关性，并运用这些变量进行不同风险收益率的资产组合测算。此外，对于保险公司而言，资产配置的决策不仅依赖于投资可能获得的收入，而且还取决于承保责任的性质。这就要求保险公司对各类负债和资产的期限、收益要求、流动性要求、风险容忍度和偿付能力等特征指标进行综合分析研究，依此确定资产配置及投资策略，使资产与负债在数额、期限、结构上对应和匹配，并根据情况不断调整负债结构，构建科学的投资组合，保持动态平衡以有效地降低风险，谋求收益最大化。

7.4.7.2 我国保险公司的非标资产定性投资策略

(1) 在风险线条上将非标产品纳入高风险、高收益配置类别。尽管保险投资过去投资的部分非标产品如债权计划、信托计划等风险较低，但市场的发展和国外经验均表明，产品的特点决定了非标产品应是一类高风险、高收益的资产，保险公司应放弃过去将非标资产作为普通类固定收益产品的投资策略，将非标资产作为承担高风险、获取高收益的资产类别。

(2) 期限选择上，发挥非标产品个性化强的特点，力争做到资产负债期限有效匹配。按照资产负债匹配的原则，保险投资资产期限应与其负债期限相匹配，非标资产作为一类个性化较强的资产，在期限上具有一定的选择和谈判空间，因此，一方面保险资金可以根据保险产品的负债期限选择与其相匹配的非标资产，另一方面也可以根据可投资的非标资产设计发行相对应的保险产品。

(3) 行业和区域选择上，结合市场情况和量化分析，保险公司可考虑自身特点，确定投资策略。各保险公司的股东背景不同，对不同行业、区域的熟悉程度差别较大，应考虑自身特点，结合市场情况和量化分析，确定投资策略。

(4) 将非标投资作为单独大类产品考虑，不要作为固收或者权益的一个部分。随着非标产品的不断创新和扩容，产品类别日趋丰富，无论是资产的自身特点还是监管要求，保险资金投资非标资产均应该作为一个相对独立的资产类别对待，如果仍将非标资产作为传统固定收益或者权益的一部分，一方面无法体现非标资产的特点，另一方面也由于无法专业化导致低估相关风险。

（5）不同账户特点不同，非标产品投资应根据账户特点采取不同的投资策略。保险资金按账户特点一般可分为传统、分红、万能、投连等不同账户，各账户由于负债特点的不同投资策略也有较大区别，一般来讲保障功能越强的账户风险承受能力越低，投资功能越强的账户风险承受能力越强。目前很多公司开发的保险产品保障功能偏低，投资功能较高，这就导致负债端对资产的收益要求较高，非标资产作为高收益类资产，能够较好地满足此类账户的配置需求，因此可以配置较多的非标资产。

（6）经济下行、货币宽松、标准产品普遍低利率的市场环境下，风险管理能力强的公司可适当加大非标产品配置以满足负债端的成本要求。目前宏观下行趋势未改，货币宽松将持续，大部分固定收益标准产品的收益率持续下行，但大部分保险产品负债端的收益要求并未显著降低，在此环境下，非标产品尽管风险较高，但如果保险公司自身的风险管理能力较强，就能够通过各种方式在很大程度上降低非标资产的风险，因此，在投资策略上风险管理能力强的公司可适当加大非标产品投资以满足负债端的成本要求。

7.4.7.3　我国保险公司的非标资产量化投资策略

根据保险资金的特点，我国保险资金运用选择最优资产配置模型时需要遵循的原则为：安全性、盈利性及流动性，因此需要着重考虑的因素包括：投资资产的收益与风险、承保业务及负债对于公司运营的影响、模型的良好实用性及可操作性、监管要求。鉴于此，本书推荐两个量化模型进行保险资产最优配置的量化模型优化。

（1）Babble 和 Fabozzi（1990）提出的资产配置模型，该模型以经济盈余最大化为投资目标。

①该模型考虑了承保及负债因素，站在保险公司整体业务的基础上来计算不同资产配置比例对公司运营的影响。

②该模型不仅考虑了各类资产的收益和风险特性，更重要的是考虑了承保、负债的属性，以及资产与负债、承保之间的相关关系，将资产配置的风险由“投资资产收益的不确定”深化为“资产、负债、承保收益的不确定性导致盈余收益率的不确定性”。

③该模型适用于整个保险行业，模型内参数可以取用保险行业的相关数据。该理论模型如下：

$$\mathrm{ROS}=\frac{A}{S}\mathrm{ROA}-\frac{L}{S}\mathrm{ROL}+\frac{P}{S}ROU$$

$$\mathrm{ROS}=\sum w_i r_i$$

其中，ROS 为经济盈余增长率，ROA 为资产收益率，ROL 为负债增值率，ROU 为承保收益率，A 为资产市值，L 为负债现值，S 为经济盈余，P 为已赚保费，W 为投资组合内各类资产的配置权重，r 为各类资产的收益率。经济盈余增长率的风险用其方差来度量，即：

$$\sigma_{\mathrm{ROS}}^2=\left(\frac{A}{S}\right)^2\sigma_{\mathrm{ROA}}^2+\left(\frac{L}{S}\right)^2+\left(\frac{P}{S}\right)^2\sigma_{\mathrm{ROU}}^2-2\left(\frac{AL}{S^2}\right)\mathrm{cov}(\mathrm{ROA},\ \mathrm{ROL})+2\left(\frac{AP}{S^2}\right)\mathrm{cov}(\mathrm{ROA},\ \mathrm{ROU})-2\left(\frac{LP}{S^2}\right)\mathrm{cov}(\mathrm{ROL},\ \mathrm{ROU})$$

因此，该模型的资产配置目标函数为：

$$\mathrm{Min}\ (\sigma_{\mathrm{ROS}}^2)\ \text{for}\ \mathrm{ROS}_n=(R_1,\ R_2,\ R_3,\ \cdots,\ R_n)$$

同时 $\sum W_i=1$，且 $W_i\geqslant 0$。

模型需要测算出当年度的资产市值 A、负债现值 L、已赚保费 L 和经济盈余 S 等参数，结合负债、承保、各类资产的预期收益率以及方差，代入公式中求解出最优资产配置。

（2）传统 Markowitz 模型的优化和改进：

①根据监管要求，加入相应的投资比例限制。

②用利差损的发生概率来代替简单的标准差计算，利差损指投资组合的回报率低于保险产品的预定利率。

③加入流动性限制。

（3）保险资金投资非标产品配置量化策略步骤。

①确定投资期内市场投资标的，划分产品类别，确定大类风险。

②识别非标产品的风险，准确确定对应具体风险因子。

③根据市场情况和自身风险管理能力，设定非标产品预期收

益、风险限额、投资组合期限等约束指标，国外另类资产配置比例可作为一个参考约束指标。

④根据公司自身特点选择量化模型，确定大类非标资产配置比例。

⑤非标资产内部确定进一步细分，确定内部投资比例。

⑥根据公司、市场状况等进行调整。

第八章　保险公司的风险控制战略

风险控制体系，是指保险公司围绕经营目标，对保险经营中的风险进行识别、评估和控制的基本流程以及相关的组织架构、制度和措施。

公司应当明确风险管理目标，建立健全风险管理体系，规范风险管理流程，采用先进的风险管理方法和手段，努力实现适当风险水平下的效益最大化。

8.1　保险公司的风险分析

（1）股东风险。

如果公司的股东不能正确行使股东权利，履行股东义务，可能无法保证公司法人治理结构的正常运行，甚至形成有名无实的局面，尤其体现在董事会这一重要机构不能发挥应有的职能，不能有效决策和监督公司的经营管理。

（2）公司内部治理风险。

虽然公司建立了内控制度，但可能不够全面，没有覆盖所有的部门和人员，没有渗透到各个业务领域和管理流程中，尚未完全达到国家财经法规和相关制度对内控制度的要求。或者内控制度在执行和落实过程中存在大打折扣的现象，具体表现为：一是重制度，轻落实，造成有章不循，违章操作。二是重效益，轻制度，无意之中造成内控盲区。

（3）产品创新风险。

我国保险市场竞争日益激烈，产品创新成为众多保险公司长远发展的重点，产品创新逐渐成为一场各保险公司的“争夺战”。如果公司研发能力不强，不能有效创新，公司品牌可能不会有效形成，或者产品创新后不适应经济社会的发展需要，出现产品亏损，导致公司盈利能力下降等，造成较大的产品创新风险。

(4) 资产管理风险。

在公司运作中，可能会存在由于资本经营机制不规范，导致资产结构配置不合理，造成资金结构风险。资金使用过程中的机会成本浪费现象严重，经营机构设置不合理，缺乏明确的资产负债管理目标，对资本市场及投资渠道的调研论证缺乏科学性，造成资产管理风险。

(5) 核保、核赔风险。

主要指违反授权规定的承保、理赔权限，擅自承保、定损、理赔的风险；违反承保实务规范要求，盲目签单承保的风险；违反我国《保险法》及监管规定，违规支付手续费的风险；业务中的逆选择及过度承保风险；夸大虚构保险事故进行保险骗赔的风险等。

(6) 信用风险。

主要表现为不能及时收到应收保费，单证领用管理混乱，再保险知识缺乏造成分保不能摊回的风险。

(7) 信息系统风险。

信息系统是保险公司经营管理的核心组成部分。信息安全风险直接影响保险公司提供诚信服务和稳健经营的能力。个别重大的信息安全事故或案件，不仅造成信息系统发生故障或瘫痪，往往还造成不良的社会影响。因信息安全事故而引起的客户对保险公司的信心缺失可能是无法弥补的。

(8) 员工队伍风险。

保险理赔人员的素质不高甚至缺乏应有的职业道德，导致各种人情赔款等增加公司经营风险等。

8.2　保险公司的风险控制战略核心：建立偿二代全面风险控制体系

2015 年 12 月 29 日，中国保监会在保险行业风险防范工作会议宣布，2016 年中国第二代偿付能力监管体系将正式实施。2016 年 1 月 1 日正式施行《保险公司偿付能力监管规则（1—17 号）》（以下简称《监管规则》）。2016 年 1 月 25 日，中国保监会印发了《关于正式实施中国风险导向的偿付能力体系有关事项的通知》（保监发〔2016〕10 号），标志着偿二代（风险导向的第二代偿付能力监管体系的简称）进入正式实施阶段。2016 年 6 月，为了摸底保险公司的风控能力，“偿二代”启动风险管理能力评估（SARMARA），并组织各地保监局开展测评。

在“偿二代”监管模式下，保监会以风险为导向，对保险公司偿付能力提出“三支柱”的监管要求。其中，第一支柱是定量资本要求，主要防范能够量化的风险，通过科学地识别和量化各类风险，要求保险公司具备与其风险相适应的资本，主要包括第一支柱量化资本要求、实际资本评估标准、资本分级、动态偿付能力测试和第一支柱监管措施五部分内容。第二支柱是定性监管要求，是在第一支柱的基础上，进一步防范难以量化的风险，主要包括风险综合评级、保险公司风险管理要求与评估、监管检查和分析、第二支柱监管措施四部分内容。第三支柱是市场约束机制，是引导、促进和发挥市场相关利益人的力量，通过对外信息披露等手段，借助市场的约束力，加强对保险公司偿付能力的监管。

根据“偿二代”监管规定，保险公司必须解决全面风险管理水平的两大课题：一方面要提升风险选择能力，优化业务结构，降低固有风险水平；另一方面要完善内部风控流程机制，强化责任传导，提高风险控制能力。为此，保险公司将建立偿二代全面风险控制体系。

8.2.1 着眼价值创造，大力加强全面风险管理能力建设

偿二代的启动使得保险服务的价值创造变得越发具体，越发看得见摸得着。为获求更大的价值回报，保险公司将全面加强风险管理能力建设。

（1）建立风险管理联席会议制度。建立健全公司董事会负全

责，其所属的由非执行董事牵头的风险管理委员会负专责，首席风险官、风险管理职能部门负实责的风险管理体系。为加强日常风险管理和综合协调，可在管理层设置由首席风险官牵头的风险管理联席会议，接受公司总裁室的领导和董事会风险管理委员会指导。在此联席会议框架下，分别设置战略、流动性、保险、市场、信用、操作、声誉等大类风险防控专业小组。发挥联席会议的风险决策支持职能，在公司重要业务、投资事项的风险评估上切实发挥作用。

（2）强化一线部门的风险管理职能。一般把业务一线和中后台有关部门作为风险管理的第一道防线。为适应监管要求，保险公司将大力加强一线部门的风控建设，特别是应在一些重点部位，如核保、理赔、后援中心、信息技术、人力资源、财务、保险精算、投资等部门和机构，配备专门的风险控制团队或岗位，把日常风险监控伸向更前端，做到尽早发现、尽早评估、尽早应对。

（3）注重保持风控条线的相对独立性。风险管理的二、三道防线，一般是指风险管理和内控合规职能部门，以及监察审计部门，又可合称为风控条线。其中，风险管理为内控合规、监察审计提供了基础和前提，也为其指明了方向。内控为风险管理提供了具体落地的手段，其自身也是监察审计的对象。监察审计是企业的侦查与预警系统，是实施内控的关键，是全面风险管理的重要内容，它虽侧重于事后监督，但也可根据需要进行事前预警和事中控制。这三者互为依靠，互相促进。《监管规则》提出：保险分公司的风险管理职能由总公司垂直管理。这大大增加了风控条线自上而下在考核、任命、薪酬等方面的独立性。应大力整合风险管理、内控合规、监察审计资源，探索构建由总部垂直管理的风控条线一体化建设，完善对各分支机构经营风险的动态监控评价机制。

8.2.2　适应监管导向，坚定不移地把“偿二代”监管要求落实到业务流程和实施之中

《监管规则》既是“偿二代”的组成部分，又是监管机关高度关注行业风险防控的延续。管住后端、管住风险的监管思路和政策导向都空前明确。保险公司将严格按照《监管规则》的要求，

严格业务流程和制度落实。

（1）降低成本。强化成本领先意识，优化成本结构，改善资源投入与配置方式，通过资源配置效能和运行效率的提升来摊薄单位成本支出，实现资源节约。抓好业务全流程管控，围绕定价、理赔等关键环节加强过程监控，降低综合成本率。

（2）强化资产负债匹配管理。保险资金收益和结构不能有效支持负债，是目前保险资金运用面临的突出问题。要加紧改善资产负债久期配置，扭转“长钱短用”和成本收益倒挂现象。建立资产支持型保险产品开发机制，促进产品、精算、投资、销售之间的有效协调。做好流动性管理，按照新规要求落实流动性风险监控指标计算和现金流压力测试相关工作，做好流动性风险的日常监控和自我评估。

（3）引入经济资本技术，为风险计量提供技术支撑。《监管规则》明确，保险公司应建立经济资本模型，计量经济资本。“偿二代”目前使用标准模型，其风险计量，特别是保险风险计量，可能会高于实际风险状况。长期来看，“偿二代”将逐步允许保险公司采用类似于经济资本的内部模型法来计量偿付能力要求。欧盟内部测试表明，欧洲的保险公司如果采用经济资本内部模型法，平均来看，资本要求将比照标准模型法降低16%左右，主要是因为经济资本能够更加合理地反映公司各类业务条线真实的资本占用情况，从而优化公司的资本使用效率，并为公司节约资本。在资本配置、绩效考核等方面应更多地使用经济资本方法，建立健全以经济资本预算管理为核心、以经济增加值（EVA）等指标为参照的资本约束机制，促进风险与价值匹配，全面真实地评价各业务单元的价值创造能力。

8.2.3　注重有机融合，切实推动风险管理嵌入经营实际

“偿二代”中的风险管理，突出体现了风险管理的全面性和整体性。在此背景下，保险公司的风险管理与公司各项经营工作将彼此嵌入，在信息上实现整合，在机制上促成共享，构成严密有效

的全面风险管理体系。

(1) 建立风险偏好体系，将风险责任与限额分解落实到经营管理环节。风险偏好是公司高层（董事会/管理层）对于公司愿意及能够承担的总体风险的态度和能力。通过建立风险偏好体系，可以把公司面临的风险层层分解和落实到具体的分支机构和产品条线。有效解决风险责任模糊、分解不落地问题。保险公司应制定不同层级的风险偏好、容忍度和限额，完善传导机制，还需要将风险偏好融入公司经营决策中，并定期进行评估和必要的更新。

(2) 加强风险管理信息化建设。保险公司将在进行全面风险梳理，建立动态风险监控机制基础上，开发全面风险管理信息体系。一是要总体规划设计，明确系统建设步骤和实施方案；二是搭建统一的内控与风险管理基础数据平台；三是进行风险管理信息系统的开发与实施。风险管理信息系统，应是互动式的，既与业务、财务、投资、流程管理等操作系统有效对接，对日常经营管理发挥刚性控制，并根据业务发展需要对风险控制手段和力度动态调整；同时风控系统之间也能有效对接，风险管理系统与内控系统、合规管理系统、审计系统之间，也能最大限度地发挥综合管控的合力。

(3) 开展风险合规的分级分类管理。鉴于“偿二代”将风险评级结果与资本充足性挂钩，保险公司应积极开展风险分级分类管理工作，形成对自身全面风险管理体系建设完备性的自我评估。管理层应通过风险管理职能部门，制定风险和合规分级分类管理办法，实现对公司和分支机构全面的风险分级分类管理，并根据分级分类评价结果，有针对性地、科学高效地配置资源。

8.2.4 内控、合规与风险管理工作在功能上取长补短，相互强化

在“偿二代”全面实施的大背景下，突出风险导向与提高管理有效性，是公司内控、合规、全面风险管理应该坚持的两条主线。保险公司将通过“偿二代”实施来实现内控、合规、全面风险管理功能上的取长补短和相互强化，防患于未然，使内控、合规、全面风险管理工作真正适应未来“偿二代”要求的大趋势，

化繁为简，互相融合，彰显偿二代全面风险管理工作的作用和价值。

（1）在合规领域可能被弱化的两个方面，将通过加强内控措施予以弥补。在外部法律法规的落实方面，对于重要的法律法规应实行导入制度，及时向内部员工解读、推送新的规范要求，并对已有法律法规的执行情况进行定期排查测试，特别是要理清保险行业以外政府监管部门出台的法规，落实对接责任部门，避免广而告之的法律反而在执行中出现疏漏。对于内部的规章制度，应定期开展清理，并及时梳理出新制度新政策中的风险点，适时开展专项测评，这样既能避免年度测试的时间滞后性，同时也有效保证了内部控制活动的持续性、动态性。

（2）在内控领域可能被僵化的两个方面，将通过加强风险管理的措施予以激活。一是按照内控测试的流程开展控制风险的定性评估，即由内控部门按照内控测试的标准流程开展评估工作，所采用的评估标准按照制度健全性和执行有效性两个维度，通过底稿制作和样本抽样工作形成客观、可视化的评估档案。二是通过持续的风险评估，强化内控管理的实效性，即推动内控管理工作参与到风险管理的实务中，例如在风险指标体系的预警监测过程中，嵌入内控测试环节，来实现对运营目标的有效保证，激活与调动内控管理的能动性。

（3）在风险领域可能被虚化的两个方面，将通过风险导向的制度体系和强化执行力加以做实。一是构建适应新体系要求的风险管理制度体系。风险管理制度体系应当至少包括三个层面，即公司层面的偿付能力管理规定、全面风险管理规定和资本管理规定；风险类别的专项风险管理办法和用于落实三支柱具体工作的计量、评估、编报细则。通过层次清晰、相互衔接的制度体系，解决散乱脱节等问题。二是构建适应新体系要求的风险管理传导机制和执行力体系。通过建立目标清晰、具备约束机制的传导机制和责权利清晰的执行体系，解决风险管理工作成果落地应用的实效问题。

8.3　保险公司的风险评估

公司应当建立全面评估和集中管理风险的机制，保证风险管理的独立性和客观性，同时要强化业务单位的风险管理主体职责，在保证风险管理职能部门与业务单位分工明确、密切协作的基础上，使业务发展与风险管理平行推进，实现对风险的过程控制。

公司风险管理部门应当与各职能部门和业务单位建立信息共享机制，广泛搜集、整理与风险管理相关的内外部信息，识别和评估经营过程中面临的各类主要风险，为风险评估奠定相应的信息基础。

（1）中介机构。

风险评估由风险管理部门组织实施，必要时可以聘请中介机构协助实施。

（2）确定顺序和策略。

公司在广泛收集信息的基础上，对经营活动和业务流程进行风险评估。风险评估包括风险识别、风险分析、风险评价三个步骤。

风险识别是指识别经营活动及业务流程中是否存在风险以及存在何种风险。

风险分析是指对识别出的风险进行分析，判断风险产生的可能性及风险产生的条件。

风险评价是指评估风险可能产生损失的大小及对保险公司实现经营目标的影响程度。

（3）风险评估的方法。

风险评估采用定性与定量相结合的方法。定量评估将统一制定各风险的度量单位和风险度量模型，确保评估的假设前提、参数、数据来源和评估程序的合理性和准确性。

保险公司进行风险评估时，将对各种风险之间的相关性进行分析，以便发现各风险之间的自然对冲、风险事件发生的正负相关性等组合效应，对风险进行集中统一管理。

8.4 保险公司的风险控制战略目标与规划

公司将建立与自身经营目标、业务规模、资本实力、管理能力和风险状况相适应的风险管理体系，同时合理权衡风险管理成本与效益的关系，合理配置风险管理资源，实现适当成本下的有效风险管理。

8.4.1 风控文化体系

（1）建立风险管理文化。

公司将建立风险管理绩效与薪酬制度、人事制度和责任追究制度相结合的风险管理文化。

（2）扩大风险管理人员组成。

扩大风险团队的人员组成，特别是在基层员工这一层面上，切实地将风险管理人员组成范围扩大，使风险管理理念深入人心，让员工充分意识到风险管理不仅是风险管理职能部门的责任，而应是整个公司的责任。

（3）加强风险管理教育与培训。

公司将定期对高级管理人员和员工进行风险管理理念、知识、流程以及控制方式等内容的培训，增强风险管理意识。

8.4.2 风险管理与控制体系

加强和健全企业的风险管理与控制机制，已成为保险行业的共识。公司要正确认识内部控制对经营效率的影响，更新观念，强化管理责任，依靠现代管理方法经营公司，合理设置风险控制机构，建立长期有效的风险控制体系。

公司将建立由管理层直接领导，以风险管理机构为依托，相关职能部门密切配合，覆盖所有业务单位的风险管理组织体系。

（1）董事会下设风险管理委员会。

公司在董事会下设立风险管理委员会负责风险管理工作。

（2）风险控制体系职能部门与职责。

公司设立由相关高级管理人员或者部门负责人组成的综合协调机构，由总经理或者总经理指定的高级管理人员担任负责人。风险管理协调机构主要职责如下：

①研究制定与保险公司发展战略、整体风险承受能力相匹配的风险管理政策和制度；

②研究制定重大事件、重大决策和重要业务流程的风险评估报告以及重大风险的解决方案；

③向董事会风险管理委员会和管理层提交年度风险评估报告；

④指导、协调和监督各职能部门和各业务单位开展风险管理工作。

公司将由合规与风控部具体负责风险管理相关事务工作，该部门在风险管理方面主要职责如下：

①对风险进行定性和定量评估，改进风险管理方法、技术和模型；

②合理确定各类风险限额，组织协调风险管理日常工作，协助各业务部门在风险限额内开展业务，监控风险限额的遵守情况；

③资产负债管理；

④组织推动建立风险管理信息系统；

⑤组织推动风险文化建设。

公司各职能部门和业务单位应当接受风险管理部门的组织、协调和监督，建立健全本职能部门或者业务单位风险管理的子系统，执行风险管理的基本流程，定期对本职能部门或者业务单位的风险进行评估，对其风险管理的有效性负责。

（3）建立健全内部审计稽核部门与制度。

公司将建立独立的内部审计稽核部门，该部门的工作不受其他部门的干预或者影响。公司内部审计稽核部门主要职责如下：

①拟定公司内部审计制度，编制年度审计计划和审计预算；

②对公司及所属单位各项经营管理活动和财务活动的真实性、合规性进行监督、检查、评价；

③对公司及所属单位内部控制体系以及风险管理体系的健全性、合理性和有效性进行监督、检查、评价；

④对公司及所属单位负责人开展经济责任审计；

⑤对公司及所属单位经营效益等事项进行专项审计；

⑥对公司信息系统进行审计；

⑦对被审计单位整改情况进行后续审计；

⑧法律法规规定和公司要求的其他审计事项。

（4）建立健全合规管理部门与制度。

公司由合规与风控部根据业务规模、组织架构和风险管理工作的需要，在分支机构设置合规管理部门或者合规岗位。

合规管理部门主要履行以下职责：

①协助合规负责人制定、修订公司的合规政策和年度合规风险管理计划，并推动公司贯彻落实，协助高级管理人员培育公司的合规文化；

②组织协调公司各部门和分支机构制定、修订公司的岗位合规手册和其他合规管理规章制度；

③实施合规风险监测，识别、评估和报告合规风险；

④撰写年度、半年度及其他合规报告；

⑤参与新产品和新业务的开发，识别、评估合规风险，提供合规支持；

⑥负责公司反洗钱制度的制定和实施；

⑦配合人力资源部组织合规培训，贯彻员工和营销员行为准则，并向员工和营销员提供合规咨询；

⑧审查公司重要的内部规章制度和业务流程，并根据法律法规、监管规定和行业自律规则的变动和发展，提出制定或者修订公司内部规章制度和业务流程的建议；

⑨保持与监管机构的日常工作联系，跟踪评估监管措施和要求，反馈相关意见和建议；

⑩董事会确定的其他合规管理职责。

（5）发挥监事会的监督作用。

完善监事会工作规则，切实起到对董事会的监督作用，完善监事会年度检查报告制度（主要是对公司上一年度执行国家有关法律法规情况、财务状况及其主要负责人的经营行为所作检查的报告）和专项报告制度（主要是对公司重大问题和有关违法违纪问题进行专项检查的报告）。

8.4.3　建立健全风险信息体系

公司将建立涵盖风险管理基本流程和控制环节的信息系统，提高风险管理的信息化水平。统筹规划风险管理和业务管理信息系统，使风险信息能够在职能部门和业务单位之间实现集成与共享，充分满足对风险进行分析评估和监控管理的各项要求。

同时还要建立一个广泛而有效的信息与交流系统，确保所有员工充分理解和贯彻现行的政策和程序，并确保相关信息传达到相关人员。

8.4.4　建立健全内控监督体系

（1）完善公司监事会的工作规则，充分发挥监事会对风险的监督功能。

（2）公司将对风险管理的流程及其有效性进行检验评估，并根据评估结果及时改进。

（3）公司各职能部门和业务单位应当定期对其风险管理工作目进行自查，并将自查报告报送风险管理部门。

（4）公司风险管理部门应当定期对各职能部门和业务单位的风险管理工作进行检查评估，并提出改进的建议和措施。

（5）公司风险管理部门应当每年至少一次向管理层和董事会提交风险评估报告。风险评估报告主要包括以下内容：

①风险管理组织体系和基本流程；

②风险管理总体策略及其执行情况；

③各类风险的评估方法及结果；

④重大风险事件情况及未来风险状况的预测；

⑤对风险管理的改进建议。

（6）董事会或者其风险管理委员会可以聘请中介机构对公司风险管理工作进行评价，并出具评估报告。

8.4.5 保险公司的风险控制策略

（1）要从单纯地追求业务规模、市场份额转变到以经济效益为目标，对分支公司实行业务绩效考核，使其经营成果直接与员工的利益联系在一起。

（2）积极调整产品结构，大力发展责任险等业务，创新发展政策性保险产品，降低公司运营风险。

（3）实行财务再保险，提高风险转移的效率，扩大可保风险的范围并将风险转嫁到资本市场，利用资本市场直接融资等手段来增强承保能力。

（4）强化内部资金管理，聘请专业人员，增强时间效益意识和资金运用成本意识，采用先进的资金管理手段，积极拓展投资渠道，提高资金收益率。

（5）强化业务管理，严格核保核赔，提高业务质量，防范和控制风险，从风险的管理和控制中提高直接盈利水平；加强人员培训，精简队伍，提高劳动生产率，降低管理成本，提高间接盈利水平。

（6）加强资产风险的管理，建立宏观及微观风险管理模式，形成资产风险管理体系；定期召开风险管理会议，将资产风险管理贯穿于日常工作中；开发风险管理软件系统，利用 VAR（Value at Risk）风险分析模型进行资产风险分析。

（7）完善核保制度，控制承保风险。坚持规模与效益并重、展业与管理同步的经营思想，加强业务质量考核，制定与利润相关的考核指标，并把这些指标作为经营者业绩考核的重要依据；完善核保制度，加强核保管理，科学设定核保权限，将核保质量同核保人员经济利益挂钩；提高核保人员素质，实行资格考核；改善核保条件，提高核保水平，提升电子化、信息化、网络化工作水平。

（8）强化费率管理，避免定价风险，建立并实行分级管理制度。根据不同险种的业务规模、经营期限、风险程度、技术要求，实施不同的费率管理办法，分别实行标准费率、审批费率、报备费率和自由费率；建立并实行差别费率制度，体现地域差别、被保险人差别、保险人差别；建立并实行费率稽查制度，合理确定稽查要素，对检查中发现的违规行为依法处理；抓紧建立费率管理法规体系，使其能够适合现阶段保险业务发展的要求并覆盖费率管理的各个方面及各个环节。

（9）建立精算管理体系，设立总精算师岗位，培育精算队伍，自主创新开发适销对路的效益型保险产品，同时建立科学的费率厘定模型和准备金评估程序，降低产品创新风险。

（10）加强道德风险的防范与管理，提高代理人的风险防范意识，建立代理人承保质量的评估体系，建立和强化理赔报案制度，提高全民的法律意识和道德水准。

8.5　保险公司的专项内控规划

我们以某某人寿为例来说明内部控制制度在保险公司风险管理中的重要意义。

随着金融市场的不断发展，金融产品和创新日益复杂化，金融机构的经营管理系统、信息技术和金融模型更加复杂，金融机构面临的风险因素日趋多样化，潜在操作风险越来越巨大。2001 年，对金融机构内部控制理念和技术有着深刻影响的著名的 COSO 委员会，开始制定名为《全面风险管理框架》的新 COSO 报告以替代影响广泛的 1992 年内部控制经典 COSO 报告。2004 年 10 月美国 COSO 委员会《内部控制整体框架》的基础上，结合《萨班斯-奥克斯法案》在报告方面的要求，同时吸收各方面风险管理研究成果，颁布了《全面风险管理框架》。

某某人寿从寿险公司经营目标出发，从企业发展的战略高度考虑，将借鉴股东专业经验，实行全面风险管理策略，严格按照中国保监会 2010 年印发的《人身保险公司全面风险管理实施指引》及 2013 年印发的《人身保险公司风险排查管理规定》，对公司面临的各类风险进行分类与识别、重点防范各种主要风险，以对整体风险进行全面、有效的管理，确保企业风险合理控制的基础上实现企业价值的最大化。

同时将参考 2004 年 10 月美国 COSO 委员会在《内部控制整体

框架》的基础上，结合《萨班斯-奥克斯法案》颁布的《全面风险管理框架》，切实确保全面风险管理水平。

8.5.1 内部控制体系

在风险控制体系建设上，我们将以《萨班斯-奥克斯法案》的要求作为行动基础，建立成熟完善的内部风险控制体系、将企业风险控制在可控制范围内作为行动目标，开展相关风险控制体系的搭建和完善工作。包括在组织架构、制度流程、方法工具、信息系统和人力资源等方面，按照国际通用的COSO内部控制框架为基础，以风险识别、风险评级、控制评价到风险应对的全过程为指导，确立了公司层面、业务流程层面、IT层面的控制框架，明确风险管理的方法，建立起与公司整体战略和业务战略发展一致的风险管理体系。

8.5.1.1 合规性建设

公司将充分组织和调动各级员工在风险控制体系中的作用，推行整改跟进机制、督察机制和责任机制三大机制，将风险控制责任逐人落实到公司总裁室、各核心业务部门及其层级部门，严格确保整改规范过程的严谨有效性。在治理与管理层面，公司将建立以下主要机制：

诚实和道德观：包括《商业行为准则》、《守规承诺书》、高管利益申报、合规执行官等机制和规章。

董事会对公司进行治理和监督：包括《公司治理指引》、《公司章程》、投资决策委员、风险管理委员、审计委员会、信息技术委员等的运行监督等。

管理哲学与风格：包括设立业务流程文件以规范公司营运操作和行为、经营管理报告流程和监督活动等。

组织结构：包括从董事会、各委员会、总裁室、各层级部门的明确汇报路径和授权授信体系等。

对员工能力水平的要求：包括强调对员工能力水平的要求，准确地阐明特定工作所需的能力水平，将这种能力水平以必需的知识和技能描述和配备等。

权力与责任：包括实行管理人员权力分配与责任，提供问责和控制的基础等。

人力资源政策和程序：包括建立人力资源政策和程序，沟通给员工关于诚信、道德行为和能力的期望值等。

风险评估：包括对经营目标和财务报告目标的风险评估、财务报告风险鉴定、反舞弊风险评估，以及设立独立的举报程序等。

信息与沟通：包括管理层能够获得必要的信息以支持管理决策与活动，管理层的管理决策能传递给合适人员，同事管理层能有效获知员工对信息与沟通的需求变化并加以辨别等。

监督：包括管理层通过内部控制有效性的自我评估来提高控制意识并促成控制完善，公司具有独立的内部审计活动并获得审计委员会监督等。

8.5.1.2　标准化操作

全面梳理与业务、财务报告相关的内部控制与流程，整合编制成一系列的标准流程及书面制度，即《标准操作流程》，并作为应对萨班斯内控合规所需要执行的主要控制文档。其中：

（1）对所有职能部门和营业机构执行的各类政策的细化和强化，强调将日常业务管理动作标准化、程序化、书面化，克服日常管理随意性所带来的风险，将每个流程的控制文档予以固化。

（2）建立涵盖收入、成本、财务结账、税务、固定资产、资金等一系列内容在内所有子流程的《标准操作流程》，并将《标准操作流程》的执行列入考核绩效指标，与绩效考核直接挂钩。

（3）每年，公司会根据实际业务和财务操作变化更新《标准操作流程》，并进行相应的执行效果测试，以掌握机构对《标准操作流程》的执行情况，及时反馈、整改并执行，形成完整的《标准操作流程》运行体系。

8.5.1.3　反洗钱机制

反洗钱内部控制制度主要包括建立客户身份识别、身份资料和交易记录保存，大额和可以交易报告方面的操作规程。保监会早在2007年2月就发布了《关于贯彻落实〈反洗钱法〉防范保险业洗钱风险的通知》。具体来说，保险公司应做到：

（1）开发并完善保险产品的设计，加强保险公司内控时效。积极研发优质且有效预防洗钱的新型保险产品。完善保单条款，对退保者进行核查，设立不同等级的解约防范措施。

（2）明确保险公司的法律责任，强化保险从业人员的职业道德。

（3）完善反洗钱业务流程。在展业、承保、理赔、退保四个环节中针对不同客户类型，认真识别客户身份。

（4）根据《保险业大额交易和可疑交易报告数据报送接口规范（试行）》和《保险业大额交易和可疑交易报告要素释义》，对17种可疑交易行为及时报告。

8.5.2 风险管理组织建设

风险管理是公司经营管理活动的核心内容之一，公司将防范风险作为公司长期健康发展的生命线。自公司筹建成功后，公司将投入大量资源加强风险管理，通过建立综合、统一的覆盖全公司的风险管理框架，对经营管理中的风险进行识别、评估和控制，以支持业务决策，保障公司的稳健经营。

8.5.2.1 风险管理组织结构（见图8-1）

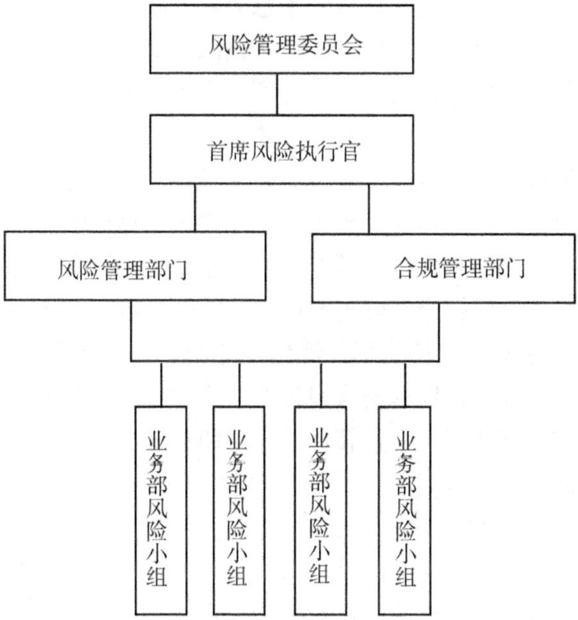

图 8-1

8.5.2.2　风险管理部门设置

（1）风险管理委员会和首席风险执行官。

全面风险管理涉及风险的评估、风险管理公司的运用、防控措施的制定等活动，是一个专业性极强的活动。因此，公司必须建立专门的风险管理委员会和指定首席风险执行官，全权负责风险管理的具体事宜。其职责包括系统分析寿险公司面临的各类潜在风险，对风险进行评估，并对各类风险进行分级、整合，对公司整体风险做出评估；同时研究和分析各类风险的成因、研究防范和控制风险的具体措施；组织运用各种风险管理工具和方法，对风险进行综合管理；对各个部门的风险管理活动进行协调，促进各个部门的信息共享和交流；制定风险管理细则、出具风险评估报告和风险管理报告，为公司决策提供有效的依据。

（2）风险管理中心。

风险管理部门：建立风险管理部门与其他职能部门的信息沟通机制以保证其能及时、准确地获得公司信息；公司风险管理部门对各类风险情况都建立起相适应的紧急应对方案；建立有效的风险管理流程，并定期对其有效性进行评估检测；风险管理部门对公司风险状况进行检查，并定期提交风险评估报告；风险评估报告必须有公司负责人或其他指定的高管人员签字认可。

合规管理部门：合规管理部门成员具有履行职责必需的资格、经验和能力，并且公司为其提供履行职责的工作保障；建立合规管理部门与董事会、管理层或其专业委员会之间的沟通机制，具有明确的风险报告路线；合规管理部门对公司管理制度、业务规程和经营行为的合规风险进行识别、评估和监测，及时提供合规改进意见；合规管理部门定期提交合规报告，合规报告必须由首席风险执行官审核并签字认可；合规管理部门定期将公司合规情况报告董事会和监管部门。

（3）风险小组。

公司每个核心业务部门设立风险小组，并指定风险组长，主要负责监控本核心业务部门的运作风险与合规操作，并向风险管理部和合规管理部提交报告。

8.5.2.3 风险管理的运作方式

结合全面风险管理策略的实施，公司在风险管理委员会管理下，以矩阵方式构建公司整体的风险管理组织架构，即利用风险管理中心纵向的职能专业化优势，在横向的每个核心业务部中加入纵向的各个职能部门坐标，从而形成一种职能部门化和业务部门化相互交织的矩阵。这种风险组织架构设计是将保险经营过程中的产品设计、定价、核保、理赔风险及资金运用的投资风险等一系列风险综合到统一的风险管理体系中进行管理积极探索。尤其在复杂和多变的寿险经营环境中，公司将通过三个层次的全面风险管理的组织架构建设，加强各职能部门之间的协作和配合，便于及时沟通；根据特定需要和环境活动的变化，保持高度的适应性和灵活性；在发挥人的才能方面具有很大的作用，让员工根据自身兴趣培养技术专长或锻炼综合管理能力。

8.5.3 风险识别

按照北美精算师协会建议采用的分类方法，一般将保险公司风险分为C-1类、C-2类、C-3类、C-4类。C-1类风险是指资产风险，这类风险包括利率风险、信用风险、市场风险和汇率风险。C-2类是指定价风险，主要源于未来运营结果的不确定性，涉及的项目包括投资收益、死亡率和发病率、索赔、损失的频率和严重程度、管理费用、销售额以及保单失效等。C-3类风险是资产和负债的匹配风险，它由利率、通货膨胀率波动导致资产和负债价值变动产生，进而影响公司的偿付能力。C-4类风险是指其他风险，该类风险通常被认为超过了公司的预测与管理能力，但同样是公司面临的真实风险。这类风险包括税收和监管法规变化、产品退化、员工和代理人的不当培训、不法行为、腐败行为或经理与员工的不当行为。

8.5.4 主要风险防范

随着对行业各种风险的进一步细分，从保险公司整体风险管理的角度考虑，更为系统性地分析了保险企业的风险，又将保险业风险分为精算风险、系统风险、信用风险、流动性风险、经营风险和法律风险。

8.5.4.1　精算风险防范

（1）定价风险管理。

寿险产品一般定价主要取决于对死亡率、利率、失效率、费用率等变量的假定。因此，公司在寿险产品定价过程中，将充分考虑影响定价变量的各种因素，引入当前有效估值软件，将特别有效的风险管理体系尽早融入产品的设计流程中，对商务环境的变化作出充分的估计，设计一些风险能够互相抵消或减少的产品，并在这个动态的过程中时刻审查。依靠全面、认真、严格的科学分析，建立合理的估值模型和各变量的科学假设。

（2）承保限额与费用控制。

承保限额的设置十分普遍，而承保权限往往限制在一定数额之内。通过强化核保将那些把高风险人群和骗保的人排除在外，减少逆选择和道德风险。日常谨慎激励销售及核保人员的行为，制定承保的警戒线与开发自动警示系统，如果承保行为不合常规，系统会快速限制产品进一步销售。

（3）防范因错误定价的销售非健康增长。

销售的快速增长是导致偿付能力不足的最常见因素之一。对于寿险公司来说，快速增长的销售并不是资产，而是负债的积累。而促进快速增长的一种方法就是低估负债，这往往是来自高级管理层和业务经理对“有竞争力的定价”的压力。定价精算师是产品定价的把关者，不能因为追求保费规模而改变产品定价假设，从而使公司产品更加有竞争力。

8.5.4.2　资产与负债匹配风险防范

公司财务管理的核心目标是保证足够的偿付能力，而保证足够偿付能力的前提是资产的增长必须与负债的增长同步进行。我们将妥善运用资产负债管理技术来解决财务风险，主要是通过审慎地协调资产和负债，使公司可以稳健经营从而获得利润。对应资产与负债的协调，一般标准实务是对各个产品的负债与资产久期和凸性进行评估，然后将这些估计值以负债的公平价值或资产的市场价值为权重进行加权，估计出资产和负债的总体久期和凸性。在分析完所有资产和负债项目后，公司就能够获得盈余的久期和凸性指标。公司不能允许因利率风险而出现盈利能力为负值的情景。

8.5.4.3 信用风险防范

公司资产管理中心计划参考国内外寿险公司经验，构建以内部信用评级为核心的信用风险管理体系。具体的实务操作中，可以通过申请信用许可、信用额度和监控程序来控制信用风险；通过对中国经济状况、潜在债务人和交易结构进行内部基础分析来管理信用风险。根据内部设置的信用政策和管理流程制定信用风险审批程序，对交易对手和债券发行机构进行详细分析，设定信用评级及信用额度来控制每一个投资账户的信用风险，并定期分析账户的信用风险情况。此外，资产管理中心根据债券的偿还优先级别和条款来控制信用风险。

为了全面防范信用风险，公司将构建内部信用评价体系，专门编制“监控列表”，列示公司意向或已作出的投资对象的各项财务指标，尤其持续跟进被认为处于财务危机中的公司，根据不同行业、地理区域、业务和公司对投资组合进行风险限制。

8.5.4.4 偿付能力不足风险防范

对此，公司将影响偿付能力的因素分为可控风险与非可控风险，采用单变量预警模型，利用单个财务比率来进行财务预警，以判断企业是否发生偿付能力危机。公司内部设立偿付能力预警系统，规定了相应的偿付能力额度和监管指标以及监管指标的临界值，超过这一临界值就被认为存在偿付能力不足。具体实务上，公司将严格按照中国保监会 2003 年制定的“人寿保险公司监管指标”和 2008 年 9 月实行的新规，参考国外成熟监管系统的做法，从外部经济环境和公司的资本充足性、盈利能力及业务支出等方面来构建反映公司偿付能力的指标体系。

第九章　保险公司的金融控股战略

金融控股公司的出现是金融业务综合化与一体化的产物，属于金融创新的范畴。金融控股公司一方面意味着规模效应、协同效应、运营成本的降低，另一方面也对传统的金融监管法律提出了新的挑战。从我们对日本、英国、美国、德国的考察中看到，各国对金融控股公司的监管都经历了一个从不完善到趋于完善的过程，并具有对既存金融监管的不足进行矫正与重塑的特点。金融控股公司在我国现实中的出现和发展，也使得我国的金融监管体制面临革新的问题。

9.1　金融控股理论研究

9.1.1　对金融控股公司绩效的研究

金融控股公司战略的反对者认为，金融控股公司通常资产规模较大、官僚作风严重且灵活性较小，因而，它们倾向于主要与大宗客户发生业务，忽略或排斥小客户、新客户。他们还认为，金融控股公司会通过限制性价格或掠夺性价格阻止中小专业银行进入金融市场。这些问题在金融控股公司运行更有效率时尤为突出，其原因或许是金融控股公司具有规模经济效应或范围经济效应(Economies of Scope)，或许是其他因素。规模经济效应的确存在，但对于那些资产约为50亿美元的银行而言，当资产总规模高达1000亿美元时，其规模经济效应就不太明显了（Clark，1988；Gropper，1991）。Hunter和Timme研究了大银行的规模经济效应问题，他们的研究结论是："总资产为100亿美元的银行，其规模报酬率有相对明显的上升；总资产在100亿~250亿美元的银行，其规模报酬率处于中等上升水平；而总资产超过250亿美元的银行，则存在中等程度的规模不经济。”

Saunders和Walter（1994）在研究20世纪80年代世界200家最大银行时发现，“有明显的统计证据表明，（在中观意义上）部分银行的确存在总体的规模经济效应，但这些规模经济在更高的比较增长率中得不到反映”。

相对于较小资产规模的银行，金融控股公司总体上并无明显的规模经济效应。这一研究结论与这一观察结论是一致的：专业金融机构在即便得不到补贴和替代性金融服务提供者不被限制的金融市场上也能生存。这些专业金融机构在美国的例证包括专门提供抵押服务的企业（它们向投资者出售贷款抵押单）、销售财务公司（如通用汽车承兑公司）、非存款性贷款公司（如通用电力信贷公司）及应收账款融资商（如Walter G Heller公司）。不同规模的金融机构彼此共存与相互竞争的事实表明：成本明显偏高的小型金融机构的确能为其客户提供适宜的（尽管价格可能较高）的产品及服务。由于法律限制，美国各银行在各州内部及在部分州提供存款服务，仅限一家分支机构或在地域上严格限制的几家分支机构。这就为研究规模经济效应问题，至少是为小型银行而研究，提供了可能。同样，由于消费者承担的成本、商业贷款与存款之间明显的范围经济效应等，在美国，贷款也被严格限制。因而，基于各银行在市场地域上的规模而非比较成本优势这一原因，部分银行能比其他银行提供更多的存款、贷款服务。这就为研究规模经济效应问题提供了广泛的数据资料。研究范围经济效应问题却无类似的数据资料基础，进行此项研究的前提是必须用非经济方面的理由，解释部分银行缘何不能提供某些产品和服务。因此，几乎没有任何规范的实证证据来衡量银行的范围经济效应程度。

在理论上，金融机构可以通过如下途径取得范围经济效应：集中核心设施及技能，服务于多重目的的信息，联合提供金融服务，以及通过资产及服务的有效多元化降低消费者的搜寻（信息）成本、交易成本和风险成本。但由于几乎所有美国银行都能提供法律所允许的各种金融服务，人们至少可以推断，范围不经济效应不会超过范围经济效应。

德国银行业为范围经济效应并非占据绝对优势提供了另外一种例证。尽管所有德国银行都能提供各类金融服务，但金融控股公司并没有完全占据市场的主导地位。在 1984 年末的账面总资产与非账面总资产（业务量，Business Volume）中，金融控股公司拥有市场份额的 76%（Kempf，1985），其具体比例构成是：最大 3 家银行仅占 8%，其他所有商业银行（地区银行、私人银行及外国银行的分支机构）占 14%，公立储蓄银行及合作银行机构占 54%（Kempf，1985）。

有数项研究试图以更直接的方式，通过构建不同银行的成本函数（假定产出不变），衡量各类银行组织的效率。然后，它们比较了成本最高与成本最低银行的营运成本（包括利息——有时为避免少数极端案例可能导致的偏差，它们在比较前剔除了 1/4 的成本最高银行与 1/4 的成本最低银行），其间的差别就被视为效率衡量指标。Berger、Hunter 及 Timme（1993）评价了这类文献。他们指出，运用剔除法的研究者通常发现，平均非效率成本占总成本的 20%~25%；而运用非剔除法的研究者则发现，这一比重低则小于 10%，高则超过 50%。Berger、Hancock 及 Humphery（1993）运用利润函数分析方法发现，大多数非效率起因于银行未能完成其产出计划，而非选择了无利润的产出组合；他们同样发现，大银行更有效率。这些以同等规模银行为研究对象的研究结论有较大分歧，他们指出，单个银行的运行方式比其组织形式或资产规模等更为重要。

运用企业数据及总体数据进行国际比较，以辨别金融控股公司与专业银行的相对效率，是极具诱惑力的。在比较诸多国家银行业及证券业的营运绩效方面，Saunders 及 Walter（1994）提供了丰富的数据及研究成果。然而，这些数据反映了诸多方面的差异，如会计实践、国家经济增长、国民产品储蓄比例、关于合并的限制性规定，以及在国内外提供金融服务的相对税收与管制优势等——这些因素很可能比单个金融服务企业或整个金融服务企业的实际运作更为重要。或许是由于这些难题，Saunders 及 Walter 在评述数据时并未作出结论。Steinherr 及 Huveneers（1990）发现，德国是金融服务进口大国；他们以此为依据，反对金融控股公司制。但试图从金融部门的贸易差额中推断金融控股公司的效率问题，却是件棘手的事情。Steinherr 及 Huveneers 提供的数据表明，九大金融服务出口国中的绝大多数国家允许金融控股公司提供证券服务。最大的金融服务出口国是英国，其出口规模超过第二位、第三位出口国家和地区（开曼群岛、中国香港地区）的总和，但英国并不限制银行提供证券、保险或房地产服务（尽管这些业务通常由［全能］银行的附属机构进行）。第 2—5 位的金融服务出口国家和地区（开曼群岛、中国香港地区、巴哈马及新加坡）仿行英国体制。第 6 大金融服务出口国是瑞士，作为首要的金融控股公司推行国，它与德国相匹敌。最大的金融服务进口国是德国，以下依次是美国（它推行专业银行制）、意大利和加拿大（它们仅允许银行提供证券服务，但不能提供保险服务）、法国（它与德国相类似）。外国金融服务贸易的数据是相似的，唯一例外的是德国的经纪费与佣金进口远大于出口。这反映了德国公开证券市场的状况及德国需要对外投资（德国当时是主要的净出口国），而不涉及金融控股公司的评价问题。总之，规模经济效应、范围经济效应及效率方面的数据说明，金融控股公司比专业银行具有某些优势。然而，专业银行在与金融控股公司的直接竞争中也能生存的事实表明，两类银行组织形式的效率优势并非压倒性的。从诸多金融控股公司或专业银行推行国所呈现的银行业营运绩效与银行增长方面的数据中，很难就两类银行组织形式的“显露”效率问题得出太多结论——这尽管令人沮丧，但却是事实。

9.1.2 对金融控股公司战略的市场势力（即垄断程度）的研究

金融业的市场集中可以分为两类，即金融控股公司对非金融公司的控制，以及市场上的各类金融服务集中。专业银行的支持者害怕这两类集中，他们“控诉”金融控股公司会导致金融卡特尔，提高非银行大企业的势力（Power）。作为一个特殊例证，金融控股公司的批评者指出，在第一次世界大战前，德国大型金融控股公司主要“偏向”于重工业（Neuberger 和 Stockes，1974）。但在19世纪、20世纪之交，德国基础工业企业已经非常强大，它们控制了金融业。此外，正如 Francke 及 Hudson（1984）所言，第一次世界大战前“大量的其他金融中介，尤其是地方储蓄银行及信用合作社聚集和分配的资金规模远远超过股份制银行和私人银行”。因而，德国的金融控股公司虽然重要，但不是控制性力量。至少在理论上，金融控股公司会最终控制非银行业。金融控股公司的潜在影响力来源于直接拥有企业股票、履行抵押股票的代理投票权、董事会（监事会）的成员席位。联邦德国（下文中“德国”专指“联邦德国”）有2家官方机构调查了金融控股公司对非银行业的介入程度：“垄断委员会”（1976、1978）及被称为“格斯勒（Gessler）委员会”的“银行结构委员会”（1979）。垄断委员会采用的是1974年100家最大公司的数据；格斯勒委员会的调查持续了4年，调查内容主要集中于官方认定的74家大公司及1975年底343家银行机构的持股情况。垄断委员会秘书长艾克斯坦（Eckstein，1980）报告了两项调查的研究结果。Krummel（1980）——格斯勒委员会成员之一——评价了该委员会的研究结果。金融控股公司似乎并未通过股票所有权控制德国企业。

格斯勒委员会发现，除企业规模相对较小的酿酒业及建筑业外，作为一个群体，金融控股公司持有的企业股权仅占企业全部股权的一小部分（Krummel，1980）；3家全国性银行并非企业最大股东（持股41%，按名义价值衡量），其余股份则由众多银行组织广泛持有（Eckstein，1980）。金融控股公司也并未通过股票代理投票权控制德国企业，尽管它们对部分公司确实具有较强的影响力。垄断委员会对1975年最大100家企业股票投票权的调查发现，“在15家公司中，大银行作为代理投票人拥有25%以上的投票权；在3家公司的投票权甚至超过50%”（Eckstein，1980，p468）。格斯勒委员会对大银行的研究，也得出了类似的结论。但该委员会“在调查大银行在官方认定的大企业中的实际投票权时发现，银行所履行的代理投票权在任何一家公司的股东大会上并未占据绝大多数。即便是银行拥有 25% ~ 50% 投票权的情况也不多见”(Krummel, 1980)。因此，格斯勒委员会得出结论：“与非银行企业总体相比，金融控股公司从股份投票权中获得的影响力并不大。”其他研究也得出了类似结论（Gottschalk，1988；Baums，1992）。

至于通过董事会（监事会）代表控制企业，垄断委员会发现，“截至 1974 年底，信贷机构在最大 75 家公司的监事会中至少拥有一个代表。有 31 家公司的监事会主席由信贷机构派出”（Eckstein, 1980）。但格斯勒委员会对官方认定的 74 家大企业的研究表明，“由银行拥有的（董事会或监事会）席位超过 1/3 的仅有 1 家公司”（Krummel，1980）。总之，金融控股公司确实具有某些影响，尤其是在极少数公司中。这一结论，而非关于实际权利运用的研究结果，导致垄断委员会（1976）建议将单个银行的持股比例限制在 5%。格斯勒委员会建议的持股比例是 25% +1 股（现在的做法）。除披露了公司董事会成员的勾结关系外，两个委员会并未提出实质性的变革建议。

总体而言，人们可将这些报告的论调概括为：“一些经常被描述的、银行借助所有权对非银行企业施加影响的各种可能性，要么不存在，要么通过现有的限制性条款而被有效控制。”（Eckstein, 1980）两份关于德国金融控股公司的报告均未提及政治权力。其中，尤其明显的是，它们对金融控股公司是否会通过政治途径力图阻止其他市场进入者这一问题漠不关心，也未提到这类企图。事实上，金融控股公司并没有完全控制德国市场，少数几家机构也未占据上风。如上所述，到 1984 年 12 月，最大 3 家金融控股公司仅占全部业务量的 8%；所有金融控股公司在全部业务量中的占比为 76%。与此同时，3250 家金融机构，包括 6 家国民银行、96 家地区银行、72 家私人银行、62 家外国银行、591 家储蓄银行及 2239 家合作银行，均服务于德国金融市场（Kempf，1985）。

实际上，依据公共选择理论，金融控股公司会发现，因各自的服务利益主体不同，它们很难结成政治联盟体。相反，专业银行型金融机构相互依赖性较强、集中度更高，因而它们更易于（结成政治联盟体）为其成员游说，谋求政治效果。这或许可以解释，为什么专事房地产及建筑业的美国储贷协会，能获得较长时期的税收优惠政策，并能将其债务从股份转变为短期已保险的存款，即使这些资金被用作长期固定利率债务投资。储贷灾难很好地说明了政治游说的损害性后果。它同样可以说明，为什么美国证券界能一直成功地反对取消《格拉斯-斯蒂格尔法案》，该法案拒绝商业银行“侵入”证券市场。反之，金融控股公司提供的服务如此广泛，而不可能获得不应有的政治权力。

9.1.3　对金融控股公司战略的消费者效用的研究

有些批评者担心，金融控股公司控制金融市场后，独立性金融组织会越来越少，消费者的选择也会越来越少。金融控股公司的主张者反对这一观点，有两点理由。首先，如上所述，德国的实践表明，推行金融控股公司制不会形成少数几家金融机构控制金融市场，或排挤其他金融服务企业的情况。这一状况与金融控股公司既没有明显的规模经济效应或范围经济效应，也没有强大的政治力量的前提是一致的。其次，即使金融控股公司控制了金融市场，消费者仍能从第一家银行获取贷款，选择另一家银行进行证券承销，通过第三家银行进行证券交易。因而，消费者选择并不一定减少。但是，金融控股公司的反对者进一步声称，即使存在多家竞争性的金融机构，金融控股公司也能凭借“捆绑式”的金融服务，使企业和消费者不能获得其他金融机构的咨询服务和报价。例如，当某人需要住房抵押贷款时，金融控股公司很可能要求他同时购买该行提供的房产保险和抵押人人身保险，以及可能的汽车保险。

同样极有可能的是，金融控股公司要求申请贷款的企业提供（售让）该公司的股票，或指定该银行为公司股票的承销商。正如格斯勒委员会中的强硬少数派所言：“金融控股公司谋求非银行公司股票背后的基本动机，是它希望借此将一般银行业务拓展到非银行领域，尤其是大财团的经营业务中。”（Eckstein，1980）消费者因此会丧失一些选择，其他金融服务提供者，如保险公司、投资银行，也会因此而处于不正当竞争中。美国及欧洲的反托拉斯法总体上禁止这类关联销售（Tie-insales）。但必须指出的是，即使银行要求消费者购买其关联销售，消费者也很少（如果有的话）因此而受损。这主要有两点理由。

首先，即使只有金融控股公司能提供某些关联产品，它们之间相互竞争的激烈程度，也绝不亚于各个单项产品提供者（如银行、保险公司）之间的竞争。因而，竞争会使关联产品的价格趋于竞争性价格水平。其次，消费者的处境绝非因购买关联产品而变糟。试以一位既要住房抵押贷款又要房产保险的消费者为例。一家银行要求该消费者同时购买这两项产品，并为这一“捆绑”产品提供的报价是每年6000美元。如果消费者认为，他获得贷款的成本仅为4500美元，且从独立的保险公司购买房产保险的成本低于1500美元，比如说1400美元，那么表面看来，他购买关联产品的成本似乎比分别单独购买高出100美元/年。但有三点理由支持消费者购买银行的“捆绑”产品：（1）他单独获取贷款的成本不可能低于4600美元/年；（2）消费者分别独立进行两项交易（获取贷款、购买保险）的成本，而非一项交易（贷保合一的“捆绑”交易）的成本，会大于其可能的价格节省；（3）消费者对各种可能性一无所知，因此他未及甄别多种选择就接受了银行的“捆绑”产品。但银行可直接对一无所知的消费者收取较高费用，而无需费力绕弯地去打“捆绑”牌。这一结论绝无仅有的例外，是这样一种极不可能存在的情形：金融控股公司通过逼迫现存的独立金融服务提供者“出局”，并阻止既有及潜在的金融服务提供者进入金融市场，而将其关联销售的垄断权延伸到表面关联产品（Artificially Tied-inproduct）。

这种情形极不可能的原因在于：众多的非银行金融机构提供着除活期存款之外的各种金融服务。格斯勒委员会中的少数派在更早时期征引的文献中，含沙射影地描述了这样一种情况：金融控股公司可凭借其作为公司股东或受托投票人的身份，让公司接受该行提供的服务，尽管其提供服务的价格可能高于其他金融机构。如果银行全资控股该公司，则这种行为仅增加银行自身的成本；否则，该公司其他股东的权益就会受损。这种情形无异于公司其他股东或董事要求公司对部分采购商品支付较高价格的情形。两种情形均是对其他股东的欺诈行为，在法律上均会因有损银行及其雇员利益而吃官司。事实上，格斯勒委员会未发现任何证据来支持这一点：金融控股公司凭借其作为公司股东或受托投票人的身份，阻止关联公司接受该银行竞争者的金融服务（Krummel，1980）。相反，该委员会发现，金融控股公司“（向其拥有股份的诸公司）提供服务的条件，通常与其他非关联银行的条件相同”（Eckstein，1980）。此外，费希尔（Fischer，1990）发现，“银行与公司企业之间独一无二的紧密关系，是极其稀有的例外。绝大多数股权广泛分散并在很大程度上由诸多银行控制投票权的公众持股公司，通常与5~6家所谓的‘主办银行’发生业务，并与其他银行有广泛深入的联系。此外，这些公司日益倾向于或独立地，或在外国金融机构的帮助下，利用国际资本市场”（Baums，1992）。简而言之，金融控股公司与有损于消费者的行为之间没有任何联系。

9.2 金融控股是我国金融业综合经营的模式选择

9.2.1 对金融控股公司的一般界定及分类

目前，在我国还没有对金融控股公司的法律界定，在实际操作中也还没有出现以“××金融控股公司”冠名的企业。因此有必要先谈一谈对控股公司的一般理解。

9.2.1.1 国外几个发达国家对金融控股公司的界定

由于各国金融控股公司形成的历史背景和各地的监管制度、法律法规不尽相同，各个国家和地区对金融控股公司或金融集团的定义也有所差异，甚至同一国家或地区在不同时期对金融控股公司的定义也不同。

1999年由巴塞尔银行监管委员会、国际证券联合会、国际保险监管协会联合发布的《对金融控股集团的监管原则》中，多元化经营的金融集团（Heterogeneous Financial Conglomerates）被定义为：金融业在集团业务中占主导地位，所属的受监管实体至少明显地在从事两种以上的银行、证券和保险业务，同时每类业务的资本要求不同。

2001年欧盟《金融集团审慎监管统一指引》中，定义集团（Group）为两个或两个以上相互之间存在紧密联系的法人或自然人。进而界定符合下述条件的集团为金融企业集团：①其业务活动主要为在金融领域内提供多种服务；②其至少应包括一个受管制实体，且该实体依据相关法律法规的规定已获得许可；③其至少应包括一个保险或重复保险业实体，且至少其中另一实体从事某一不同的金融业；④上条所指在金融业内从事跨行业的金融活动是必不可少的。

美国1999年《金融现代化服务法》中没有定义什么是金融控股公司，只规定了金融控股公司的经营范围。金融控股公司可以是银行控股公司、保险控股公司，以及投资银行控股公司，只要经营不同金融业务的机构符合控股公司结构，即可当作被该法称为金融服务集团的金融控股公司。

日本目前也没有对金融控股公司进行统一定义，而是在《银行法》、《保险业法》以及《证券交易法》中分别定义了银行控股公司、保险控股公司和证券控股公司，即将以银行、保险、证券为子公司的控股公司，统称为金融控股公司。

目前澳大利亚对金融集团的定义只是针对包含授权存款机构的公司集团而制定的。根据定义，金融集团是包含一个或多个授权存款机构的公司集团，该集团可以全部由授权存款机构构成，也可以由包含授权存款机构在内的多种类型金融机构构成，还可以包括非金融公司。该集团的母公司可以是一个存款机构、一个当地注册的非事业型控股公司，或一个经APRA（澳大利亚审慎金融监管局）批准的国外经营实体。

9.2.1.2 对我国金融控股公司的界定

参照国际上对金融控股公司的定义，综合以上构成要素，同时考虑到目前在我国依然是分业经营、分业监管的体制框架下，设立金融控股公司主要目的之一是为了实现集团框架下的多元化、综合化经营，所以我国的金融控股公司应经营两种或两种以上的金融业务。因此，我认为我国金融控股公司的定义应该是：以控股公司形式存在，其主要资产显著分布在银行、保险、证券两个以上金融领域的企业集团。

9.2.1.3　金融控股公司的分类及其基本特征

从国外的研究来看，金融控股公司按照不同的标准可以划分为不同的类型（见表9-1）。

表9-1

划分角度	划分结果
以母公司是否参与经营活动	纯粹性金融控股公司和事业性金融控股公司
以母子公司所从事的业务	银行控股公司、证券控股公司和保险控股公司等
根据控股公司经营业务范围的不同	单一银行控股公司和金融服务控股公司或多元化控股公司
根据金融控股公司产权性质	国有金融控股公司和私有金融控股公司
在日本的划分	业务发展型金融控股公司、分公司型金融控股公司及合并型金融控股公司

9.2.2　金融控股公司的优势

金融控股公司具有很多明显的优势，它能运用资本控股权，促进金融子公司之间广泛而稳定的合作，实现网络、客户、信息、营销等方面的优势互补，交叉销售，实现范围经济和提高资本配置效率。同时，金融控股公司通过跨行业并购，更易摆脱单个金融机构资金实力的局限，向超大型发展；共同开发多样化的金融产品，共用金融基础设施，进而降低整体经营成本，加快金融创新。业务的多样化和客户来源的全球化有利于分散金融风险。具体为：

（1）交叉销售，提高营销能力。金融控股公司各子公司之间密切合作，相互交叉销售各种现有的或创新的金融产品和服务，通过捆绑销售产品，增加了客户所使用的服务种类，也提升了客户数量，扩大了分销网络，从而提高了整个集团公司的营销能力。

（2）技术共享，提高产品开发能力。金融产品实际上是一种契约，任何金融产品都是收益性、风险性和流动性三者的组合，不同的金融产品具有不同的三性组合，但一种金融产品的设计技巧能够较为容易地运用于其他金融产品的设计，金融技术的转移不存在像原材料、机器设备等方面的限制。例如，投资银行在资本市场中运用的估值技巧同样可以应用于商业银行对公司客户的评估。金融控股公司各子公司掌握的产品开发技巧可以在集团公司的平台上整合，形成集团公司的产品开发能力和创新能力。

（3）分散风险，提高公司抵抗业务波动及经济周期的能力。根据资产组合理论，金融机构的资产越分散（包括资产种类的多样化、业务的多样化、经营地域的分散化等），风险越小。金融控股公司通过资产、业务、经营地域的多样化，能够有效地分散风险，迅速适应急剧变化的经济金融环境。

（4）有效配置资本，提高资本运用效率。金融控股公司可以在控股公司或子公司的多个层面上进行融资，大大提高融资能力。同时，通过将资本从低回报部门向高回报部门转移，从而优化资本配置。

（5）扩大规模，统一品牌。通过扩大股权基础增加抗风险能力，通过扩大资产基础增加市场份额，提高定价能力，并改善资本结构，形成统一品牌。

（6）降低成本，提高竞争能力。金融控股公司可以通过关闭和重新调整机构，精减人员，避免重复设置机构，共享各种基础设施，节约后台操作成本和信息系统整合，共享资源，获得范围经济和规模经济的好处，降低经营成本和融资成本。

9.2.3 金融控股公司的潜在风险

金融控股公司是多种金融机构业务的聚合体，也就成为多种风险的聚合体。金融控股公司除了要处理各种专业金融业务——商业银行业务、投资银行业务、保险业务、基金业务和信托业务的风险之外，由于存在复杂的组织结构和内部关系网络，在各种金融业务的互动过程中，还会出现新的特别风险。

（1）金融控股公司内部的风险传递。金融控股公司由多种金融机构组成，在这种组织体制下，若一个子公司出现经营或财务问题，极容易殃及集团内其他子公司，这一过程就是风险传递。在市场上，投资者和相关利益主体是将经营多种金融业务的金融控股集团看作一个整体，即便在集团内部的子公司之间存在“资金、法律防火墙”，也无法成为市场的“信心防火墙”。集团内部某一部门出现问题，会导致整个集团的形象、声誉和信用能力受到损害。风险传递的最终后果是集团公司总体偿付能力和稳定性的下降。

风险传递的基础是集团的内部交易。金融集团的内部交易表现为交叉持股，集团内部一个公司代表另一个子公司进行交易，在多元化金融集团内部短期流动性的集中化管理，向集团内部其他的子公司提供或者其他子公司获得担保，贷款或承诺，统一中后线安排，在集团内部配置客户资产，子公司之间资产的买卖，通过再保险的风险传递，引起与第三方有关的风险在集团不同子公司之间进行传递的交易，等等。由于集团规模的庞大以及组织结构的复杂化，内部交易更加普遍和隐蔽，不仅监管当局难以了解其全貌，集团总部可能也并不掌握其总体情况。尽管内部交易是金融集团内部风险传递快捷的肇始者，内部交易却不能消除。原因在于金融集团内部交易具有两重性，虽有便利风险传递之弊，却又为集团带来协同效应，降低经营成本，增加利润，改进风险管理的效率。之所以有金融集团，除了概念和品牌上的意义之外，就是要有内部交易。否则各种业务以法人形式独立经营便可，不必组成集团。否定了内部交易就是否定了可以得到的潜在效率，从而等于否定了金融集团。

（2）内外部监管缺位的风险。对金融控股公司监管涉及多个行业监管当局，这些监管机构的监管目的、方法和重点各不相同。例如，银行、证券、保险等部门的资本充足要求是不同的，它反映了各类金融机构所从事的业务本质的差异，以及业务风险的抵御方式和判断标准的区别。只要在不同的专业金融监管体系之间存在着差异，金融控股集团就可能会采取规避监管的行动，建立一种经营阻力、成本最小的组织模式。例如，使不受监管或监管程度较低的金融机构成为集团的控制主体。这些行为都会增加各专业金融监管当局在对相关金融机构进行监管过程中的困难。同时，即使每个监管主体能够有效控制各自监管对象的风险，但由于国内外不同监管主体之间信息交换不畅，集团整体的风险状况也难以掌握。

（3）内部利益冲突的风险。金融控股公司经营多种金融业务，这就为利益冲突的产生提供了可能。因为单个市场参与人可以从事多种业务或履行多种职能，便会在众多情形下产生义务冲突或利益冲突的可能性。当客户利益与金融控股公司利益不一致时，金融控股公司有可能会牺牲客户利益来追求自身利益的最大化。由于信息的不对称，客户对金融控股公司所提供的服务理解有限，公司很可能利用自身的信息优势误导客户甚至对客户进行欺骗。

9.2.4 我国金融控股公司的类型及其特征

通过对不同形态金融控股公司的实地调研和问卷调查，我们发现金融控股公司从总体上看存在四种类型：

第一种类型是由于历史原因，以金融机构身份同时控制着银行、证券、保险、信托等机构的金融集团，如中信、光大、平安等即属此类。

目前中信已改制为纯粹型控股公司，母公司不再是经营机构，而只是一个纯粹的投资控股机构。

中信、光大、平安的主要特征是：集团全资拥有或绝对控股商业银行、投资银行、保险公司、金融服务公司以及非金融性实体等附属机构或子公司，这些附属公司或子公司都具有独立法人资格，分别具有相关的营业执照，独立对外开展相关的业务和承担相应的民事责任，子公司的最高决策和人事都直接受制于集团公司。该模式的突出特征是非银行金融机构控股商业银行等金融机构。

第二类是三大国有商业银行通过在境外设立独资或合资投资银行向金融控股集团转变。

如中国银行国际控股公司、中国建设银行国际金融有限公司、中国工商银行的工商东亚金融控股公司、四大资产管理公司。

三大国有商业银行独资或合资成立的三个子公司，除中国国际金融公司是在境内注册外，其余两家公司都是依据外国法令在境外注册的。其意图很明显：国有商业银行希望利用自己和国有大企业长久以来形成的客户关系，大力推销投资银行业务；反之，投资银行产品也可促进传统银行产品的销售，实现货币市场和资本市场联动，降低商业银行风险，也便利了国企的海外上市。四大资产管理公司也是通过对其业务的整合，向投资银行转变。

还有一些商业银行、证券公司、保险公司也正在谋求在一些新业务以及具有发展潜力的业务领域设立单独的子公司。比如将银行信用卡业务、个人住房、汽车等消费信贷业务、证券及基金托管业务、资产处置业务等独立出来，通过合资、合作等方式设立子公司独立运营。通过形成母子公司的控股结构，既保持了母公司资产和业务的完整性，又能够推进新业务或强项业务的发展，也有利于弱项业务或问题资产的剥离。

第三类是近几年来在金融机构增资扩股中，产业资本控股银行、证券等多类金融机构的企业集团。

这类金融控股公司的母公司不是金融机构，而是一个非金融机构的经济实体，其牌照也是非金融机构牌照，它全资拥有或控股包括商业银行、保险公司、证券公司、信托公司以及非金融性经济实体在内的附属公司或子公司。这些子公司具有独立的营业执照，独立对外开展相关业务和承担相应民事责任。这些子公司的最高决策层及其重大决策都直接或间接地受制于集团公司的董事会。该模式的突出特征是非金融机构控股金融机构。

由于企业集团对金融机构投资不受限制，这类金融控股公司发展较快。其中既包括国有企业集团，也包括民营企业集团的投资。前者如宝钢、山东电力、海尔等，后者如德隆、新希望等。

第四类是一些地方政府通过对控股的地方城市商业银行、信托公司、证券公司进行重组组建的金融控股公司。

地方性金融控股公司是由一家地方性商业银行或非银行金融机

构为主体，设立一家非金融企业的金融控股公司，以此为平台，重新整合地方金融机构。长期以来，许多地方性金融机构普遍存在资产质量不高的问题，如何化解地方金融机构不良资产的存量，已成为地方金融机构以及地方政府的沉重负担。为此，一些地方政府和金融机构一方面想通过构建地方金融控股公司，利用其协同效应，化解不良资产，改善区域内经济金融环境；另一方面在组建金融控股公司的过程中，将区域内的银行、证券、保险、信托、财务、担保等机构重新整合，并作为一个整体，与区域外的金融机构以及外资金融机构展开竞争，甚至包装上市再融资。

我们的调查显示，目前四种类型金融控股公司的案例正趋于逐步放大的态势。一些股份制商业银行、证券公司、保险公司也跃跃欲试，希望通过组建金融控股公司搭建统一的服务平台，打通货币市场、证券市场和保险市场之间的联系，推出综合服务业务，拓展自己的业务范围。

9.2.5 我国企业设立金融控股公司的原因或目的

（1）明显地想获得稀缺的金融资源的利润。我国目前金融机构的市场进入仍采取审批制，且国民经济进入产品相对过剩、经济结构大调整阶段，实体经济的投资收益增长缓慢，稀缺的金融资源的收益诱惑，引导有实力的工商企业集团纷纷寻求投资控股金融机构的机会。

（2）利用金融机构筹资功能筹集资金，扩大市场占有份额。具体有两方面原因，一是通过设立事业型金融控股公司，控制金融企业，尽可能地扩大筹资、融资功能，为其主营业务服务，扩大主营产品的市场份额。二是尽快把集团母公司的整体经营规模做大，尽快扩大集团公司在国民经济中的市场份额。

（3）贯彻分业经营、分业监管原则的结果。如原有的平安保险公司投资信托公司、招商银行投资招商证券等，这一切与现行法规相悖的历史遗留问题解决时，通过股权调整，自然形成金融型控股公司。

（4）看好资本回报的预期。随着中国资本市场进一步改革和深化，金融控股公司每一块业务在一定阶段都有机会获得市场垂青，持续地为公司业务扩张补充资本金。同时，借助金控平台的资本市场功能，子公司业务资产证券化水平大幅提升，有望享受资本市场溢价效应带来的价值增值。根据 Wind 概念分类，金控平台概念类上市公司共有 19 家，整体业绩增幅较多，其中，有 9 家上市公司净利润实现了 30%以上的增幅。从公司年报可以看到，金控业务在不少公司的业务总收入中都有很大占比，如国内首个地方金控平台——越秀金控，三季报显示，公司金融业务营收已占主营百货业务的 56%，金融业务毛利率为 66.66%，而百货业务毛利率仅为 25.41%，金控业务营收增幅明显超出主营业务。此外，据统计，截至 2016 年三季末，A 股分类中金控平台 ROE 算数平均值为 7.32%，均高于 Wind 金融股和全部 A 股 ROE 算术平均数 5.03%和 4.63%，具备较强的回报水平。①

9.2.6 我国金融控股公司面临的问题

（1）法律界定不清楚。目前的法律和部门规章都未明确金融控股公司的法律地位，但在现实中已经存在不同模式的金融控股公司，银行、证券、保险三个监管部门之间又没有有效的沟通渠道和明确的责任划分，已经形成监管上的盲点，为新的金融风险留下隐患。

（2）对现行监管体制构成挑战。金融控股公司是异业组合，经营范围广，人员多，管理非常复杂，如果金融控股公司正式运行之前，没有一套完善且能严格执行的监管机制，金融风险将高于原有制度下的风险。新业务的开辟和金融机构组织结构的复杂化都会导致监管难题。

（3）金融控股公司的风险无法得到控制。由于历史和体制原因，金融集团内部复杂的持股关系和资金往来的现状，使金融控股集团下的银行、证券和保险子公司之间以及金融与实业之间，没有

① 总计 53 家金控平台 这才是国内最强金融控股集团全貌．券商中国，2016-12-16，http：//finance. jrj. com. cn/2016/12/16220421851224. shtml.

建立有效的“防火墙”，单个机构的安全并不能得到充分保障，并且面临新的最大问题，集团公司下属各实体间不良关联交易的存在，增大了集团公司的总体风险。如集团成员之间的贷款、投资、担保、承诺和转移定价；集团成员之间共享品牌与标志、集团统一的“后台”服务和管理以及集团成员流动性的集中统一管理。以上环节都可能产生风险，以及风险传播，引发“多米诺骨牌”效应。

(4) 集团成员的决策自主问题。在调查中，一些企业集团控股下的金融子公司透露：在许多情况下，子公司管理层在经营和决策上受到许多限制，缺乏必要的自主权。有时母公司出于整体战略的考虑，往往牺牲子公司利益。

9.2.7 我国金融控股公司的发展趋势

金融控股公司在我国要得到健康有序发展，必须结合金融发展和改革的实际加以适当引导。我们认为近中期的重点是：

(1) 逐渐出台金融控股公司的监管政策和法律法规。

无论是出于加入世界贸易组织后提升金融业竞争力的现实需要，还是防范和化解金融风险的迫切性，都要求我们及时研究金融控股公司的监管法律和政策。近几年来，一批专家学者和监管人员都在积极研究金融控股公司的发展和监管问题。从这些成果的概括中，金融控股公司的监管政策和法律法规应研究以下问题：

①被监管对象的界定。哪些集团公司应纳入监管范围，如何纳入监管范围，监管哪些方面，都有待进一步深入研究。

②监管体制问题。在现行的监管体制下，中国人民银行以及“监管三会”如何建立起既有统一监管又有分工协作的监管体制，仍有待进一步探讨。金融控股公司的监管问题，直接引发了新监管体制的适应性问题，对新监管体制是一个直接的挑战。

③监管内容和手段的关系。对金融控股公司的监管，主要集中在市场准入、资本充足率、关联交易、风险集中度以及高级管理人员的资格任定等方面。这些内容和单一金融机构的监管并无不同。但在现行的监管体制下，对金融控股公司的监管存在内容和手段的

协调问题。

④如何制定金融控股公司的监管法律问题。金融控股公司包括不同金融机构，在金融创新的今天，还会涉及越来越多的交叉金融产品。因此，在现行不同金融机构分别立法的框架下，金融控股公司的监管实际涉及众多的法律调整。我国《人民银行法》、《银行业监督法》、《商业银行法》、《证券法》、《保险法》，既与金融控股公司有关，但又都不能完全适用金融控股公司的监管。因此，应借鉴相关的国际经验，及时研究、制定金融控股公司的监管法律。

（2）利用金融控股公司推进银行等机构改革和业务创新。

在保险机构中，中国人民保险等保险机构进行了成功改制。在四大国有银行的改革中，设立控股公司也不失为一种方式。设立银行等机构类金融控股公司的好处是：

①可将一些新业务以设立子公司的方式分离。比如信用卡业务、保理业务、汽车消费信贷业务、基金及其他证券托管业务等，可以通过分设子公司的方式独立经营。其好处是既有利于这些新业务的较快发展，也可适当隔离这些新业务和传统业务之间的风险。并在这一过程中，还可引进国内外富有经验的战略投资者。比如前一段花旗和浦发在信用卡业务领域的联合，就可采用设立合资子公司的方式进行。

②可将银行的不良资产归入单独的资产管理子公司或控股母公司，这样“好银行”可以上市，“坏银行”可以成为资产处置的专门机构。

③可将四大国有商业银行的分支机构，特别是基层机构的资产和负债归入专门的子公司。这样做有两个好处：一是有利于突出上市银行的业绩，二是有利于提高基层机构经营的独立性，从而更好地发挥其对当地中小企业融资的信息优势和积极性。

设立银行等机构类控股公司必须走纯粹型控股公司的路子，母公司不再从事具体经营，而是一个纯粹的投资机构。这样做既可以符合有关法律要求，又能分离不同业务的功能和风险。

（3）加强对产业资本控股金融机构的监管。

我国改革开放将近40年，特别是最近10多年来，由产业资本投资甚至控股银行、证券、保险等多个金融领域的速度呈现加快态势，对待这一现象，除了肯定它的积极意义以外，特别要注意到我国目前对这类企业没有监管，也没有法律约束，易产生引发系统性金融风险的可能性。因此，对于控股金融机构的企业集团应视不同情况加强引导和监管。坚决分离实业资本和金融资本，并在多方面切断实业资本和金融资本在同一控制权下的关联交易。

①对同时控股两类不同金融机构的企业集团，应以设立控股公司的方式进行整合。比如山东鑫源控股公司，就集中了山东电力集团对金融机构的所有投资。有关金融监管当局应将这类机构视同金融控股公司进行直接监管。对于尚未分离金融投资与非金融投资的企业集团，如海尔集团，应要求其以设立控股公司的方式集中集团的金融投资，并由有关金融监管部门对控股公司实施监管。

②对于控股存款类金融机构的非金融企业，应由监管当局视同金融控股公司实施监管。

③对于非控股型的金融投资，应由相关监管当局视不同情况对投资主体提出必要的监管要求。

④监管当局还应关注那些名义上不是控股股东，但对金融控股公司及其子公司的决策有重大影响力的相关人员。

9.3 我国保险公司金融控股战略的重点

保险公司金融控股战略应当坚持“集团综合、法人分业”的基本原则，同时有两个界线不可逾越。一是资本市场主要是进行投资行为，银行业主要是进行储蓄行为，具有货币创造的职能。为保护储户的利益并保证货币的适度创造，应保证银行信贷资金不能直接成为资本市场投资的来源；二是，不能将资本市场的风险转嫁到银行业。银行是吸收客户的资金来运作，如果介入投资，它的超负荷运作会给储户带来风险并增加金融体系的不稳定。

为保证我国保险公司金融控股战略的健康发展，应当重点注意以下工作：

（1）严格保险公司金融控股的“市场准入”。

需要制定专门的保险公司金融控股法，绝对不能一哄而上地都搞保险公司金融控股。出于不同的考虑，目前热衷于成立保险公司金融控股的主要有四类机构：国有商业银行、股份制金融机构、大企业集团、地方政府。对于大企业集团及地方政府组建保险公司金融控股的做法，监管部门应本着慎重的态度，原则上予以制止。对于大企业集团来说，本身还欠着银行巨额贷款，且一无闲置的产业资本，二无金融业的运作经验，却要以组建保险公司金融控股为己任，这不能不让人警惕。由于保险公司金融控股是一种特殊形态的公司，尽管保险公司金融控股所属的各金融类子公司基本上有相关的法律和监管机构予以规制，但仍应以现行的公司法、商业银行法作为基本依据，完善其中的控股公司和母子公司法律制度，在此基础上以特别法的形式制定保险公司金融控股法。美国、日本等都制定了专门的保险公司金融控股法律，这些成功的经验值得我们借鉴。

（2）建立有效的保险公司金融控股监管机制。

我国目前的金融监管仍实行分业经营、分业监管的体制，为适应金融机构集团多元化、综合化的发展趋势，及时改善我国的金融监管模式显得非常必要。在我国现有的金融监管体制下，银行、证券、保险等业务分别以中国银行业监督管理委员会、中国证监会、中国保监会等作为监管机构。但对综合化、多元化的保险公司金融控股则肯定会收效甚微，原因是多头领导、职权重叠，使保险公司金融控股无所适从。尽管 3 家监管机构在 2003 年已初步建立了联合监管的机制，但随着保险公司金融控股的不断发展，应当借鉴英国、德国和日本的做法，建立一元化的监管体制，在国务院直接管辖下，设立金融监管局，对各种金融业务全面进行监管。

（3）建立健全法人治理结构。

明确国有金融控股集团的所有者和内部产权关系。一是明确国有金融机构的所有者关系；二是明确内部的法人和产权关系。从内部管理体制角度来看，实质上就是处理保险公司金融控股与其所控制的金融子公司之间的法人关系与产权管理关系。

建立有效的公司治理。要参考国外先进金融控股集团的经验，建立有效的董事会、监事会、高级管理层相互支持、相互制衡的集团公司治理运行机制。一方面要充分保证董事会对经营管理者的有效监督，另一方面也要建立健全具有高超的金融控股集团运作能力的保险公司金融控股高级经营管理班子。同时，还要建立有效的激励机制，充分开发和利用集团内外的优秀经营管理人才。作为诸多金融机构的有机结合体，保险公司金融控股必须通过有效的制度设计，加强对各金融子公司的有效管理，以充分发挥在财务、人力资源、信息系统、风险管理、业务拓展等方面的协同效应。

拓宽资本金补充渠道，增强资本实力。国际先进的保险公司金融控股的资本充足率都在10%以上，说明资本实力是保险公司金融控股有效运营的基础，反观国内金融机构，在有效充实资本实力方面还有许多工作要做。

（4）重视保险公司金融控股发展战略制定。

保险公司金融控股管理着庞大的金融资源，能否有效运作对整个金融体系关系巨大，因此国内保险公司金融控股在发展过程中应当树立“以客户为中心”的经营理念，通过制定和实施有效的发展战略，发挥集团资源的协同效应，向客户提供“一站式”金融服务。保险公司金融控股发展战略是一个有机的战略体系，它是对整个集团在未来资源配置和有效运作的科学安排，按照战略所涉及的资源配置范围，可以将这些战略分为金融控股集团战略、金融子公司战略，以及具体业务线战略、风险管理战略、资本运营战略等。

（5）加强保险公司金融控股业务整合。

有效的资源整合是保险公司金融控股成功运作的基础，国内保险公司金融控股要从发展战略的高度和客户个性化的需求，进行人员、财务和业务线的整合，向客户提供量身定做的金融服务。从外国保险公司金融控股战略经验来看，人员整合是重中之重，集团层面的高级管理人员配置必须以能够充分有效地调动整个集团的资源为依归。业务线方面，一般按照个人金融业务、公司与投资银行业务、财富管理业务等进行整合，财务上要在充分发挥子公司财务独立性的前提下，进行适当的财务集中，以便集团进行有效的战略性资本运营。

（6）建立高效、统一的信息平台。

要实现集团资源的有效整合，必须建立高效统一的信息平台，但是在统一平台建立和运营过程中应当注意以下问题：正确处理统一信息平台建设与现实业务发展对信息技术支撑需要的关系；正确处理统一信息平台与高级人力资源积聚的关系。只有将信息平台与保险公司金融控股内部高级理财人才的知识和能力有机结合才能产生核心竞争力；正确处理统一信息平台与传统渠道的关系。应当为不能进入平台操作的重要客户保持和建立其他有效的渠道；正确处理统一信息平台建设与交叉金融产品开发的关系。只有不断开发与网络具有很高兼容性的交叉金融产品，才能充分发挥网络平台的效用。

（7）建立全面、垂直、集中的风险管理体系。

保险公司金融控股在经营上具有较强的综合经营优势，但如果发生系统性风险，所带来的危害也是非常巨大的，因此保险公司金融控股必须建立严密、严格、有效率的风险管理制度，加强集团整体和各金融子公司的内部控制，控股公司作为整个集团的总部，在制定和实施有效的集团风险管理政策和制度，防范和控制集团及各金融子公司的金融风险等方面具有责无旁贷的重要责任，要通过有效的风险管理体系运行，让财务透明、让投资者和客户了解整个集团的运营，尤其是其金融子公司的运作情况，同时要充分保护客户的隐私权，保护客户资料的完整性。

（8）谨防以保险公司金融控股为幌子搭建单纯的“融资平台”。

校正企业控股金融机构的动机，除了通过强化监管控制企业与其所投资金融机构的关联交易外，还应为企业开辟通过金融市场直接融资的渠道。在缺乏直接融资渠道的情况下，企业就有可能借助控股金融机构向社会融资用于企业及其关联方的资金需求，这样的例子在实践中比比皆是。小到数年前城市信用社热，信托投资热，大到近几年一些大型企业集团的保险公司金融控股热，都不同程度地存在利用所投资金融机构搭建所谓融资平台的目的。特别一些不依附于主业发展的所谓纯粹型投资控股公司，在其资本运作中，利用其控股的金融机构，构建从资本市场→银行信贷→实业股权投资的循环“资金链”，一旦遭遇外部冲击，将酿成很大的金融风险，这方面的教训并不少见。为此，应在制度、机构和产品方面，大力鼓励金融市场的创新和发展，为企业创造更多的直接融资渠道，从而为其投资金融机构创造更好的条件，并通过金融市场管理由此产生的金融风险。

9.4 保险公司金融控股战略的案例研究

9.4.1 国外案例：安联资管（PIMCO）——全球顶尖的保险系金融控股公司

欧洲基金和资产管理协会（EFAMA）将资产管理公司分为银行系、保险系、其他三大类，而保险系金融控股公司在欧美金融集团行业中占有举足轻重的地位，保险系资产管理公司是金融控股集团的重要机构。按资产管理规模计算，全球前100家资产管理公司中，保险系共17家。其中PIMCO、保德信金融、法通投资管理、安盛投资管理排名分别为第7、第8、第18、第19名。从国别来看，法国、德国、意大利、加拿大最大的资产管理机构均是保险公司，英国前三大资产管理机构中保险公司占据两席，日本生命人寿（Nippon Life Insurance）是日本第三大资产管理机构。英国、法国、意大利、德国，保险系资产管理公司数量占比分别为13%、7%、15%、12%。

保险系金融控股公司的排头兵——PIMCO，即德国安联集团资产管理公司，曾是全球最大的债券基金公司，2013年一季度PIMCO管理资产规模达到2万亿美元，其中第三方资产1.7万亿美元，拥有2300名员工，其中专业投资人员735人。PIMCO的成功发展与经久不衰主要有以下几个方面的原因：

（1）成立之初就积极发展壮大其第三方资产管理业务。在1974年美国国会颁布《雇员退休收入保障法案》历史性的创造出个人退休金账户后，PIMCO 第一时间切入年金委托投资市场进行养老金管理，凭借良好的业绩脱颖而出。受益于养老金管理业务的迅速成长，1974 年到 1984 年这 10 年间 PIMCO 的委托资产规模从 5 亿美元增长到了 60 亿美元。1987 年 PIMCO 进军公募债券基金管理市场，发行了第一只基金——总回报基金（Total Return Fund），由债券之王之称的比格·格罗斯管理。PIMCO 目前有 106 只公募基金，规模达到 3124 亿美元，接近总资产规模的 1/3。

（2）在市场宣传和开发上，PIMCO 注重投资资金的质量。比如前明星基金经理格罗斯管理的总回报基金在 2012 年 9 月末总资产达到了 2791 亿美元，占彼时第三方资产管理总规模的约 18%。该基金 73%的资金来源是机构级和大客户级客户。

（3）重视研究及科学的投资决策流程也是 PIMCO 长久不衰的重要原因。每个季度 PIMCO 全球 700 多名投资经理、研究员、客户经理都要集中举行一场论坛，每个投研人员对自己负责的行业和地域发表预测观点，并通过辩论、投票，选出获胜观点，成为该地区该行业的策略，然后上报 PIMCO 投资决策委员会。投委会再根据领域或地区的策略形成全盘投资策略，然后根据全盘投资策略制定出各个领域的标准投资组合（Model Portfolio）。投资经理们根据标准组合进行投资操作，可以有一定偏离度。

（4）PIMCO 也建立了极为市场化的人员考核机制，非常重视明星产品和明星基金经理的影响。其明星基金——总回报基金自成立以来业绩一直处于市场前列，前明星基金管理人比格·格罗斯时期所管理的 16 只基金中，有 11 只能排进同类基金排名的前 30%。而罗格斯本人的年薪也超过了 2 亿美元，其他高管薪酬也在千万美元以上，六大高管的收入占到所有员工的 1/4，完全体现市场激励机制。

（5）此类国际大型保险系资产管理公司还是保险集团的重要利润贡献者。以安联为例，2014 年资产管理业务以占集团 5.2%的营业收入贡献了 25%的经营利润，资产管理利润总额达到 26.03 亿欧元。同年英国法通人寿旗下的法通投资管理税后运营利润占法通人寿集团运营利润的 22.5%。

（6）通过主动第三方资产管理，欧美保险系资产管理机构在全球资产管理行业拥有举足轻重的领先地位。保险系资产管理公司在帮助自己保险母公司从事保险资金的投资管理以外，还接受其他保险公司投资委托，以及担任共同基金的角色进行主动第三方资产管理。对于欧美大型保险系资产管理公司而言，第三方资产管理业务已成为其最重要的收入来源。2014 年，安联、安盛、宏利、标准人寿的第三方资产管理规模分别达到了总规模的 73%、50%、86%、52%。

9.4.2 国内案例：平安保险的金融控股战略：成为国际领先的综合金融服务集团

（1）平安保险集团简介。

中国平安保险（集团）股份有限公司于 1988 年诞生于深圳蛇口，是中国第一家股份制保险企业，至今已发展成为融保险、银行、投资三大主营业务为一体、核心金融与互联网金融业务并行发展的个人金融生活服务集团之一。公司为香港联合交易所主板及上海证券交易所两地上市公司，股票代码分别为 2318 和 601318。

中国平安在 2015 年《福布斯》“全球上市公司 2000 强”中名列第 32 位；美国《财富》杂志“全球领先企业 500 强”名列第 96 位，并蝉联中国内地非国有企业第一；除此之外，在英国 WPP 集团旗下 Millward Brown 公布的 2016 “BrandZTM 最具价值中国品牌 100 强”及“全球品牌 100 强”中，分别排名第 9 位及第 68 位；在全球最大的品牌咨询公司 Interbrand 发布的“最佳中国品牌排行榜”中，名列第六位，并蝉联中国保险业第一品牌。

（2）平安保险集团的发展战略。

①战略目标。

a. 构建以保险、银行、投资为支柱的核心业务体系；

b. 打造“一个客户、一个账户、多个产品、一站式服务”的综合金融服务平台；

c. 积累客户和资产，树立独特竞争优势；

d. 获得持续的利润增长，向股东提供长期稳定的价值回报。

②金融控股的战略布局。

为实现中国平安成为国际领先的综合金融服务集团这一战略目标，公司根据业务覆盖行业和提供的产品，充分考虑现有的资源优势、市场份额等关键因素，将构建如表 9-2 所示的业务结构。

表 9-2

业务单元	主要产品	发展方向	发展策略
保险	1. 平安寿险服务器 2. 平安产险 3. 平安养老险 4. 平安健康险 5. 平安香港	覆盖国内市场各个保险领域	1. 保持产险、寿险业务的健康稳定发展，积极提升产险、寿险业务市场的竞争力，实现市场份额的稳步增长； 2. 大力发展企业年金、健康险等新业务领域
银行	1. 深圳发展银行 2. 平安银行	增加多元化业务的竞争优势	1. 稳步推进银行业务整合，充分利用各方在客户、产品、渠道、平台等方面的综合竞争优势，逐步实现协同效应和多方互赢； 2. 将银行业务打造成为集团综合金融服务的核心平台，为客户提供一站式的综合金融服务
投资	平安信托 平安证券 平安资产管理 平安海外控股 平安资产管理（香港） 平安大华基金	领导中国金融理财产品的发展方向	1. 打造卓越的投资能力和领先的投资平台； 2. 强化保险资产负债的匹配，建立严密、完善的风险管控机制； 3. 大力发展第三方资产管理业务，为客户提供最丰富、优质的投资产品，成为中国金融理财市场的领军者

③战略重点。

a. 通过寿险转型项目、产险转型项目、后台作业集中来增强核心保险业务。

平安保险作为中国最领先的保险集团公司，已经在中国确立了自己强大的地位。下一步继续深化业务结构调整，进一步提高整体利润率；继续提升销售渠道的效能；以客户为中心，改造产险业务；加强承保和理赔能力；探索其他销售渠道；继续加强品牌认知度和客户忠诚度建设，从而提高核心保险业务的竞争力。

b. 逐步建立以客户为中心的架构，向客户提供一流的综合金融服务。

中国平安在统一的运营体系下，同一品牌的多元化产品通过整合营销来提供给各类客户群。做到每个业务和产品的服务水平都是卓越、及时和一致的。以一揽子的产品和服务，为客户创造比“多处购买，别处购买”更多的价值，真正做到每个服务渠道都无缝结合。

c. 利用企业优势成为优秀的券商。

未来，平安证券继续依托集团综合金融优势，以投资银行、固定收益、经纪及资产管理业务为重点，有效控制经营风险，提升客户服务质量，努力成为市场中最专业的证券服务商。

d. 为客户提供更好的基金产品及服务。

未来，平安大华基金将继续构建基金产品线，并积极申请合格境内机构投资者（QDII）、企业年金和社会保障基金等业务资格，不断完善投资研究平台体系，提高风险控制水平，以稳定的投资业绩为基础，通过丰富的客户服务手段及服务内容，为投资者提供多样化的基金投资产品和高品质的家庭理财服务。

(3) 平安保险集团的金融控股战略方案。

1998 年，在平安保险集团全国工作会议上，“平安第二个十年远景和战略”提出了“我们在哪？我们要去哪？我们应走哪条路？我们如何到达？”4 个问题。当时平安保险集团马明哲董事长提出了“国际一流的综合性金融服务集团”的远景，强调平安的战略方向是：“未来的保险业将经历重大的结构重组，金融服务业之间业务的相互侵蚀和竞争，将使得保险业不得不更深入地参与到其他金融服务业中……而保险业内的大规模并购以通过提高市场集中度来降低整个行业的综合成本率，以及保险与银行的战略合并与同盟，如旅行者和花旗银行的合并，正是这一发展趋势的外在体现。”

随后，摩根、高盛等国际顶级咨询机构进入平安，带来了国际会计师和国际精算师概念。尽管其时监管部门仍未对平安分业模式作出正式批复，但是麦肯锡方案中，对平安未来架构、内控制度、管理模式已然有一套成熟设想，并开始尝试运作。

1999 年 1 月召开的平安集团全国系统会上，马明哲根据麦肯锡方案，对平安金融控股模式进行了第一次完整阐述，金融控股集团模式重建涵盖资本重组、组织架构、职能定位、管理定位、投资管理和内控稽核 6 个方面。麦肯锡方案的金融控股战略设计如下①：

①平安将设立成立集团公司，作为非金融机构的资产管理公司代表股东管理资产，绝对控股寿险、财险、证券和信托公司，投资业务转移至专门的投资机构（当初的设想是证券和信托公司，根据目前政策规定，保险投资将由专门成立的保险资产管理公司实施）。

②集团总部和专业子公司之间的职能将得到重新划分和定位。各专业子公司最终将相互结合，实现产品的交叉销售和市场信息分享。集团总部则加强对子公司的由上而下的指导，具体包括给予战略指导、设定关键绩效评估指针和资源分配等。子公司的部分“权力”也逐步上移，资金上划，集中投资，人力资源也由集团集中管理。此外，稽核、IT 等部分职能实施共享，以创造规模经济。

③专业子公司负责人及其各部门负责人须向集团的高级决策小

① 现任平安集团 COO 的张子欣于 2000 年加入平安，其职业背景是麦肯锡顾问出身，他与马明哲结识于麦肯锡 1996 年底开始为平安做的投资管理项目。

组有关人员负责，子公司定期向总部提交业务、财务计划以及计划实行成果，并向总部提交人事方面的各项信息。集团则加强了对子公司的资产和资本管理、人事管理、计划和战略管理、经营成果及过程管理，并对子公司重大制度实施审批。

时过境迁，当时被视为平安“秘密级”的方案如今大多已被付诸实践。2003 年 2 月，中国平安保险（集团）股份有限公司挂牌，平安金融控股架构正式确立。2003 年底，平安集团凭借平安信托，和汇丰联手收购了福建亚洲商业银行（后平安取得控股权），更名为平安银行。至此，平安收集了产、寿、信、投、商业银行数张金融牌照，并被齐齐端上国际资本市场。在保险业务之外，平安集团通过拥有 27 亿资本金的信托公司控制其他金融业务，并将证券、信托和银行等业务逐步养大，这种架构是依据《保险法》规定而设置的。

2004 年 6 月 24 日，平安集团以金融集团模式在香港上市，在港共筹集资金 100 多亿港币，成为 2004 年中国上市企业最大的 IPO 案例。IPO 路演中，平安集团向全球投资人主要讲的诱人故事是：平安的各种金融产品将实现交叉销售、信息共享，平安庞大的保险资金将在这个大平台上穿行，在为保险业带来利润的同时，也作为资本投入不断做大非保险金融业务①。一位接近平安集团的投资银行家向《新财经》表示，“以金融控股集团的形式，平安可以实现分业经营，混业服务，把各种资源整合起来并最大限度地为客户提供全能性服务”。中国保险业协会一名研究专家如此分析：“平安要想在日趋激烈的金融业竞争中取得优势、抢占先机，集团整体上市成为其重要的一步。因为借整体上市，不仅为金融集团整体业务筹集了大量资金，而且一旦国家对混业经营的禁令松动后，就可以从金融控股集团迅速转化为混业经营公司，而这些是其他保险公司所不具备的。”

尽管平安基本上还是一家以保险品牌对市场产生影响力的金融

① 马明哲的大金融图谋 平安保险“一意孤行”. 中国企业家，2004(8).

控股公司，1841 亿元的总资产、600 多亿元的营收、20 多亿元的利润（2003 年数字）绝大部分来源于寿险①。但是，严格来说，平安集团股票香港上市出售的不仅仅是一个保险公司的概念，而是一个金融控股公司的故事。平安整体上市显示了平安金融控股集团的整合战略布局已具雏形。

（4）平安保险集团的综合金融业务②

平安金融控股集团的主要金融业务（见图 9-1）如下：

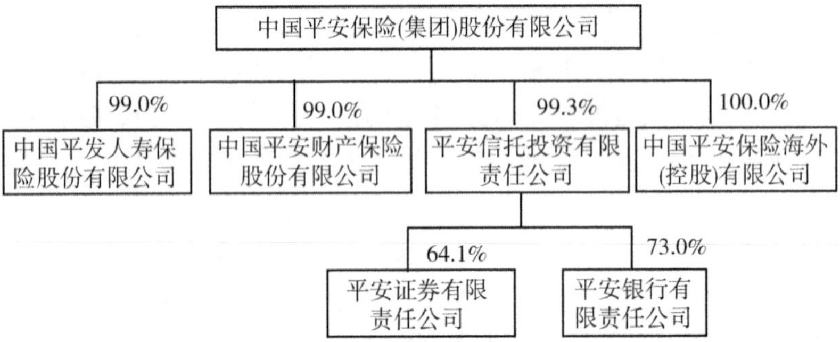

图 9-1

①人寿保险：平安寿险现为中国境内第二大寿险公司。在 2004 年上半年，该公司的毛承保保费及保单费收入为人民币 272 亿元。现时，平安寿险拥有庞大的分销网络，其中包括 35 家寿险分公司，以及超过 2600 个分支机构。该公司也与中国邮政和多家商业银行达成了银行保险安排。

②财产保险：平安财险现为中国境内第三大财产保险公司。在 2004 年上半年，该公司的毛承保保费及保单费收入为人民币 51 亿元。现时，平安财险于中国境内拥有 35 家分公司和超过 1000 家分支机构。

---

①　2003 年，寿险业务占据了平保集团 90%的营业额，盈利的 84%。

②　来源于香港联交所有关中国平安保险〈集团〉股份有限公司的信息披露。

③信托及证券业务：平安信托的业务，主要为信托财产的受益人进行短期股票交易、证券投资基金和债券、长期权益投资与物业租赁业务以及资产管理。截至2003年12月31日，该公司的净利润为人民币6500万元。平安证券通过其22家分公司所构成的全国网络和PA18金融门户网站向280000名客户提供经纪服务。该公司也提供投资银行及资产管理服务。截至2003年12月31日，该公司的净利润为人民币2100万元。

④平安银行：平安信托与HSBC签订了合资合同，共同收购福建亚洲商业银行。收购完成后，平安信托为银行注入新资本，使其在银行中的股权益由50%增至73%，该银行也被更名为平安银行。此后，平安保险集团在法律法规允许下，通过收购平安银行、深圳发展银行等银行金融平台，发展信贷和个人金融业务，发行信用卡及进行房产抵押贷款服务。

⑤平安集团的金融控股战略方向：通过公司的多渠道分销网络，以统一的品牌向客户提供以寿险与产险产品为主的多元化金融产品和服务。

平安金融控股集团采取的战略计划：着重增强公司在核心寿险与产险业务的竞争力，发展多元化金融服务业务模式，并建立强大的后台与风险管理支持。其主要战略措施如下：

- 通过强化公司的分销渠道来追求盈利性增长。
- 通过优化产品组合和更严格的核保政策，来增强公司的盈利能力。
- 继续突出并增强产品开发和客户服务。
- 通过综合利用公司广大的客户群和多元化的金融产品，来优化交叉销售。
- 通过寻求潜在的新业务机会，进一步发展多元化金融服务平台。
- 进一步集中公司的关键作业流程，以控制公司的经营成本并提高经营效益。

主要参考文献

1. Basel Committee on Banking Supervision, Consultative Document : The New Basel Capital Accord. Joint Forum on Financial Conglomerates Supervision of Financial Conglomerates, 1999, http: //www. bis. org.

2. Arthur E. Wilmarth. How should we respond to the growing risks of Financial Conglomerates, 2002, http: //pa-per, ssrn. com.

3. Cameron. Evolving Trends in the Supervision of Financial Conglomerates, Law. harvard. edu, 2002.

4. Chrstine M . Cumming, Beverly J. Hirtle. The Challenges of Risk Management in Diversified Financial Companies. Bank of N. Y., Econo, 2001.

5. Howell E J. . The Regulation of Financial Holding Companies-Entry for New Palgrave Dictionary of Law and Economics. Working Paper of Harvard Law School, 1997.

6. Federal Reserve Bank of Cleveland Board of Directors. The Gramm-Leach-Bliley Act. 2000.

7. Gail, D. R. , J. J. Norton, M. K. O'Neal. The Foreign Bank Supervision Act of 1991: Expanding the Umbrella of Supervisory Regulation. International Lawyer, 1992 (26): 993-1023.

8. 中国保监会. 关于印发《保险公司发展规划管理指引》的通知, 2013-03-20.

9. 中国保险资产管理业协会. 我国保险资产管理业发展分析. 中国金融, 2017 (19).

10. 谢平, 等. 金融控股公司的发展与监管. 中信出版社，2004.

11. 刘志强. 以国际视野把握我国金融控股公司发展方向. 上海证券报，2004-09-17.

12. 朱民. 从管理和治理的双重角度看金融控股公司. 国际金融研究，2004（9）.

13. 任智泉. 保险资金投资非标准化产品的投资策略研究. 合众资产投资策略研究，2017.

14. 杨鑫，金占明. 基于战略群组理论的行业竞争格局分析——以中国保险行业为例. 中国软科学，2011（6）.

15. 王绪瑾. 把握中国保险业发展的战略机遇期. 中国保险，2017（12）.

16. 刘璐. 蔡婷. 中国保险企业海外并购研究. 长春大学学报，2017（11）.

17. 吕志勇，王毓雯，王凯妮. “一带一路”战略下中国企业海外投资的风险管理研究. 上海保险，2017（11）.

18. 朱进元. 保险在国家治理中的作用显现. 中国金融，2017（18）.

19. 王和，刘宁，王浩. 雄安使命与保险责任. 中国保险，2017（9）.

20. 侯智伟，吕丽娟. 中国保险产业市场结构分析与政策建议. 中国国际财经（中英文），2017（17）.

21. 郑彦，率雨涵. 浅析中国人民保险集团的国际化战略扩张——以德国安联集团（Allianz）的国际化推进为借鉴. 现代商业，2017（24）.

22. 谭中明，师家慧，江红莉. “互联网+”时代我国保险创新研究. 西南金融，2017（9）.

23. 高羚. “一带一路”战略下中国互联网海外投资保险研究. 上海保险，2017（8）.

24. 韩浩，宋亚轩，刘璐. 险资举牌对被举牌公司股价波动的影响研究——基于事件研究法的实证分析. 保险研究，2017（8）.

25. 本刊编辑部. 保险助力脱贫攻坚. 时代金融，2017（7）.

26. 张雁云，等．大数据对保险业改革创新及保险监管影响研究．金融电子化，2016（10）．

27. 秦阳．对中小企业财产保险市场现存问题的几点思考．劳动保障世界，2017（9）．

28. 贲圣林，俞洁芳，景麟德．走向国际的中资保险公司．中国外资，2017（7）．

29. 赵春红．国际大型保险金融集团战略演变及启示——基于AIG的分析研究．上海保险，2017（3）．

30. 陈春萍，罗龙林．险资对“一带一路”战略实施的影响及政策建议．中国物价，2017（5）．

后　　记

《军语》对战略的注释是“战略指导战争全局的方略”。战略的概念决定了战略的本质，战略就是如何指导搏斗，如何赢得搏斗。让我们再拿《三国演义》中的故事分析一下战略制胜。“隆中对”这个故事中，诸葛亮给刘备制定了一个行之有效的战略，就是举着恢复汉室的旗号，联吴抗曹，三分天下。正是这个战略让刘备从一个军阀角色转变到一个政治家角色，但是也正是这个战略让蜀国停滞在三国局面而没有统一天下。这个战略提出恢复腐朽的汉室本身就是个错误，是一个历史倒退行为。另外，曹操的“挟天子以令诸侯”与曹丕的“取而代之”的战略思想，让曹操统一了北方，为司马氏统一中国奠定了基础。所以制定一项正确的战略对一个集团、一个组织的长远发展有着非常重要的作用，其意义是不可估量的。可以说有了一个宏伟而且具有可行性战略的企业是一个很可怕的企业，将战无不胜、攻无不克。

在知识经济和全球一体化的今天，我国保险公司与国际上的保险机构一样，在战略制定和选择方面均面临一个突出问题，那就是如何在越来越复杂多变的环境，或者准确地讲是在动态竞争的条件下，通过有效地实施保险公司战略管理，保证保险公司长期、稳定和持续地获得高于市场平均水平的收益率。而在动态竞争的条件下保险公司战略管理制定与实施成功与否、战略管理的作用发挥得如何，归根到底就是保险公司战略竞争力是否培育与构建，以及如何有效地建立战略管理运行体系并且有效监控与运行的问题。因此，保险业务必须掌握战略制胜的法宝。

安邦错误的战略方向在于619亿元的总注册资金源于险资的自我循环注资，其借此一举成为继中国人寿、平安之后的中国第三大保险集团（这是以总资产计，若以注册资本计，安邦已经超越中国人寿和平安保险），更以其凌厉的国内外收购，成为金融界的明星。但是随着保监会 2018 年 2 月发布对安邦保险集团实施接管公告，这一切轰然崩塌。

在中国经济增速回落，资本市场持续动荡的宏观形势下，保险市场也面临诸多挑战，其中保单获取成本高、客户基础薄弱、激励效益递减、服务屡受诟病成为保险公司在转型当中面临的主要问题。面对此困境，保险公司如何战略制胜，形成战略竞争力？

我们认为，应该从以下两方面去思考和探索：首先，“以客户为中心”是永恒的战略方向；其次，“以科技为动力”将极大地推动保险战略转型。新技术规范应用于保险行业，不仅可以促进对保险服务各环节的降本增效，而且可以极大地推动保险产业升级和战略转型。为此，本书对保险公司如何进行战略定位、建立战略目标，确定业务发展规划、组织战略、管理规划、经营策略、资产管理和风险控制战略，以及未来如何做大做强的金融控股战略等内容分章节进行了研究和探索。

笔者在构思和写作过程中，得到了经济学家孟晓苏教授和国务院发展研究中心公共资产证券化课题组王步芳秘书长的指点以及企业界、学术界许多良师益友的帮助，在此表示诚挚的谢意！本书引用了大量数据和文献资料，尽量列在参考文献之中，如有遗漏，敬请谅解！由于笔者学识水平有限，加上保险业创新发展日新月异，本书的研究分析有很多不足之处，为此，笔者将在今后的学习和工作中，进一步深入探索金融战略管理的理论和模式。所以，本书暂且作为引玉之砖，希望对金融业战略的学习和研究有所贡献，对企业家和职业经理人的金融实践有所启迪，对我国企业应对国际金融危机和经济周期有所帮助。

最后，在此感谢一切为中国经济腾飞付出心血的各界人士，感谢所有支持和帮助此书付梓的人们，感谢武汉大学出版社的领导和编辑们，特别是感谢范绪泉编辑和唐伟编辑提出了很多宝贵的建议，祝愿他们一帆风顺！